马为2013年安徽省高等教育振兴计划青年人才基金重点项目（2013SQRW144ZD）、
6年安徽省高等学校省级质量工程项目（2016ZY120）的阶段性研究成果

突发公共事件报道的变迁研究

高　婷◎著

安徽师范大学出版社

·芜湖·

图书在版编目(CIP)数据

突发公共事件报道的变迁研究 / 高婷著. — 芜湖 : 安徽师范大学出版社,2017.6
ISBN 978-7-5676-2947-9

Ⅰ.①突… Ⅱ.①高… Ⅲ.①突发事件—新闻报道—研究—中国 Ⅳ.①G212

中国版本图书馆CIP数据核字(2017)第120120号

突发公共事件报道的变迁研究

高 婷 著

责任编辑:孔令清
装帧设计:黄　洁
出版发行:安徽师范大学出版社
　　　　　芜湖市九华南路189号安徽师范大学花津校区　　邮政编码:241000
网　　址:http://www.ahnupress.com/
发 行 部:0553-3883578 5910327 5910310(传真)　E-mail:asdcbsfxb@126.com
印　　刷:虎彩印艺股份有限公司
版　　次:2017年6月第1版
印　　次:2017年6月第1次印刷
规　　格:700 mm × 1000 mm　　　　1/16
印　　张:15.5
字　　数:270千字
书　　号:ISBN 978-7-5676-2947-9
定　　价:41.50元

序

十年前，高婷来到河北大学攻读新闻学硕士学位，我为他们班教授"舆论监督研究"课程。那时，她总是很早就来到教室，并坐在前排，讨论问题时积极发言，作业完成得很用功。她非常努力上进，给我留下了深刻印象，至今还每每想起她求学奋进的景象。

那时，高婷是在职攻读学位，在原来的工作单位还有教学任务，忙碌的她还那样用功读书，给那届学生带来了积极的影响，同学们回校时还常常谈起她，回忆和她一起苦读用功的日子。在读期间，她经常就新闻学专业问题来向我请教，并让我开书目给她。当然，她的努力获得了回报，我清晰地记得，2009年，她完成的硕士论文《新闻专业网站灾难性突发公共事件报道模式研究——以人民网汶川地震报道为例》受到了答辩评委的一致好评，并取得了优秀硕士论文等级。

高婷研究生毕业之后，依然常就学术问题向我请教，我也陆续了解到她在毕业之后在教学科研方面获得了不少成绩，主持了多项省级课题，如安徽省高校优秀青年人才基金重点项目、安徽省高校人文社科研究项目、安徽省高校省级质量工程项目等。每每听到这样的好消息，我都很是感怀，以她为榜样鼓励新学生。

2015年，高婷曾就这本专著的体系等问题请我把关，我也提了一些参考意见。今年年初，高婷告知我专著已经完成，并请我作序，我很乐意地答应了。如今，专著即将付梓，在此，向她表示祝贺！

《突发公共事件报道的变迁研究》一书以风险社会和危机传播理论为指导，考查了突发公共事件中媒体的角色与功能等问题，文中多有独到的见解，显示出她在学术上的精进。认真阅读后，本书给我留下的深刻印象有以下几点：

一是系统梳理了新中国成立后我国突发公共事件报道的演变过程。这是

1

一项很艰辛的工作，要付出的心血可想而知。系统的梳理和分析，能够对我国相关研究起到基础性的作用，学术意义值得肯定。

二是以《人民日报》的突发公共事件报道为案例，就每个时期的典型报道案例的大量数据进行了分析比较，并在量化数据的基础上研究中国突发公共事件报道的嬗变问题。这种重材料、重事实的文风，让人有清风拂面之感，研究的结论将会启迪后来者。

三是能够通过丰富的史料，将新闻事件和报道放在一个大的历史进程中去考查，可谓治学有道。

四是研究不仅注意考查突发事件报道与风险社会的关系，还引人关注地运用马克思主义新闻观去审视突发事件报道，可谓难能可贵。

当然，本书也有一些不足之处。比如在论证一些问题时力度不够，理论高度有欠缺等。

总之，高婷的成绩值得肯定，不足之处我相信她可以通过后期不断地学习和研究加以改进。我也期待高婷能够取得更多更丰硕的学术成果。

河北大学教授、硕士生导师　韩立新

2017年3月

目　录

导　论

第一节　研究缘起

由于自然、政治、经济等种种因素，当今世界是一个突发公共事件频频发生的时代。突发公共事件由于偏离正常的发展轨道，往往会引发一定的社会动荡，成为新闻媒体和社会舆论关注的热点、焦点。目前，突发公共事件已成为新闻媒体必须面对的日常性报道对象。做好突发公共事件的报道工作，不仅关系到社会生活的和谐稳定，也能促进媒介公信力的提升。因此，研究突发公共事件报道这一议题具有重要意义①。

学者田中初说：如果历史不仅仅意味着已经消逝的过去，也意味着经由讲述而呈现在眼前、仍然拨动人心的现在，解读便具有释放我们对当前的关切和对未来的焦虑的功能②。由此，本文试图纵向解读当代中国突发公共事件报道的变迁，揭示它们的生产机制和意义框架，并试图归纳出其间的演变轨迹和变迁趋势，通过分析突发公共事件报道中的优势和不足，建设性地提出行之有效的发展策略，以期能够探寻和建立适合于我国的危机传播形式，推动我国突发公共事件应对机制的完善，进一步提升突发公共事件应急报道的水平。

一、媒介在突发公共事件报道中的重要作用

突发公共事件具有很高的新闻价值，需要大众媒体及时、准确、客观、全面、适当地进行报道。媒介发挥着传递信息、澄清谣言、引导舆论、沟通

---

① 童婷婷.改革开放以来《人民日报》突发事件报道研究[D].重庆：西南大学，2014：1.
② 田中初.当代中国灾难新闻研究——以新闻实践中的政治控制为视角[D].上海：复旦大学，2005：2.

协调的桥梁作用，是政府危机管理和公众了解危机信息的重要工具和手段。

德国于利希研究中心的汉斯·彼得·彼得斯教授，把媒体在防灾减灾工作中的职能概括为五个要点：一是真实地报道灾难风险等级；二是提醒公众做好必要的防灾准备（比如食物储备）；三是传授给公众紧急情况下的逃生知识；四是敦促国家重视防灾工作；五是动员公众参与防灾工作[①]。

因此，在灾难（突发公共事件）发生的时候，媒体应该且能够扮演的社会角色包括以下几个方面：立刻向政府通报灾难事件；及时向公众通报灾难事件真相和政府的应对行为；及时客观地报道灾情及救灾动态；积极配合政府开展工作，有效引导舆论；积极正面报道，为政府树立良好形象，以赢得受众支持并稳定人心；及时全面地介绍防灾减灾知识[②]。

媒介在突发公共事件报道中的作用，具体说来包括以下几个方面：

首先，发挥新闻媒介的社会功能。传播学家拉斯韦尔把新闻传播的社会功能分为三个方面：环境监视功能、社会协调功能、社会遗产传承功能。其中，环境监视功能尤为重要。媒介作为社会的守望者，敏锐地感知着自然和社会环境的变化，在危机爆发之前，它能将自己对环境的观测和从外部获得的信息在第一时间告知公众，对可能遭遇的危机及时预警，使公众保持高度警惕，作为其决策和行动的依据。

其次，受众的需求。突发公共事件的突发性和破坏性都会让人们对突发公共事件产生强烈的关注，尤其是那些受到突发公共事件直接或间接牵连的人。突发公共事件报道是对受众知情权的一种满足，可以消除恐慌，抚平人心，辟除谣言，凝聚民众。

再次，新闻媒介的任务。随着我国改革开放的深入、经济体制的变革、社会格局的改变、利益关系的调整、思想观念的多元，各种社会矛盾凸显，突发公共事件频发。媒介要充分发挥好作为社会"稳压器"、"安全阀"、"防火墙"的作用，因势利导，舒缓社会压力，理顺公众情绪，为顺利控制和解决突发公共事件创造有利的舆论环境。

最后，有利于政府执政。媒体对于灾难的及时报道，为政府提供有效信息，而对政府应对的及时报道，又可起到稳定人心及增强人们信心的作用，

① 刘颖,文建.美国媒体防灾减灾新闻特色——兼谈媒体在灾难中的角色[J].中国记者,2006(9):34-35.
② 盛忠娜.从"唐山"到"汶川":中国灾难报道变迁研究[D].郑州:郑州大学,2009:3.

因此这是对政府工作的一种配合。媒介通过对事件的客观报道、权威解释、总结反思，引导公众树立应对危机的信心，鼓舞斗志。

因此，新闻媒体在突发公共事件中如何发挥优势，及时、主动、真实地反映灾情，正确引导社会舆论，是需要我们认真研究的课题。

二、新媒体的兴起为突发公共事件报道带来的新机遇

随着网络的迅速普及，中国网络媒体的新闻传播活动日益频繁和发达，网络媒体在传递信息、引导舆论、服务社会等方面发挥着越来越重要的作用。互联网所具有的大容量、交互性、即时性、覆盖范围广等特点，在新闻传播活动中发挥了积极的作用，当然，在突发公共事件的报道中也不例外。

新媒体是指一切区别于传统媒体的具有多种传播形式与内容形态的不断更新、不断涌现的新型媒体，是相对于传统媒体而言的。新媒体涵盖了所有数字化的媒体形式，包括所有数字化的传统媒体、网络媒体、移动端媒体、数字电视、数字报纸杂志等。随着科技的发展，具有越来越多传播方式和内容形态的媒体形式不断涌现。新媒体亦是一个宽泛的概念，利用数字技术、网络技术，通过互联网、宽带局域网、无线通信网、卫星等渠道，以及电脑、手机、数字电视机等终端，向用户提供信息和娱乐服务等，都可以说是新媒体。严格地说，新媒体应该称为数字化媒体[①]。

在当前突发公共事件报道中，发挥主要作用的新媒体是网络媒体和自媒体。下面来分析它们在突发公共事件报道中的作用。

（一）网络媒体

网络媒体主要运用多媒体化方式进行信息传播，它集报纸、广播、电视三者之长于一体，实现文字、图片、声音、图像的有机结合。在突发公共事件报道中，网络媒体与传统媒体相比具有以下优势：

（1）资源优势。传统媒体资源有限，主要表现在有限的版面、有限的传播时间及有限的传播渠道，而网络媒体则因为其广容性而拥有无限的资源。就传统媒体而言，报纸苦于版面有限，广播、电视限于时段固定，不得不对许多材料忍痛割爱；而网络媒体则一改传统媒体线性叙事的方式，采用超链

---

① 韩剑. 新媒体时代的新闻传播[J]. 中国传媒科技,2013(14):146–147.

接的方式将无限丰富的材料立体式发布。受众对电视等传统媒体提供的信息只能是被动接收而无法根据自己的需要进行选择，但是可以通过网络媒体寻找自己需要的信息。

（2）时效性优势。网络媒体在时效性上的优势，恰好也符合现代社会快节奏的特点。报纸的传播受出版与发行时间的限制极大，日报通常以"天"为单位；广播与电视尽管在时效性上可以比报纸更快，但仍受到播出时段和播出顺序的制约。相比之下，网络媒体可以轻易做到随时发布并即时滚动更新各种新闻信息，在报道突发性事件时，这个优势明显地表现出来。

（3）互动式传播优势。网络媒体中传受双方的地位不固定，两者具有交互性。交互性是指网络媒体能够实现传播者与受众之间的双向互动传播。虽然传统媒体可以通过问卷调查和读者来信、来电等方式与受众沟通，但本质上是点对面的单向传播，网络媒体则可以通过开设BBS、公布记者电子邮箱和在每篇报道之后设置评论区等手段，给公众提供一个交换意见的场所，使公众能够直接参与新闻报道。受众可以随时与媒介工作者、媒介机构以及其他受众在网上直接进行对话，如同面对面的传播。

（4）即时阅读优势。网络媒体相对于传统媒体来说具有较强的易检性，也就是说，它在传播时间上与传统媒体相比还具有往复性的优势。广播、电视的受众，如果错过了收听或收看的时间，除非重播，否则很难再听到、看到同一内容；报纸的读者想查看以前的报道，也是一件费时费力的事情。网络媒体完全突破了这种时间的限制，公众随时可以在网上按日期查看一家网络媒体过去发布的内容，也可以很方便地通过关键词进行检索①。

（二）自媒体

近年来，在Web2.0和各种电子技术的发展支持下，兴起了信息传播个性化、平民化的风潮，以微博、博客、电子杂志、社交网络空间等形式为代表的自媒体，日益成为人们关注的重点。

对自媒体的界定，目前尚没有明确的界定。美国新闻学会媒体中心于2003年7月出版了由谢恩·波曼与克里斯·威利斯联合撰写的长达六十多页的"We Media"研究报告，指出We Media（自媒体）是普通大众经由数字科

---

① 张前. 新媒体在突发事件报道中的作用[J]. 西部广播电视,2015(12):93.

技强化、与全球知识体系相连之后，一种开始理解普通大众如何提供与分享他们本身的事实、他们本身的新闻的途径。也有学者认为，自媒体应该定义为：利用以博客为代表的网络新技术（还包括 Wike、SMS、可摄像手机、在线广播、P2P、RSS 等）进行自主信息发布的那些个体传播主体①。

1. 自媒体的形式

自媒体的形式有博客、播客、影客、拍客等。

博客，它的正式名称为网络日志，又音译为部落格或部落阁等，是一种通常由个人管理、不定期张贴新的文章的网站。博客上的文章通常根据张贴时间，以倒序方式由新到旧排列。许多博客专注在特定的课题上提供评论或新闻，其他则被作为比较个人的日记。一个典型的博客能结合文字、图像、其他博客或网站的链接及其他与主题相关的媒体，让读者以互动的方式留下意见。大部分博客内容以文字为主，也有一些博客专注在艺术、摄影、视频、音乐等各种主题。博客是社会媒体网络的一部分。比较著名的有新浪博客、网易博客等。

微博，即微型博客，使用者不需要构思复杂的内容，只提供最简单的文字即可。目前，微博是全球最受欢迎的博客形式。与博客相比，微博用户像是"轻装上阵"，因为它一次性发布的内容通常限定在 140 个字符内（70 个汉字）。微博使用者更倾向于表达即时的想法，捕捉即时的新闻消息，而且微博支持手机用户，即使没有电脑，用户也可以用手机拍摄照片或制作音频、视频，随时上传、分享，将自己的最新动态发送给好友或追随者。它的便捷性和功能齐全受到了快捷社会的普遍认同，国内的各大门户网站几乎都设有微博供用户使用，如新浪微博、搜狐微博等。

"播客（Podcasting）"是来源于苹果电脑的"iPod"与"广播"（Broadcast）的合成词，指的是一种在互联网上发布音视频文件并允许用户订阅以自动接收新文件的方法，或用此方法来制作的电台节目。这种新方法在 2004 年下半年开始在互联网上流行，并用于发布音频文件。国际上有名的播客网站有 YouTube，国内有土豆网、优酷网、酷 6 网等。

"影客"一词从博客衍生而来，是博客的语音发放版本，就是利用摄影照相器材和网络技术，用影像的形式制作短片或是真人秀。

---

① 张彬. 对"自媒体"的概念界定及思考［J］. 今传媒，2008（8）：76–77.

拍客是通过相机、手机或摄像机等具有拍摄图像或视频功能的器材，将个人拍出的作品上传网络与他人分享的人群。

2. 自媒体的特点

自媒体借助网络技术和电子技术，打破了传统媒体"点到面"的传播方式，实现了"点到点"的传播方式。自媒体有这样一些特点：

（1）信息传播快捷性。与传统媒体相比，自媒体能够更加快速捕捉信息，信息发布流程短，受制约因素较少，因此，信息传播过程的启动非常便捷、灵活。尤其是突发性事件，自媒体在这种情况下捕捉和上传信息的速度是传统媒体无法相比的。2009年2月9日，央视新大楼失火，火灾发生仅半小时，就有网民将手机拍摄照片上传到微博，还有网民将火灾视频上传，信息传播速度之快令传统媒体望尘莫及。

（2）信息渠道多样化。新技术的发展应用，为公众提供了前所未有的开放局面，如今很多信息都可以以文字、图片、音频、视频的形式由个人发布，信息传播的方式和渠道更加多样化。

（3）内容接近性。构成自媒体的电子技术设备本身都是便携性产品，这个特性决定了自媒体获取信息的接近性特点：接近现场，接近生活。传统媒体可能更容易觉察到大事件的走向，而自媒体则是随时随地关注周围的大事件或小细节。

（4）设备便携性。手机媒体是一种贴身媒体，是一种真正的无时不在、无处不在的媒体，这充分保证了信息接收的时效性，这是它明显优于传统媒体的一个方面，因为传统媒体的时效性往往只能体现为信息发送方的时效性。而在突发公共事件的信息传播、公共危机应对方面，这种接收的时效性又显得格外重要。手机的贴身性也延伸为它的私人性，这使得通过这一渠道传播的信息显得更为个性化，更容易得到接收者的重视。

第二节　概念框定

一、突发公共事件的定义

概念的梳理和界定是任何理论探讨和建构的前提。从文章的研究主题出发，必须对论题中"突发公共事件"的概念作一细致的阐述和框定。

（一）从国家话语和政策层面的界定

《中华人民共和国突发事件应对法》（简称《突发事件应对法》）第一章第三条对"突发事件"的界定是："本法所称突发事件，是指突然发生，造成或者可能造成严重社会危害，需要采取应急处置措施予以应对的自然灾害、事故灾难、公共卫生事件和社会安全事件。"在国务院颁布的《国家突发公共事件总体应急预案》中，对"突发公共事件"给出的定义为："本预案所称突发公共事件是指突然发生，造成或可能造成重大人员伤亡、财产损失、生态环境破坏和严重社会危害，危及公共安全的紧急事件。"

（二）学者们给出的定义

有学者认为：所谓突发事件，是指那些突然发生，带有异常性质，人们缺乏思想准备的事件。也有学者认为：突发事件，是指突然发生的，出乎人们意料的事件，不以人们的主观意志为转移。正因为其"突发性"，重大突发事件总是对社会迅速产生巨大的冲击力和震撼力，在极短的时间里成为社会舆论关注的焦点和热点[①]。

从突发事件的诱因角度看，有学者将突发事件划分为自然因素诱因和人为因素诱因；前者如地震、洪水、台（飓）风、泥石流等，后者如核泄漏、火灾、重大公共事故、生产事故、恐怖袭击等。从公共管理的角度出发，有学者把突发公共事件划分为下列几类：政治性突发公共事件，经济学突发公共事件，社会性突发公共事件，生产性突发公共事件，自然性突发公共事件[②]。

复旦大学童兵认为："突发事件指未能预测或难以预测、突然而至的事件。突发公共事件专指对社会公众有直接影响或同公共社会有广泛联系的突发事件。如果当事人为人数众多的民众，且这些民众又有强烈的利益诉求，这类突发公共事件谓之突发群体性事件。"[③]

学者郭研实给出的定义是："从广义上讲，突发事件泛指一切突然发生的危害人民生命财产安全、直接给社会造成严重后果和影响的事件。它既包括

---

① 蒲林玲. 突发事件的对内与对外报道比较研究——以《人民日报》和《中国日报》汶川地震报道为例[D]. 长沙：湖南师范大学，2010：4.
② 郭研实. 国家公务员应对突发事件能力[M]. 北京：中国社会科学出版社，2005：1.
③ 童兵. 突发群体性事件和新闻传媒的社会使命[J]. 当代传播，2010（6）：38.

由人为因素导致的突发事件，也包括由自然因素导致的突发事件。狭义上的突发事件的概念仅指突然发生的、具有较大规模的、严重危害国家政治、经济、社会治安秩序安定的违法事件。"①

国外学界和媒体则更多是从破坏性和严重性角度来认识突发公共事件。他们常常把突发公共事件称作"危机"。从危机管理角度看，突发公共事件是指对一个社会系统的基本价值和行为准则构架产生严重威胁，并且在时间压力和不确定性极高的情况下，必须对其做出关键决策的事件。突发公共事件早期所呈现的可能是破坏性的、甚至是灾难性的，有可能演变为更大范围的重大突发公共事件或者社会危机，影响社会稳定和发展的全局②。因此，本文将把"危机"和"突发公共事件"作为一个共同逻辑起点来阐释。

二、突发公共事件的分类

突发公共事件，按性质可分为自然性突发公共事件和社会性突发公共事件，按事件影响程度可分为重大突发公共事件和一般突发公共事件，按发生地域可分为国内的突发公共事件和国外的突发公共事件。

2006年1月8日，国务院公布的《国家突发公共事件总体应急预案》中，把我国有可能出现的突发公共事件分为四类：

（1）自然灾害。主要包括水旱灾害，气象灾害，地震灾害，地质灾害，海洋灾害，生物灾害和森林草原火灾等。

（2）事故灾难。主要包括工矿商贸等企业的各类安全事故，交通运输事故，公共设施和设备事故，环境污染和生态破坏事件等。

（3）公共卫生事件。主要包括传染病疫情，群体性不明原因疾病，食品安全和职业危害，动物疫情，以及其他严重影响公众健康和生命安全的事件。

（4）社会安全事件。主要包括恐怖袭击事件，经济安全事件和涉外突发事件等③。

上述分类方法本质上是从事件发生起因的角度来说的。而按照社会危害程度、可控性和影响范围等因素，总体预案将突发公共事件分为一般性突发公共事件、较大突发公共事件、重大突发公共事件和特别重大突发公共事件四级。

---

① 郭研实.国家公务员应对突发事件能力[M].北京:中国社会科学出版社,2005:1.
② 黄炟.论突发事件报道中的信息公开和舆论控制[D].重庆:西南政法大学,2009:4.
③ 梁洁.突发公共事件中大众传媒的道德责任和报道范式的转变[D].银川:宁夏大学,2014:27.

三、突发公共事件的特点

一般来说，突发公共事件具有突发性、破坏性、复杂性、关联性、持续性五大特点。

（一）突发性

突发公共事件的最主要的特点是突发性。突发性是指对于突发公共事件是否发生，于什么时间、什么地点、以什么形式爆发，以及爆发的程度等情况，人们都难以准确预测[①]。突发公共事件发生后，由于人们事先都不知道，因此正常的社会秩序就会受到干扰。正是由于这种不可预测性，事件一旦爆发，往往容易给人们形成强烈的心理冲击，甚至可能引发流言蔓延和集体恐慌。

（二）破坏性

突发公共事件常常突如其来，无论什么性质和规模的危机，都将带来不同程度的破坏和危害。其后果可能导致社会的不稳定、财产受损、人员伤亡、环境破坏，对个人心理和社会心理造成冲击等。另外，突发公共事件处置不当甚至还会造成经济和社会危机。例如2008年的汶川大地震，破坏地区超过10万平方千米，造成69 227人遇难，直接经济损失达8 451亿元。

（三）复杂性

突发公共事件的形成、发展和演变规律都很难有迹可循，不同的突发公共事件往往具有不同的特点和发展形势。体现在表现形式上，会有单一危机、复合危机、多重危机；体现在因果关系上，会有一因一果、一因多果、互为因果等。这种复杂性使人们更加难以认识和应对突发公共事件。由于世界都是普遍联系的，一个突发公共事件的发生可能还会造成其他事件的发生，一个地区发生突发公共事件也会造成其他地区发生突发公共事件。例如"4·20"芦山地震是地壳运动造成的，该地震不仅对灾区人民造成伤害，同时威胁灾区社会稳定甚至国家安全。因此，突发公共事件具有复杂性。

---

① 谢耘耕,曹慎慎,王婷.突发事件报道[M].上海:上海交通大学出版社,2009:19.

（四）关联性

突发公共事件发生后，其所引发的危害与矛盾会扩展到其他领域，引起一系列连锁反应，导致危机所涉及的范围更广、造成的危害更大。例如2003年的"非典"，本是公共卫生事件，却波及旅游业、餐饮业、交通业等，对我国政治经济的方方面面都产生了深远影响。

（五）持续性

自然界和人类社会是在矛盾中发展的，因此，突发公共事件伴随着人类社会的发展过程。同时，突发公共事件的发生会持续一个过程，然后才会结束。如地震、洪水等自然灾害一直持续存在于自然界和人类社会的发展过程中。

第三节 研究现状

一、国内研究综述

在我国的新闻事业发展进程中，由于受多种因素的影响，学术界和业界关于突发公共事件报道的研究成果一直较少。进入21世纪，随着党和政府对突发公共事件报道的重视，学术界研究突发公共事件报道的文章开始增多。"非典"事件之后，党和政府制定了一系列关于应对突发公共事件的法律法规，这为我国新闻媒体报道突发公共事件创造了规范的环境，从此"突发公共事件报道"成为业界和学术界研究的热点问题。因此，近年来与突发公共事件报道相关的学术著作和文献如雨后春笋而来，它们为我国突发公共事件报道研究提供了新的视角。

在国内外关于突发公共事件的研究文献中，用得较多的还是"危机"一词。但是"危机"一词的范畴远比突发公共事件更为宽泛，危机可以是突发的，但也可以是渐进发展而来的，罗伯特·西斯说："他们使用不同术语来描述同一个概念——紧急情况、灾难或危机。"鉴于此，在本文的研究中也没有刻意区别"突发事件"、"突发公共事件"与"危机"在词意上的细微差别。

由于历史和政治等因素，一段时期以来，我国新闻报道实行"以正面宣传为主"的方针，使得我国对突发公共事件报道的研究起步较晚。21世纪以来，特别是"非典"事件之后，突发公共事件报道的地位日益凸显，相关研究也逐渐增多。纵观近年来学术界对我国突发公共事件报道的研究，已有的文献和实践主要形成了七种研究范式。

研究范式一，从历史维度，探寻突发公共事件报道的变迁；研究范式二，从社会功能主义角度，探讨新闻媒体在突发公共事件报道中的角色与功能；研究范式三，从框架理论、新闻话语理论角度，以具体事例探讨媒体在突发公共事件报道中的框架构建及话语结构分析；研究范式四，探讨突发公共事件报道中存在的问题和改进措施；研究范式五，探讨和分析突发公共事件报道的方法及技巧；研究范式六，探讨突发公共事件报道中的舆论引导力；研究范式七，与国外突发公共事件报道进行比较研究，取长补短[①]。面对信息技术革命带来的种种冲击，新的传播思维和技术正在影响或改变旧有的突发公共事件报道模式。

在学术著作方面，近年来研究突发公共事件报道的学术著作不断增加，主要有沈正赋的《突发公共事件报道研究》（安徽人民出版社，2010年版），童兵的《突发公共事件新闻报道与大众传媒社会责任》（复旦大学出版社，2012年版），赵士林的《突发事件与媒体报道——新世纪传媒大视野》（复旦大学出版社，2006年版），郭研实的《国家公务员应对突发事件能力》（中国社会科学出版社，2005年版），贺文发的《突发事件与对外报道》（中国传媒大学出版社，2008年版），谢耘耕、曹慎慎、王婷合著的《突发事件报道》（上海交通大学出版社，2009年版），贺文发、李烨辉合著的《突发事件与信息公开——危机传播中的政府、媒体与公众》（中国传媒大学出版社，2010年版），李永清的《如何应对重大突发事件——以深圳经验为例》（中央编译出版社，2011年版）等。这些著作从不同角度对我国新闻媒体突发公共事件报道进行探讨，提出了不少新的视角。

二、国外研究综述

国外将突发性事件定义为危机事件，因此相关文献和实践的研究也是立足于危机管理和危机传播。早在20世纪60年代，美国学者便提出了"危机管

[①] 童婷婷.改革开放以来《人民日报》突发事件报道研究[D].重庆：西南大学,2014:4-6.

理"这一概念。危机管理首先是用于国际政治和外交领域，代表作是格雷厄姆·阿利森根据古巴导弹危机而写作的《决策的本质》一书。此后，危机管理逐渐从政治领域拓展到商业领域，代表作有史蒂文·芬克的《危机管理——为不可预见危机做计划》，诺曼·奥古斯丁的《危机管理》等。在这些著作中，并没有针对危机与媒体的关系问题进行单独研究，只是将媒体管理作为危机管理的基本要素加以阐释，并达成一个共识：媒体既是化解危机的利器，同时也是引发、扩散和恶化危机的"造反派"，应对媒体的"黑白脸"是现代危机管理的基本内容之一[①]。

20世纪90年代后，危机管理的研究逐渐拓展到生活各个领域。特别是美国"9·11"事件后，越来越多的学者意识到媒体在处理危机事件中发挥的重要作用，媒体与危机事件的相关研究也日益增多。研究主要集中于三个方面，即危机的传播规律、危机事件中的沟通管理和媒介管理。代表作有英国危机公关专家迈克尔·里杰斯特的《危机公关》，提出了危机传播的原则：以我为主提供情况，尽快提供情况，提供全部情况。还有著名危机公关专家提莫斯库姆的《危机传播与沟通》，探讨了危机管理的基本路径之一：议题管理。议题管理可以分为前置管理、中间管理和后置管理。三类议题管理皆指向一个目标：引导和控制危机舆论，创造有利的危机管理环境[②]。

第四节　研究目的和意义

一、研究目的

在中国，突发公共事件报道一直属于报道的一个敏感话题，它无论在理论上还是实践上都颇为薄弱，社会条件对它的制约也较多。

20世纪80年代，西方学者乌尔里希·贝克就预言了风险社会的到来。这些年来我国突发公共事件时有发生：诸如2003年的"非典"，2008年的南方雪灾、"5·12"汶川大地震、三鹿奶粉事件，2010年的王家岭矿难、青海玉树地震等。这一系列事件的发生，不仅给国家的发展、公众的生命财产安全造成重大危害，也对媒体的应对和报道形成巨大考验。

---

① 牛芳菲.公共危机事件中的电视媒体[D].贵阳:贵州大学,2010:27.
② 童婷婷.改革开放以来《人民日报》突发事件报道研究[D].重庆:西南大学,2014:7.

以突发公共事件为题材的新闻具有与生俱来的新闻性，正确的报道对于正确救灾防灾、克服公众的恐慌心理、推动事件的查处都有不可替代的作用；而报道行为本身可以减少谣言的传播机会，对媒体影响力的提升、我国民主法制建设、国家良好形象的树立都有明显的正面效应。随着我国新闻改革的不断深入，民主法制建设的深入进行，突发公共事件报道的地位日益重要，但理论与法制的滞后制约了其发展。

由于新的通讯技术的飞速发展，我国的新闻环境发生了深刻的变化，可以想见今后新闻的传播速度将更为惊人。正如我们无法杜绝灾难的发生一样，我们也无法制止灾难新闻的传播，它将继续成为传媒热点。面对如此热闹的现实，理论研究的沉默终究不是正常的现象，于是便引发了作者做这个选题的初衷。

如果信息传播不及时、意见反馈不充分、媒体的渲染或失语等都将滋生谣言，产生大规模的群众恐慌，威胁社会稳定和健康秩序。在应对突发公共事件过程中，媒体不仅要成为联结政府与公众的纽带，促进政府与公众之间的沟通和互动，还应当主动承担起社会风险的预警者、社会舆论的引导者、不当行为的监督者的使命。

而改革开放以来，我国媒体对突发公共事件的报道历经了"封闭"到"公开"、"隐满"到"透明"、"延时"到"及时"、"被动"到"主动"这样一系列过程，其中有许多值得借鉴和反思的经验教训。同时，随着媒介融合和传播环境的变革，媒介对突发公共事件的报道面临着新的机遇和挑战。随着网络技术的突飞猛进，人类信息传播的方式和速度也在发生着深刻变化。置身于复杂的传播环境中，面对突发事件时，问题的关键已不再是报与不报的抉择，而是如何报道的问题。

如今，中国媒体应对突发公共事件的反应速度、报道力度、报道角度等都显示了可喜的进步，但报道策略、报道倾向、议程设置等方面还需要进一步的提升。面对业界的新闻现状，中国新闻学界对突发公共事件的研究也有待深入。

如何适应突发公共事件的新特征、传播的新模式，如何在媒介融合背景下提高应对突发公共事件的新闻策划与报道能力，这些都值得我们去不断思考和实践。

本书拟对1942年至今国内突发公共事件的相关报道进行分析，试图回答以下问题：1942年以来，我国的突发公共事件的报道是如何变迁的；导致这种嬗变的原因是什么；这种变迁的意义何在；从我国突发公共事件报道的演变历程来看，可以获得哪些经验与反思，以及应该如何完善突发公共事件的报道。也就是，以史为鉴，为突发公共事件报道的提升和完善提供参考。

二、研究意义

目前，我国已有的灾难报道研究大多是从具体的操作性层面来进行的，尚缺乏系统的梳理和总结。由于已有的关于灾难新闻的研究多限于经验描述，若要有所突破，必须跳出纯经验的框框。为了使本文更有深度和说服力，作者在史料的收集上付出了一定的精力，拟对1942年以来我国灾难报道的报道观念、报道方法的演变历程进行一番梳理，通过对比分析，对改进新时期灾难新闻报道提出自己的若干设想，以期对当前我国灾难新闻提供可借鉴的、切实可行的报道模式。其研究意义至少表现在以下两点：

环境监测是新闻传播的重要功能之一，灾难报道能够帮助人们及时掌握灾难引起的环境变化，为人们的行动提供及时、可行的依据。因此，做好灾难性突发公共事件报道是媒体责无旁贷的义务。同时，灾难事件的突发性、破坏性和不可逆性使灾难性突发公共事件具有极高的新闻价值。对重大灾难事件的报道已成为检验媒体综合实力的试金石，也是媒体争取受众、赢得生存的良机。另外，在重大灾难发生时，一个国家媒体的反应还关系到国家的声誉和地位。所以，研究如何做好重大灾难性突发公共事件的报道是任何一个国家都不敢小觑的问题。

从一定程度上来说，媒体掌握着报道的主动权，他们决定报道哪些事实，以及采用何种报道方式。然而，媒介的新闻报道活动又不是孤立存在的，它受整个社会关系相互作用的影响。因此，研究媒介如何报道灾难性突发公共事件，不仅反映新闻传媒在价值取向、报道理念和报道方式上的选择及其特点，而且反映出整个社会对媒介生态的影响，包括政治气候、文化氛围等。

第五节　研究方法

本书结合了新闻写作学、传播学、舆论学等多个学科的理论成果，还涉及政治学、媒介经营管理、新闻伦理学、新闻叙事学等方面的知识，在理论研究的基础上，充分结合实际案例，以指导实践为最终归宿。

本书拟采用个案研究法、内容分析法、比较研究法、定性和定量分析结合法，考查中国主流媒体如何建构与呈现该议题，进而促进突发公共事件报道的完善和提高。

个案研究法。主要以《人民日报》典型的突发公共事件报道为案例，来研究中国突发公共事件报道的嬗变、缺失以及对发展空间的展望。

内容分析法。对相关报道进行内容的分析与总结，分析1942年以来我国灾难报道的报道观念和报道方法的演变历程，再进一步细化到具体的业务操作，从而归纳出一些规律性的认知。

比较研究法。在论据的采纳过程中，注意案例间的比较，在比较中得出尽可能科学的结论。

定性和定量分析结合法。在此选题的研究过程中，采用了以定性分析为主、定量分析为辅的研究方法。定性研究是通过对具体实例分析研究得出结论，定量分析是通过对媒体的报道数量以及分布进行数据统计，并做出评论和结论。

第六节　创新点

本书结合内容分析、案例分析、文本分析等方法，对新中国成立以后国内突发公共事件的相关报道进行全方位回顾和总结，较之以往的研究更加全面、立体和完整。

本书结合具体案例为样本进行研究，通过个案的深度解读，寻找突发公共事件报道中的不足和经验，为将来的报道提供有效建议。

本书以分析突发公共事件报道的演变历程为基础，总结我国突发公共事件报道的特点、演变趋势和发展方向，为不断完善和提升突发公共事件报道，提出了一系列行之有效的新策略。

具体研究路径是：通过对突发公共事件报道的相关文献研究，采取定性与定量相结合的策略。针对1957年前、1957—1980年、1980—2003年、2003—2008年、2008年至今五个时段进行文本分析，研究描述1942年以来突发公共事件报道的特点、演变历程、变迁原因等；在此定性分析的基础上，又在《人民日报》这五个时段中，分别遴选了诸如2008年"5·12"汶川地震报道等有代表性的案例进行了个案的定量分析。类目建构分为报道主题、报道体裁、报道立场等多个方面，达到点面的有效结合，相互补充，增强研究的信度和效度。

第一章 突发公共事件报道与风险社会理论

第一节 风险社会理论

风险社会理论由德国著名的社会学家乌尔里希·贝克于1986年提出，他认为自20世纪后半期人类步入后工业社会，也就进入了风险社会[①]。乌尔里希·贝克在其1986年出版的《风险社会》一书中阐述了自己的风险社会理论，将后工业时代人类生活生存面临的困境及有可能潜藏生存威胁的状况用"风险社会"一词概括。此后，随着金融危机、疯牛病、SARS病毒等全球性危机的蔓延，这一理论逐渐成为全球学者研究的焦点。乌尔里希·贝克认为：工业社会在为人类创造了巨大财富的同时，也为人类带来了巨大的风险，人为制造的风险开始充斥着整个世界，在工业社会以后，人类已经进入一个以风险为本质特征的风险社会[②]。其后，乌尔里希·贝克相继在《解药，有组织的不负责任》、《世界风险社会》等著作中将这一提法上升到理论高度，并随着英国社会学者安东尼·吉登斯的阐释而进一步系统化。

一、风险

风险（risk）本意是指冒险和危险，从词源上看，英文"risk"一词，最早源于希腊文，之后在十六七世纪的现代社会早期，"风险"这个概念就出现了。从历史上看，"风险"这一概念可以追溯到资本主义起源的国际商船航行时期，为进行原始资本积累，以西班牙为代表的西方探险家们在向世界探险的地理大发现时代，第一次创造了这个概念。

[①] 乌尔里希·贝克.风险社会[M].何博闻,译.南京:译林出版社,2004:3.
[②] 杨魁,刘晓程.风险社会与媒介化社会背景下的危机传播机制创新——以2008年"5·12"地震为个案[J].科学·经济·社会,2009(4):120-124.

从字面意义上来理解，风险是具有可能性的危险，或者说是有可能发生的会造成灾难的事件。因此，风险概念是一种可能性的概念。"风险"的阐释定义构成了风险社会理论的根基。自从人类文明存在以来，风险现象就一直相伴而生，那么风险该作何解释？社会学家卢曼曾经指出："风险的相对概念不是稳妥而是危险，二者的差异在于风险取决于认知决断，它引致的损失由人的决断决定，危险则是限于人的行为决断而给定的，引致的损害由外在的因素决定。"①二者既有区别又有联系。危险与风险一样，从感情色彩角度上来说，二者产生的后果都是消极的。区别在于，危险体现的是一种确定性的状态，是对消极后果确定的预测或是已然状态的描述。而风险则突出的是不确定性②。对于"风险"这个概念的界定，学术界有不同的定义方法。如乌尔里希·贝克认为，"风险是预测和控制人类行为未来后果的现代方式"，把风险视为一种认知。汉森用列举法阐释风险的三种用法："风险用来表示某种好的或不好的事情发生的可能性，或表示某种糟糕事情可能发生或可能不发生，抑或表示一种灾难或糟糕的事情发生产生的负面影响。"总的来讲，我们可以定义风险为"个人或群体在未来遇到的伤害的可能性以及对这种可能性的判断与认知"③。

英国社会学家安东尼·吉登斯将风险分成了两类，即外部风险与被制造出来的风险。他认为：外部风险就是来自外部的、因为传统或者自然的不变性和固定性所带来的风险。而被制造出来的风险，指的是由我们不断发展的知识对这个世界的影响所产生的风险，是指我们没有多少历史经验的情况下所产生的风险④。他还认为：传统的工业社会以及此前的社会，人们所担心的是外部风险，而在当代，被制造出来的风险取代外部风险占据了主导地位，由此标志着进入风险社会。风险暗示着一个企图与它的过去亦即现代工业文明的主要特征进行决裂的社会。我们由以上阐述可以得出结论：风险社会中的社会风险更主要的是指由人类活动所导致的风险，是人类实践活动的产物。

---

① LHUMANN, NIKLAS. Risk：A Sociological Theory[M]. New York：Aldinede Gruyter, 1993：40.
② 王颖. 风险社会理论视域下邻避事件的治理困境与合作化解研究[D]. 南京：南京大学, 2015：15.
③ 杨雪冬, 等. 风险社会与秩序重建[M]. 北京：社会科学文献出版社, 2006：16.
④ 安东尼·吉登斯. 失控的世界——全球化如何重塑我们的生活[M]. 周红云, 译. 南昌：江西人民出版社, 2001：22, 19.

二、风险社会的内涵

乌尔里希·贝克认为风险社会是指现代社会中的一个发展阶段，在这一阶段里，经济、政治、个人和社会的风险往往会越来越多地避开工业社会的监督制度和保护制度。作为一种社会理论和文化诊断，在这一阶段，工业化社会中所产生的威胁开始占主导地位[①]。

"风险社会"是一个全新的社会学概念，是乌尔里希·贝克在思考风险问题与反思现代性的基础上形成的关于当代社会的定义，是对当前社会本质的新的概括，具有其独特的规定性。乌尔里希·贝克认为，与工业社会相比，风险社会是现代性的另一种新的形式，这种新的形式是现代性内部断裂的结果，"现代性正从古典工业社会的轮廓中脱颖而出，正在形成一种崭新的形式——（工业的）'风险社会'"[②]，而风险社会的正在形成则表明了现代化的新发展和工业社会的日渐衰弱。

三、风险社会的特征

风险社会的特征归纳起来有如下几点：

第一，从风险的范围和程度来看，具有全球性特征。全球化作为一种历史潮流，已成为不争的事实。地球上的各个国家和地区之间的交流与合作日益扩大，各国之间的依存度进一步加深。全球化时代既是风险社会的历史背景，又强化了风险性特征。正如安东尼·吉登斯所说，生活在全球化的时代里，意味着我们要面对更多的、各种各样的风险。与历史上的各个时期相比，当今社会所面临的风险显然不是一国或一个地区的，而是全球性的。乌尔里希·贝克认为，全球化对资本主义社会的重要影响之一是其难以预测的和高强度的风险性。"风险打破阶级和民族模式……风险社会在这个意义上是世界性的风险社会。"[③]全球化使得风险已经无法再被控制在一定的地域和国家范围内，而是会迅速扩散到全球。这些风险在扩散的过程中，彼此间可能还会相互影响，从而产生新的风险，将风险的不良影响成几何倍的扩大，进而形成全球性的灾难[④]。如2003年"非典"的爆发，以及2008年下半年席卷

① 杨雪冬，等.风险社会与秩序重建[M].北京:社会科学文献出版社,2006:30.
② 乌尔里希·贝克.风险社会[M].何博闻,译.南京:译林出版社,2004:2.
③ 乌尔里希·贝克.风险社会[M].何博闻,译.南京:译林出版社,2004:21.
④ 陈丽维.风险社会背景下我国突发公共事件预警机制研究[D].南宁:广西师范学院,2010:7.

全球的金融危机等，都是这种情况的典型例证。因而，"现代风险的危害已远远逾越了现代工业社会所包含的民族国家的发展及其疆域边界的逻辑"①。

第二，从风险的来源来看，具有人为性特征。在传统社会阶段，风险的形成更多的源自于物质的匮乏和自然的灾害等，表现为外部风险或自然风险等，是非人为性的风险。然而随着科技的进步，人类逐渐增加了对自然和社会的探索力度，人类行动的影响力大大增强，人类为了不断膨胀的欲望不断地征服自然，向自然索取，从乱砍滥伐到过度捕猎，从环境污染到核武器，社会风险越来越开始表现出它的人为性的一面。乌尔里希·贝克认为，风险是人类活动和社会的反映，是生产力高度发展的表现，人为因素日益渗透到风险中成为"人为风险"，这些风险具有无限可再生性，它们总是随着我们制定的决策和策略而自我蔓延。安东尼·吉登斯认为，与大规模环境污染、全球变暖或沙漠化等相联系的风险都是人类活动的结果，这些风险是在试图去控制它们的现代性过程中产生的。而乌尔里希·贝克认为：自20世纪中期以来，工业社会的社会机制已经面临着历史上前所未有的一种可能性，即一项决策可能会毁灭我们人类赖以生存的这颗行星上所有的生命②。

第三，从风险的表现形式来看，具有不确定性特征。在风险社会中，风险是不确定的，难以预测的。风险的种类越来越多样化和复杂化，可能涉及政治、经济、文化、生态等方方面面，而且这些风险互相交织、渗透和叠加，很难轻易地区分出谁应为风险造成的损失负责。不确定性的原因在于：一是风险责任主体的不确定性。由于风险诱因的复杂和相互交织，无法准确界定谁应该对风险负责。二是风险发生规律的不确定性。由于风险责任主体的不确定性，再加上风险的全球化特征，人们往往无法确定风险的发生规律。三是风险结果的不确定性。在风险社会中，风险对人类的影响是无法具体确定的，其直接影响无法准确界定，其间接影响和后果更是难以衡量③。乌尔里希·贝克认为，"在风险社会中，不明的和无法预料的后果成为历史和社会的主宰力量"④。所以，风险不能确定，无法预料，突然间爆发，令人猝不及防，难以预防更难以控制。

---

① 薛晓源,刘国良.全球风险世界:现在与未来——德国著名社会学家、风险社会理论创始人乌尔里希·贝克教授访谈录[J].马克思主义与现实,2005(1):51.
② 乌尔里希·贝克.从工业社会到风险社会(上篇)——关于人类生存、社会结构和生态启蒙等问题的思考[J].王武龙,编译.马克思主义与现实,2003(3):26-45.
③ 陈丽维.风险社会背景下我国突发公共事件预警机制研究[D].南宁:广西师范学院,2010:8.
④ 乌尔里希·贝克.风险社会[M].何博闻,译.南京:译林出版社,2004:20.

第四，从风险的影响来看，具有二重性特征。乌尔里希·贝克认为风险是"知识与不知的合成"[①]。因为，我们利用知识来改变世界，创造财富，探索自然，但与此同时，知识也可能会给我们造成无法预料的风险，成为风险的诱因。知识带来了工业文明的长足发展，使人类受益，同时又带来了具有"潜在的副作用"的巨大风险威胁，将现代文明推向了"无知"的困境。从这个意义上，可以说风险是具有二重性的。安东尼·吉登斯认为风险具有两面性，危害性和创新性并存。

第五，从风险的成因看，具有制度化特征。制度化风险，即由社会制度本身的漏洞、不合理而导致的风险。随着科技进步和工业化水平的提高，人类社会的不断发展，现代社会制度几乎覆盖了人类活动的各个领域，然而，制度建构是一个制度不断完善的过程。在这些社会制度运行的过程中，由于监督机制的缺位或设计的缺陷等原因，原有制度出现运转失灵和功能失效，制度本身成为一种社会风险的再生产机制，从而使"风险的制度化"转变为"制度化的风险"。

四、风险社会的成因

关于风险社会的成因，国内外的学者们提出了许多深刻的见解，归纳起来主要观点有：一是认为资本主义对经济利益的追求极大地刺激了风险的产生，资本主义全球范围内的侵略扩张促进了风险社会的形成，导致了世界风险社会的产生；二是认为风险源于科学知识的不确定性和科学技术的线性发展，科技在促进社会进步的同时，也将人们推进由其制造的风险环境之中；三是认为风险社会的形成源于全球化的扩张，全球化扩大了风险的影响范围并加重了风险的后果；四是认为风险社会的出现源于现代社会发展理念中片面的经济价值取向，人们片面地追求经济利益，致使出现了一些盲目的非理性行为，导致了人与自然、人与社会之间的矛盾和冲突，为催生一系列难以预料的风险埋下了隐患。

五、风险社会理论对当代中国的启示意义

乌尔里希·贝克指出："当代中国社会因巨大的社会变迁正步入风险社

---

① 乌尔里希·贝克.风险社会再思考[J].郗卫东,编译.马克思主义与现实,2002(4):48.

会，甚至将可能进入高风险社会。从西方社会发展的趋势来看，目前中国可能正处于泛城市化发展阶段，表现在城市容纳问题、不均衡发展和社会阶层分裂，以及城乡对比度的持续增高，所有这些都集中表现在安全风险问题上。"①

第二节　媒体与风险沟通

一、风险沟通的涵义

风险沟通（risk communication），这个词最早出现在20世纪80年代中期的美国。风险沟通的功能是告知、说服和教育公众，使他们按照专家提供的方式理解风险问题或接受某种风险②。

1998年，美国国家科学院将"风险沟通"定义为"在个体、群体以及机构之间交换信息和看法的相互作用过程，这一过程涉及多侧面的风险性质及其相关信息，它不仅直接传递与风险有关的信息，也包括表达对风险事件的关注、意见以及相应的反应，或者发布国家或机构在风险管理方面的法规和措施等"。

国内有学者将"risk communication"翻译为"风险传播"，并将之界定为两个内涵：其一为"风险传播是在个人、团体、机构间交换信息和意见的互动过程。它不只与风险相关，还包括风险性质的多重信息和其他信息，这些信息表达了对风险信息或风险管理合法的、机构的安排的关注、意见和反映"；其二为"关于健康或环境的信息，在利益团体间是有目的的交换。更明确地说，风险传播是在利益团体之间传播或传送健康或环境风险的程度、风险的重要性或意义，或管理、控制风险的决定、行为、政策的行动"。

二、媒体与风险社会的关系

危机报道是危机传播的一种。在风险社会中，危机传播的利益团体包括政府、公众、大众传媒、社团组织等，而其中大众传媒的危机报道作用最为

---

① 薛晓源,刘国良.全球风险世界:现在与未来——德国著名社会学家、风险社会理论创始人乌尔里希·贝克教授访谈录[J].马克思主义与现实,2005(1):48.
② 张洁,张涛甫.美国风险沟通研究:学术沿革、核心命题及其关键因素[J].国际新闻界,2009(9):95-101.

显著，这也在乌尔里希·贝克的《风险社会》中得到了肯定，他认为：产生于晚期现代性的风险……在知识里可以被改变、夸大、转化或者削减，并就此而言，它们是可以随意被社会界定和建构的。从而，掌握着界定风险的权力的大众媒体、科学和法律等专业，拥有关键的社会和政治地位①。

很多学者认为，在风险社会中，媒体有着独特的作用与功能，可以加速或缓解不同的风险。这在国外有多个学派进行了阐述，其中"建构说"的代表人物西蒙·科特勒认为，大众媒体是风险的主要再现与论述的建构者；而持"批评说"的学派则认为，媒体在风险社会的批评领域异常活跃，他们是政府、社会的监督者和批评者，检查、批评政府、权威机关对风险感知以及对风险决策，并评论其得失②。

关于媒体在应对突发公共事件风险沟通中的意义，学者林爱珺提出：在风险沟通中，受众与政府是沟通的主体，媒体在沟通中起桥梁的作用。风险沟通应该注重公众参与和双向传播，促进风险决策的民主，强调公共话语的重要性，保障公众的话语权。风险沟通必须是信息的双向流动过程，政府责任的强化、公众权利的保障为风险沟通的顺利进行提供制度层面的保障，媒体角色的厘清、媒体沟通作用的发挥在风险沟通的具体实施中不可或缺。突发公共事件的应急管理，必须借助信息的双向流动建立政府与公众间的互信，从而达到协同应对风险的目的③。

总之，在风险社会的大背景下，在风险沟通中，媒体承担了风险二次传播任务，先将政府部门提供的风险信息进行解码、编码，再传递给公众。媒体在风险沟通中架起了政府与公众的桥梁，及时的媒介报道可以消除谣言的滋生，维护社会稳定，并且媒介可以通过较为理性的报道和解读使公众的认知和表达更趋于理性。

① 乌尔里希·贝克.风险社会[M].何博闻,译.南京:译林出版社,2004:20.
② 郑和顺.创建"世界风险社会"背景下环境传播的公共新闻模式[D].重庆:重庆大学,2011:32.
③ 童兵.突发公共事件新闻报道与大众传媒社会责任[M].上海:复旦大学出版社,2012:94.

第二章　突发公共事件中媒体的角色与功能

第一节　突发公共事件中媒体的角色

一、媒体角色概述

（一）角色概述

"角色"一词源于戏剧，1934年美国社会学家乔治·赫伯特·米德首先运用角色的概念来说明个体在社会舞台上的身份，之后，角色的概念被广泛应用于社会学与心理学的研究中。

社会角色的概念为：与人的社会地位、身份相一致的一整套权利、义务的规范和行为模式，它既指人们对在社会关系体系中处于特定地位的人的行为的一种期望，又包括人们相应的行为，是构成社会群体和社会组织的基础[①]。具体说来，它包括以下四方面涵义：角色是社会地位的外在表现；角色是人们的一整套权利、义务的规范和行为模式；角色是人们对于处在特定地位上的人们行为的期待；角色是社会群体或社会组织的基础。

（二）媒体概述

媒体是什么？著名传播学者马歇尔·麦克卢汉有一句名言是，"媒介即讯息"。媒体本义指的是植物之间传花授粉依托的生物体，如蜜蜂、蝴蝶等昆虫，后来逐渐演变成人类社会信息借以公开流通扩散的传播机构和手段载体。对于媒体的理解，大致有两种含义：一种是信息的载体、渠道、中介

---

① 谢薇娜.中国大陆大众传播媒介社会角色期望与现实失调研究[D].杭州:浙江大学,2006:6.

物、工具或技术手段；另一种是从事信息的采集、加工制作和传播的社会组织，即传媒机构或媒介机构[①]。

（三）媒体角色概述

根据社会角色的概念，媒体角色的概念可以界定为：与媒体及其从业人员的社会地位相一致的一整套权利、义务的规范与行为模式，以及人们对于具有特定地位、权利和义务的媒体及其从业人员的行为期望。

媒体的角色权利包括新闻媒体在新闻发生后采集发布新闻信息的权利。这是新闻媒体在角色扮演中至关重要的权利，如果没有新闻采集的权利，新闻媒体就失去了社会角色扮演的基础。媒体的角色义务是新闻媒体应承担的社会责任，包括必须做什么和不能做什么，也就是新闻媒体在社会活动中应当承担一定的社会责任[②]。

新闻媒体的角色规范是指新闻媒体在享有权利和履行义务的过程中必须遵循的行为规范或准则，一是包括成文的规范，即法律、法规、纪律等，在我国表现为宪法、法律、中国新闻工作者职业道德准则等法律法规对新闻媒体在新闻活动中的具体要求，促使新闻从业者做坚持真理的新闻工作者；二是包括不成文的规范，即社会风俗、伦理道德等对新闻媒体的约束[③]。

二、我国新闻媒体的角色

（一）权威信息的发布者

人类之所以需要新闻，是因为人类需要了解世界，进而根据新闻媒体提供的信息来应对客观世界的变化。新闻媒体最基本的功能是提供信息。西方近代新闻业在萌芽初期就是以贩卖各种人们需要的商业信息的形式出现的，新闻媒体就是一种专职向社会提供信息的机构。新闻既然是一种信息，就应当承担信息所应具有的反映和报知的基本功能，就应当把向受众提供帮助来消除他们认识上的不确定性的事实信息作为自己义不容辞的重要任务，尽可能为受众提供广泛、周到、质优的信息服务[④]。重大的突发公共事件威胁着国

---

① 张洪蛟. 公共危机管理中的媒体角色与政府应对[D]. 兰州：兰州大学，2008：15.
② 张兴旺. 媒体在突发事件报道中的角色与功能研究[D]. 乌鲁木齐：新疆大学，2014：13-14.
③ 张兴旺. 媒体在突发事件报道中的角色与功能研究[D]. 乌鲁木齐：新疆大学，2014：14.
④ 郑保卫. 当代新闻理论[M]. 北京：新华出版社，2003：62.

家的稳定和社会公共安全。在重大的突发公共事件发生时，新闻媒体应及时迅速地报道最新的信息，第一时间发布政府的权威信息，满足受众的知情权。随着现代民主政治的发展，知情权对于社会公共生活的重要意义日益凸显，而新闻媒介作为职业化、专门化的大众信息传媒，有责任及义务保障和实现公民的知情权，开拓公共信息资源。从这个意义上说，知情权是现代媒介的核心问题，也是新闻传播学所要研究的核心课题之一[①]。

越是遇到突发公共事件的时候，公众越是容易产生恐慌、焦虑、不安等负面情绪，社会上越是容易产生各种流言蜚语和小道消息，如果处理不当，极有可能引起社会混乱。这时政府就需要媒体扮演权威信息发布者的角色，向广大社会公众发布真实、权威的信息，消除谣言，稳定人心。政府信息发布者的角色是党和政府一直以来对我国新闻媒体的明确要求，也是新闻媒体给社会公众留下的深刻印象，已经"习惯成自然"[②]。

因此，在突发公共事件报道中，媒体首先要作为权威信息的发布者的角色出现在公众面前，向社会公众发布突发公共事件的最新信息、官方的信息、政府的应对举措和相关的科学知识。

(二) 国家形象的塑造者

突发公共事件的发生不仅考验着政府应对危机的能力，同时也关系着我国政府在国内外的形象。在突发公共事件发生时，新闻媒体是政府信息发布的主要渠道。新闻媒体作为政府和社会公众沟通的桥梁，重大突发公共事件发生后，对于党和政府对突发公共事件的应对措施，新闻媒体要及时准确给予报道，以有利于社会公众对政府形成客观正面的印象。

公共危机传播中媒体的国家形象塑造者角色通过两种途径来实现：一是通过媒体报道国家政府在危机事件中的行为；二是媒体本身的行为方式折射和反映国家政府的形象[③]。

传播学家M.E.麦库姆斯和D.L.肖通过实证研究，在1972年提出了议程设置理论。媒介的议程设置功能是指媒介的这样一种能力：通过反复播出某类新闻报道，强化该议题在公众心目中的重要程度。该理论认为：大众媒体虽

---

① 李良荣.新闻学概论[M].3版.上海:复旦大学出版社,2004:223.
② 叶瑜敏.媒体在公共危机管理中的角色与功能——公共管理的视角[J].兰州学刊,2010(11):33.
③ 周榕.中国公共危机传播中的媒介角色研究——以2000—2013年重大公共危机事件为例[M].武汉:华中科技大学出版社,2014.

然不能决定人们对某一事件或意见的具体看法，但可以通过提供信息和安排相关的议题来有效地左右人们关注某些事实和意见以及他们议论的先后顺序。

如在汶川地震的突发公共事件传播中，媒体设置了这样几个议题：政府高度重视，温家宝总理亲自指挥救灾；灾区灾情，抗震救灾，灾区重建；全国上下众志成城，救灾募捐等。一方面，突发公共事件应对中政府所采取的这些积极措施，通过媒体的议程设置功能进行放大聚焦，可以在潜移默化中树立和维护政府形象，同时也增强了全国人民战胜困难共渡难关的信心和决心。另一方面，媒体报道方式折射和反映出开放、成熟、自信的大国形象。及时的报道反映了国家政府在灾难中的行动力，公开的报道塑造了在灾难面前负责、开放的国家形象，人文关怀的叙事方式塑造了尊重人性的国家形象。

总之，新闻媒体在突发公共事件报道中，通过信息沟通，塑造政府形象，不仅有利于突发公共事件的解决，也有利于维护党和人民群众的根本利益。

（三）正确舆论的引导者

舆论是指"公众关于现实社会以及社会中的各种现象、问题所表达的信念、态度、意见和情绪表现的总和，具有相对的一致性、强烈程度和持续性，对社会发展及有关事态的进程产生影响"①。

新闻媒体作为现代社会最强大、最有影响力、最具号召力的舆论组织，政府除了期望媒体全面及时地报道突发公共事件，满足公众的知情权外，还期望媒体承担起正确引导舆论、营造良好的舆论氛围的社会责任。

重大突发公共事件的报道，要围绕着党和政府对重大突发公共事件的处置，通过及时、准确的信息，作用于社会公众的意识，从而引导舆论。另外，在一些突发公共事件中，新闻媒体可以通过新闻事实，直接评论，表达观点和立场，引导舆论。

当前，以微博、微信为代表的自媒体出现后，我国媒体舆论环境发生了一些改变，大多数受众不再是沉默的，不再仅仅是被动地接受信息，而是成为信息传播的积极参与者，他们利用网络等新技术制造舆论并力求个体意见能够得到回应并产生共鸣，进而可以影响事件的发展进程。但是突发公共事

---

① 陈力丹. 舆论学——舆论导向研究[M]. 北京：中国广播电视出版社，1999：11.

件发生后，社会公众依然首先希望获知的是政府的权威信息。新闻媒体要通过及时传递官方权威信息、表达观点，从而影响社会公众舆论。媒体作为权威信息的发布者，其权威影响力依然强劲，尤其是中央电视台，在整个中国语境中，它表现出的"优势意见"和"强势引导"是不可替代的①。

如在汶川地震发生后，新闻媒体的系列评论文章《灾难中我们更加坚强》、《宁愿相信72小时后的坚守》、《阳光下每个生命都无比的珍贵》等，有力地引导了当时的社会舆论，给灾难中的公众注入了强心剂，激发了人们抗震救灾的意志力。可以说，突发公共事件发生后，对于事件本身的舆论引导关系到社会稳定、人心安定，关系到事件处置的进程和效果。

总之，在突发公共事件发生后，新闻媒体要通过及时报道官方信息，满足公众的需要；策划报道主题，巧妙地设计主导方向，妥善地安排报道节奏、形式、规模等；积极引导社会舆论，消除社会恐慌，缓解各方矛盾，维护社会秩序正常运行。

（四）社会的守望解读者

美国著名报人普利策曾有经典名言："倘若一个国家是一条航行在大海上的船，新闻记者就是站在船头的瞭望者，他要在一望无际的海面上观察一切，审视海上的不测风云和浅滩暗礁，及时发出警告。"②这段话非常形象地形容了媒体作为社会的守望者的危机预警功能，公众期待媒体可以担任社会的守望者、预警者，为大船的平安前行保驾护航。"媒体应该积极搜集、观察并分析外界环境的变化，以前瞻性的眼光审视表象，鉴别出有潜在威胁的信息，及时告知公众，引起公众和政府的注意，并敦促他们及时采取防范和应对措施，将危害或损失降至最低。但由于受专业知识和素质的局限，媒体从业者对于社会环境中具有潜在威胁信息的判断能力、识别能力和反应能力是非常有限的。"③

突发公共事件具有复杂性等特征，对于公众来说，"为什么"变得与"是什么"同等重要。解释性报道是传媒作为事件解读所运用的新闻手段，从公共危机事件发展过程看，危机爆发前的征兆、爆发时的原因、演化中的复杂

---

① 沈娟娟.重大突发事件中的政府、媒体、公众三角互动沟通模式探讨[D].扬州:扬州大学,2009:16.

② 童兵.理论新闻传播学导论[M].北京:中国人民大学出版社,2000:26.

③ 谢耘耕,曹慎慎,王婷.突发事件报道[M].上海:上海交通大学出版社,2009:16.

性、事发后的震荡和危害程度，还有政府等社会管理部门的危机响应态度和举措、公众的反应等，都是传媒所要关注并应予以解读的。大多危机事件都有预兆、发生、发展、演化和消解等阶段，一段时间里，我国传媒多习惯于等到危机事件结束后做概括式、总结性的新闻报道，或者对危机事件片面关注。比如我国在灾难报道中，存有讳言灾难、报道元素缺省、片面的"正面化"等诸多不足。"灾难报道对于深度化的忽视，是一种新闻的灾难。"①

在公共危机事件发生后，大众传媒作为社会的守望者、解读者，立足于客观事实，秉持公平正义进行调查性报道和解释性报道，公众对于事件的认知随着媒体的解读会越来越接近事实本身，也更趋于理性。因而事件解读者的角色，就不仅仅是单方面的解读，既包括对危机事件本身性质的认知、思辨性的解读，也包括公众对危机事件的反应、社会管理部门对事件处理的政策解读，还包括政府解决问题时所参考的民意解读、社会情绪解读。可以说，我国传媒在公共危机事件中的解读者角色扮演，是对危机事件在公众和政府之间进行的下情上达、上情下达这样一个双向互动的解读过程。而这种解读的着眼点应是朝着危机事件的化解和社会和谐的方向努力的②。

在新媒体盛行的背景下，当发生了突发公共事件时，很多的资讯会第一时间出现在网络上，但是由于网民的信息和认识的局限，难免有失偏颇。这时，大众传媒一方面需要做到在第一时间公布信息，另一方面需要作为专业的事件解读者，多方面、多角度解读，客观地展现事件的原因、背景和来龙去脉。甚至在当前，仅仅作为解读者还不够，还需要根据现有的信息，通过宏观的展望和审视对事件进行预测性的深度解读，这才可以满足社会和受众的需求。

（五）不当行为的监督者

在公共危机传媒角色建构中，维护公共利益的监督者是传媒参与公共危机应对不可或缺的角色。

德国学者迈尔认为，媒体是社会观察自身的手段，可以像侦探一样发现问题，像检察官一样使问题公开化并得到改正③。

① 杜骏飞,胡翼青.深度报道原理[M].北京:新华出版社,2001:185.
② 杨厚法.当前我国媒体在公共危机事件中的角色研究[D].兰州:兰州大学,2010.
③ 牟建君.德国学者迈尔谈媒体与政党政治[J].国外理论动态,2000(7):23.

在突发公共事件的应对中，也会不可避免地出现一些不符合甚至违背公共利益的行为，公众期望媒体通过其灵敏的触角及时发现各种不当行为并予以公开批评，从而担当社会不当行为的监督者的角色。

对危机事件进行报道，很大程度上就是进行一次对社会环境的监视。大众传媒对危机事件的应对和参与，有利于提高政府的危机意识。危机事件报道中大众传媒所表达的社情民意，可以为政府制定及时、科学的决策应对公共危机事件提供参考。对于政策执行中的系列问题，以及危机过后的社会大反思，也都离不开传媒这一监督者角色的发挥。

如在2008年"5·12"地震抗震救灾中，媒体对"救灾帐篷外流成都某小区"、"救灾黑心棉"、"红十字会采购帐篷和食品价格过高"等事件的追查和揭露，不仅使抗震救灾过程中那些不当或违法行为得到了应有的惩罚，同时也对其他还没有被揭露的不当行为起到了很好的警示和教育作用。

对于危机发生、发展、蔓延的原因的监督，有利于化解危机、对症下药，从而标本兼治。在人为因素造成的灾难事故中，舆论监督可以针砭时弊，惩治危机事件背后的腐败、不正之风，有利于改善和谐社会的民主与法制建设，防止类似危机事件的再发生，阻止一般性的突发性事件向危机事件演化升级酿成更大的危机[1]。

在突发公共事件中实现舆论监督的角色，首先，需要充分依靠人民群众，广泛开展新闻舆论监督。新闻媒体只有依靠舆论监督的主体——人民群众，才能发挥新闻舆论监督针砭时弊、扶正祛邪、激浊扬清的作用[2]。其次，新闻媒体要坚持公平正义、公正介入，切实开展新闻舆论监督，让社会得以自我修复。再次，新闻媒体要富有社会良知和责任感，无私无畏地开展新闻舆论监督，保障公民的知情权。

（六）社会的整合协调者

新闻媒体具有进行宣传、整合社会的功能。媒体作为社会的整合者、协调者，通过新闻报道，促使社会公众遵循共同的价值观念和行为规范，达到社会控制的目的。重大突发公共事件发生后，新闻媒体作为信息的载体，提供信息服务，调动社会公众的力量，使社会公众达成共识。作为社会的协调

---

① 杨厚法.当前我国媒体在公共危机事件中的角色研究[D].兰州:兰州大学,2010.
② 沈正赋.新闻舆论监督难点及其对策刍议[J].声屏世界,2000(2):44,46.

者，新闻媒体在重大突发公共事件中起到重要的作用。所以，新闻媒体通过整合社会力量，发挥着传播信息、动员社会的作用。故新闻媒体作为社会的协调者，还发挥着社会整合的作用。如当自然灾害发生后，新闻媒体通过组织募捐活动，向社会公众传递爱心，并整合社会各种力量，参与救灾活动[①]。

第二节　突发公共事件中媒体的功能

一、媒体的功能

社会学领域中"功能"的定义是指社会系统或者结构体系为实现系统目标和系统适应环境所发挥的作用。日本的富永健一认为，所谓功能，是将系统的要素和多个作为要素集合体的子系统，或者说整个系统所负担的活动、作用、职能，解释为与系统实现目标和系统适应环境所必须满足的必要性条件相关时，对这些活动、作用等所赋予的意义[②]。富永健一还认为，只有将活动、作用与系统的目标、环境适应相联系的时候，这些活动和作用的后果才成为功能，或者发挥正功能，或者发挥反功能。

二、西方学者对新闻媒体的功能的研究

（一）拉斯韦尔的"三功能说"

西方学者对媒体功能的论述，最早是由美国政治学家、传播学四大先驱之一的哈罗德·拉斯韦尔提出的。1948年，他在发表的《传播在社会中的结构与功能》一文中提出了传播的三大社会功能：一是环境监视功能，二是社会协调功能，三是社会遗产传承功能[③]。

环境监视功能，认为大众传媒可以起到一种"瞭望哨"的作用，传媒通过对自然界和人类社会的不断变化进行报道，使社会公众及时了解、适应自然环境和社会环境的变化，从而有利于人类社会的生存和发展。

社会协调功能，即人类社会的存在和发展必须建立在相互分工、相互合

---

① 张兴旺. 媒体在突发事件报道中的角色与功能研究[D]. 乌鲁木齐：新疆大学，2014：19-20.
② 周运清，等. 新编社会学大纲[M]. 武汉：武汉大学出版社，2004.
③ 郭庆光. 传播学教程[M]. 北京：中国人民大学出版社，1999：113.

作的基础上，只有社会关系实现有机统一，人类才能更好地适应不断变化的自然和社会环境。而大众传媒在这个社会协调统一过程中正处于沟通、协调各种社会关系的重要位置。

社会遗产传承功能，即人类社会是不断发展的，在发展的过程中需要继承和创新。前人宝贵的经验和智慧需要记录和保存，在这个过程中，传播起到重要的作用。在现代社会，大众传媒的作用就是要做时代的记录者，只有这样，我们的社会文化遗产才能代代相传。

（二）赖特的"四功能说"

关于大众传播的社会功能，美国学者C.R.赖特继承了拉斯韦尔的"三功能说"。1959年，他在发表的文章《大众传播：功能的探讨》中提出了传播的四功能说，即环境监视、解释与规定、社会化功能、提供娱乐①。

环境监视，即大众传媒为满足社会公众物质生产生活的信息需要，从而进行信息采集和传达的活动。

解释与规定，即大众传媒在信息传达过程中，对新闻事件做出解释和评论，从而对社会公众进行说服，引导和协调社会公众的行为。

社会化功能，即大众传媒在通过传播知识、价值、社会伦理道德等对社会公众进行教育，因此也称为大众传播的教育功能。

提供娱乐，即大众传媒为了满足人们的精神文化生活需要，通过一些娱乐性的知识陶冶人们的情操。比如当前电视节目中一些选秀节目的热播，都是当前大众传媒通过提供娱乐来满足受众的需要。

（三）其他学说

对拉斯韦尔和赖特的观点，威尔伯·施拉姆曾在1982年出版的《男人、女人、讯息和媒介》（中译本为《传播学概论》）一书中，从政治功能、经济功能和一般社会功能三个方面进行了总结。

拉斯韦尔和赖特强调了大众传播的社会地位赋予功能、社会规范强制功能和作为负面功能的"麻醉作用"。

---

① 郭庆光.传播学教程[M].北京：中国人民大学出版社,1999：114.

三、我国学者对新闻媒体的功能的研究

我国新闻学著名学者李良荣认为，新闻媒体具有五种功能：一是沟通情况，提供信息；二是进行宣传，整合社会；三是实施舆论监督；四是传播知识，提供娱乐；五是作为企业，赢得利润①。

传播信息，即新闻媒体通过报道国内外政治经济形势，报道党和政府的重大方针政策，报道自然界和人类社会的变化，传播科学理论知识，为社会公众的日常生活提供信息服务。这是新闻媒体最基本的功能。在重大突发公共事件发生时，新闻媒体的信息沟通起着重要的作用。

进行宣传，即新闻媒体通过分析、解释国家重大方针政策，宣传社会主义主流价值观，引导社会舆论，从而影响人们的思想行为。

舆论监督，即新闻媒体监督国家法律法规的制定和政府的重大决策，监督国家政令的执行以及国家公务人员的行为，监督社会秩序的正常运行。

提供娱乐，即新闻媒体为社会公众提供生动有趣的娱乐节目，满足人们的精神文化生活需要。

关于大众媒介的功能，新闻理论界众说纷纭，但大体上可以归纳为三种具有代表性的见解②。第一种观点认为，功能是指大众媒介本身的、在它和社会互动中可以发挥的作用。第二种观点认为，功能是指新闻媒介的主持人以及社会上方方面面从其自身利益出发希望或期待、要求新闻媒介发挥的作用，或者说希望新闻媒介成为他们的某种工具。第三种观点认为，功能是大众媒介在传播过程中在社会上实际产生的作用和影响。这三种观点虽然在表述上不尽相同，但在内涵上基本是一致的，它们都近乎把大众媒介的功能视为"大众媒介在传播过程中对人类、社会生活所能发挥的作用，即新闻媒体满足社会需要的效能"③。

---

① 李良荣.新闻学概论[M].4版.上海：复旦大学出版社，2011：128–133.
② 李良荣.西方新闻事业概论[M].上海：复旦大学出版社，1997：85.
③ 何梓华.新闻理论教程[M].北京：高等教育出版社，1999.

第三章　当代中国突发公共事件报道的变迁

第一节　当代中国突发公共事件新闻报道模式的回顾

回望中国当代突发公共事件报道近70多年来的发展，可以发现其报道理念和形式都发生了显著的变化。本章拟对当代中国突发公共事件报道模式的演变作进一步的理论分析，以期更加深入而准确地阐释当代中国突发公共事件报道模式的转变与突破。

关于当代中国突发公共事件新闻的报道模式，已有一些文章从不同角度作过论述。需要说明的是，灾难新闻由于其灾害性而备受关注，是突发公共事件新闻中的重要组成部分，所以在文献梳理中，我们模糊了灾难新闻和突发公共事件新闻的范畴。在已有研究的基础上，需要进一步探讨的理论问题主要有三个：其一，当代中国突发公共事件新闻报道的开端从何时开始；其二，当代中国突发公共事件新闻报道模式的演变究竟该分为几段；其三，以什么事件来作为划分报道模式演变的节点。那么，我们如何概括不同阶段突发公共事件的报道模式？如何阐释不同国家突发公共事件报道模式的内涵？

首先，需要确定当代中国突发公共事件新闻报道的开端从何时开始。有很多学者认为，从新中国成立以后开始。但是也有不同的观点，比如田中初在2005年提出：于新闻传播而言，党报理论至少在延安时期已经基本形成，由此，在共产党政权控制的地区，一直就有党报理论指导下的新闻事业，体现在灾难新闻上，也就有党报的新闻特征。当然，这种特征是逐步形成的，如果我们仅仅从1949年开始来考查，那么对灾难新闻演变的了解就会有源头的缺失。因此，不妨把视野前溯到1942年以来的灾难新闻[①]。该观点追根溯

---

① 田中初. 新闻实践与政治控制：以当代中国灾难新闻为视阈[M]. 济南：山东人民出版社，2005：12.

源，将中国当代党报理论的源头确定在延安时期，颇有道理。因此，可以将当代中国的这个时间范畴延伸到1942年。

其次，需要界定的是当代中国突发公共事件新闻报道模式的演变究竟该分为几段？在现有的各类关于当代中国突发公共事件新闻报道模式的演变的文献中，最有代表性的是"两段说"、"三段说"和"四段说"。

持"两段说"的以孙发友的分析较有代表性。孙发友2001年把我国突发公共事件的报道概括为两个阶段与两种模式，即：20世纪80年代初以前为第一阶段，报道模式是"以'人'为本位，即在报道中，总是站在'人'如何与灾害作斗争的角度来充分肯定人的精神和力量"；20世纪80年代初至今为第二阶段，"与前阶段相比较，这个阶段的灾害报道最明显的变化是从'人'的角度跳出，移向'事'本位"[1]。

持"三段说"的以王蕾、董天策等的观点较有代表性。王蕾2008年以1978年、2002年两个转折点为界，把当代中国突发公共事件的报道理念划分为三个阶段：1949—1978年为第一阶段，报道理念是"突出革命英雄主义精神，歌颂党和毛主席的关怀，高唱人类战胜灾害的赞歌"；1978—2002年为第二阶段，报道理念是"努力追求灾难新闻的时效性，注重受众的知情权"；2002年至今为第三阶段，报道理念是"不断突破禁区，力求信息透明"[2]。董天策等2010年则以1980年和2003年作为拐点，认为1949—1980年是"党本位"的单向度闭合报道模式，1980—2003年是"事本位"的多向度客观报道模式，2003年至今是"人本位"的全息开放报道模式[3]。

持"四段说"的代表人物为贺文发。他分别以1978年、1994年、2003年为界，将突发公共事件报道分为四个阶段，并以唐山大地震、千岛湖事件、"非典"事件、哈尔滨水荒事件作为典型案例[4]。

最后，还要确定对当代中国突发公共事件新闻报道模式进行分段的节点。在众多的研究中，通过梳理，发现大家普遍认可的节点是2003年。这是因为党的十六大在2002年11月举行，且SARS疫情也在2002年11月出现，但SARS病毒的流行是在2003年1月以后，公开报道则始于2003年2月10日。而真正的政策转向是时任胡锦涛总书记在2003年4月20日中央政治局常委会议

---

① 孙发友. 从"人本位"到"事本位"——我国灾害报道观念变化分析[J]. 现代传播, 2001(2):33,36.
② 王蕾. 论我国灾难新闻报道理念的转变[J]. 新闻大学, 2008(4):29-34.
③ 董天策, 蔡慧, 于小雪. 当代中国灾难新闻报道模式的演变[J]. 新闻记者, 2010(6):21-24.
④ 贺文发. 突发事件与对外报道[M]. 北京:中国传媒大学出版社, 2008:17-18.

上强调："党政主要领导要亲自抓、负总责；要准确掌握疫情，如实报告并定期对社会公布，不得缓报、瞒报。"从2003年4月21日起，原来5天公布一次疫情改为每天公布一次，与世界卫生组织的做法接轨。可见，从灾难新闻报道本身的角度看，2003年的"非典"报道是当代中国突发公共事件新闻报道的一个拐点。

　　另一个普遍得到认可的节点是2008年。因为2008年5月1日《中华人民共和国政府信息公开条例》（简称《政府信息公开条例》）正式施行，进一步从制度上保证政府及时有效地披露灾难事件的信息。"5·12"汶川地震发生后不久，政府就通过政府网站、新华社、中央电视台等权威媒体立即对震中、震级作了准确报道，使公众充分知情，保障了社会的稳定。在这次抗震救灾报道中，不但境内媒体报道及时迅速、生动客观，同时，政府对境外媒体表现出了欢迎的态度，这表明政府对灾难新闻的政治控制进一步弱化。这个时期新闻媒体的报道理念转变为"不断突破禁区，力求信息透明"。因此2008年的汶川地震报道是当代中国突发公共事件新闻报道的又一个拐点。

　　有一个关于节点的争论，是1978年还是1980年？孙发友确定节点为20世纪80年代初，王蕾确定节点为1978年，究竟哪一个合适呢？王蕾把1978年作为一个转折点的理由是"1978年12月，党的十一届三中全会召开，我国开始了改革开放和民主法制建设的进程"。应当说，就整个社会历史进程而言，1978年无疑是个转折点。但是，具体考查我国灾难新闻报道的情况，不得不承认报道模式的转变是在改革开放的历史进程开启之后。王蕾在举例说明时也认为，"以《人民日报》、《工人日报》1980年7月22日同时刊登的渤海二号钻井船翻沉事件为标志，揭开了新的历史时期我国媒体公开报道灾难新闻的序幕"①。因此，孙发友提出"80年代初以后，我国灾害报道情形逐渐发生了变化"的观点更加符合实际。在他看来，"如若硬要寻求标志物的话，我以为中央人民广播电台1981年7月14日播发的消息《四川暴雨成灾》和《南方日报》1983年6月13日刊发的消息《今天凌晨广州市降特大暴雨》可以算上"②。以今天的眼光看，渤海二号钻井船翻沉事件发生在1979年11月25日，媒体当时并未及时报道，但1980年7月22日的公开报道，被业界认为是改革开放之后的第一个标志性灾难新闻，这无疑是具有里程碑式意义的。当

　　① 王蕾. 论我国灾难新闻报道理念的转变[J]. 新闻大学,2008(4):29-34.
　　② 孙发友. 从"人本位"到"事本位"——我国灾害报道观念变化分析[J]. 现代传播,2001(2):36.

时，国务院在《关于处理"渤海二号"事故的决定》中指出，"一切重大事故均应及时如实报道，不得隐瞒和歪曲"①。因此，把节点时间确定为1980年，应当说能更准确地反映出突发公共事件新闻报道的演变。

还有一个不被大家关注但依然很重要的时间节点，就是1957年。持该观点的代表学者是田中初。他在2005年提出：1957年以前的灾难新闻报道是正面控制时期，而1957年之后的灾难新闻报道是暂时的负面控制时期。他认为，1957年以后，由于国内政治环境的非正常化，对新闻的政治控制也开始走向极端和片面，所以灾难新闻的报道也就出现了拐点。这方面的突出表现，就是在对待天灾人祸等突发公共事件上，要么封锁消息、不予报道，要么只讲抢险救灾。所谓"正面报道"，群众批评是"丧事当做喜事办"，而有关灾祸本身的情况损失、责任、处理等都属于"消极面"，一概回避。该观点关注到了1957年之后由于我国政治生态的变化从而带来的灾难新闻报道的质的变化，"社会消极现象包括重大灾祸，以及党和政府工作中的缺点、错误，逐渐成了报道禁区"②。因此，1957年也可以算作一个时间节点。

综上所述，当代中国突发公共事件报道的研究应从1942年开始。在2003年的"非典"报道之后，由于政治生态的改善与信息发布机制的进步，灾难新闻报道已有了巨大的突破与超越，到2008年的汶川地震报道，更是走向了灾难报道的新纪元，以其及时、透明、全面、丰富的信息发布而成为灾难新闻报道的标志性范本。因此，纵观新中国成立60多年来的灾难新闻报道，将其演进历程划分为五个阶段是比较符合历史事实的，即时间节点分别为1957年、1980年、2003年、2008年。

第二节 正面报道、模式初具阶段（1942—1957年）

一、总体描述媒体报道特点

学者田中初认为：于新闻传播而言，党报理论至少在延安时期已经基本形成，由此，在共产党政权控制的地区，一直就有党报理论指导下的新闻事

---

① 胡甫臣.事故报道的新要求[J].新闻战线，1980(11):4.
② 田中初.新闻实践与政治控制——以当代中国灾难新闻为视阈[M].济南：山东人民出版社，2005:23.

业，体现在灾难新闻上，也就有党报的新闻特征。他还认为，这种特征是逐步形成的，如果我们仅仅从1949年开始来考查，那么对灾难新闻演变的了解就会有源头的缺失。因此，不妨把视野前溯到1942年以来的灾难新闻。

从1942年到1957年，我们称之为"正面报道为主阶段"。那么何谓"正面报道"？所谓正面报道为主，主要体现在三个方面：以报道正面的事实为主，以说正面的话为主，掌握适当的报道时间[①]。这种正面报道为主的模式是不断调整和丰富的。

由于历史背景的特殊需要，战争年代里党和当时的解放区政府在灾难新闻的报道上采取的是严格控制的政策。陕甘宁边区政府时期，根据地也广受各种天灾人祸，从当时的《解放日报》来看，就已经有大量共产党领导的边区政府指导人民积极抗灾救灾的报道。因此，灾难新闻以正面报道为主的模式在这一个时期已经初步成形。

在"正面报道"为主模式形成的过程中，有一个历史事件堪称具有里程碑式意义，以反面的范例强化了该模式。

1948年10月10日，《人民日报》发表了一篇题为《全区人民团结斗争战胜各种灾害》的长新闻，文中用三分之二以上的篇幅去罗列各种灾害现象。这篇报道当时引起主管部门的强烈不满。1948年10月13日，中宣部下发了《对〈人民日报〉发表〈全区人民团结斗争战胜各种灾害〉新闻错误的指示》。中宣部给这篇报道定性为"客观主义倾向"，因为只罗列了一些地区的灾区的现象，没有积极宣传战胜灾害的成绩，没有进行引导，不利于鼓舞斗志，还认为忽视积极的鼓舞乃是宣传工作中所不许可的客观主义倾向的一种表现。《人民日报》对此报道作了公开的自我批评，并认为：客观主义的特征是喜欢把一大堆各不相属的现象加以罗列，拜倒于自发论之前，常常是讴歌一部分落后农民和小资产阶级的情感。他们不能通过现象的表面找到本质内在的联系，因而他们缺乏积极的能动的力量，只会坐在主流之旁对逆流浪花加以咀嚼和耻噪，屈服于客观困难之前，而没有勇气与力量去克服它。

从现在的观点来看，这样的理由是不成立的。然而在当时特殊的历史时代背景下，这样的批评则有必然性，对于之后新闻宣传工作影响深远。

中宣部的批评让新闻工作者认识到，灾难新闻报道要通过现象看本质，

---

① 田中初.新闻实践与政治控制——以当代中国灾难新闻为视阈[M].济南：山东人民出版社，2005：29.

不能搞现象的罗列。在进行新闻报道时，必须把最本质的事实揭示出来，把一个事物与其他事物的关系、一个事物在整个事物中所占的地位正确地反映出来，这样才算是完全真实的本质的事实的报道①。学者张述亚认为：这场批评的意义不幸地超越了它的时代，其影响至深至远，以致在此后的很长一段时期，当历史条件已经远远不同于战争时期以后，我们还过于拘泥这次"判决"的结论。新闻理论上一谈及"客观主义"，人们就提到这场批评。从某种程度上说，它是新中国成立后我国新闻事业"报喜不报忧"、"抹黑论"这些顽疾的起源②。

新中国成立初期的灾难报道仍沿袭这种思路，分析这种"正面报道为主"的报道模式，有以下几个特点。

（一）"灾害不是新闻，抗灾救灾才是新闻"

学者孙旭培认为：不重灾情重抗灾，后来逐渐成为一种报道模式，即一场灾难出现不予报道，当有了抗灾行动才给报道。渐渐地，不能按照这种"正面报道"模式处理的灾情新闻也就无法面世了。王中先生把当时的灾难报道观念总结为："灾害不是新闻，抗灾救灾才是新闻。"③

各级党组织和政府在对待灾害上都是站在一个角度考虑问题：如何领导人民抗灾救灾夺取胜利。而作为党和政府的喉舌的新闻单位和记者，也十分自然地与党和政府保持着同一视角。于是乎，久而久之，新闻界就形成了一个观念："灾害不是新闻，抗灾救灾才是新闻。"

1950年4月2日，中央人民政府新闻总署给各地新闻机关《关于救灾应即转入成绩与经验方面报道的指示》中要求，"各地对救灾工作的报道，现应即转入救灾成绩与经验方面，一般不要再着重报道灾情。"这样要求的理由是因为新闻报道过多地报道消极的灾情，可能会造成悲观、失望情绪，同时给帝国主义反动派提供证据。因此，积极的抗灾救灾事实，就成了我们需要突出的内容。灾害报道总是站在无产阶级革命立场上来审视事物，强调新闻的思想性和战斗性，这已成为当时新闻报道的一大原则。

---

① 田中初. 新闻实践与政治控制——以当代中国灾难新闻为视阈[M]. 济南：山东人民出版社，2005：46.
② 黎薇. 灾难新闻报道的历史和现状研究[D]. 北京：中央民族大学，2005：11.
③ 王益民. 中国当代精彩新闻评说[M]. 武汉：武汉大学出版社，1987：51.

（二）正面手法处理灾难新闻

1. 强调人定胜天

在灾难报道中，按照新闻报道的规律，一般认为灾难报道的三大阶段性主要事实和内容为：反映具体灾情，反映人们抗灾和救灾，且需要按照事件发生、发展的顺序和事件内容的层次，依次作出报道。

而我国这个时期的灾难报道，并没有按照灾难报道的内容和层次作阶段性的反映，不是站在"事"的方位对事实作阶段性反映，而是主要站在"人"的方位对事实作整体审视，立足于肯定人的战斗精神。"事"就不是报道的中心内容，它只是"人"斗争的对象。同时，这个时期在肯定人的战斗精神时，总是作绝对的理想判断：在人与每场具体灾害的关系上，"人"总是胜利者[①]。这一阶段的新闻界似乎还有这样一种共识：不能报道人们在大自然面前的绝望；认为反映"我们今天还不能完全控制大自然，这样的说法会引起人民的一种错觉，引起群众恐慌"，实际上，"人定胜天"只是一种理想和追求。

这种报道内容以今天的眼光来看无疑是不客观的，但是我们也应该明确，在当时的历史条件下，肯定人的战斗精神也是有其积极意义的。通过宣扬人们在逆境和困苦中发挥战天斗地的精神而取得的成绩，能起到激发和鼓舞人们战胜困难、迎接挑战的目的，并不能说这种报道是一味的不可取，在当时的历史条件和环境下，也曾发挥了一定的积极作用[②]。

2. 重战胜灾害的成绩而不重灾情

新中国成立初期，出于对社会稳定和政治因素的考虑，我国政府对新闻传媒的要求是，对于灾难新闻须持特别慎重的态度，严格要求灾难新闻必须积极宣传战胜灾害的成绩，反对纯客观地报道灾情。这种以牺牲受众知情权为代价的灾难报道思想牢牢控制着这一时期的灾难新闻报道方法。在报道方法上，它强调新闻的教化意义，要求积极宣传战胜灾害的成绩而不注重灾情。所以，这种报道理念过分强调灾难发生后的政府和社会行为因素，不注重报道实际的灾情，给人留下一种避实就虚的感觉和印象[③]。

① 孙发友. 从"人本位"到"事本位"——我国灾害报道观念变化分析[J]. 现代传播，2001(2)：33–37.
② 王益民. 中国当代精彩新闻评说[M]. 武汉：武汉大学出版社，1987：51.
③ 杜娟. 解放后我国灾难报道研究[D]. 武汉：华中科技大学，2004：13.

应该承认，在新中国成立初期，由于经济和文化比较落后，百废待兴，新中国面临着重重困难，积极宣扬战胜灾害的成绩对稳定社会、安定人心起到一定的作用，这是由当时的具体的历史条件所决定的。

（三）"新闻、旧闻、无闻"思想

突发公共事件报道体现了"新闻、旧闻、无闻"的思想。这种宣传本位主要是因为当时以阶级斗争为思想路线，新闻媒体作为其工具总是站在无产阶级革命立场上来审阅灾害、事故等负面新闻，当然还有一些其他原因。虽然这种思维方式在战争时期和社会主义改造时期发挥过重要作用，但和平时期却影响了新闻传播业的发展。不过，我们也必须看到，这只是新闻业发展的一个阶段。

此外，这一阶段的突发公共事件报道，还特别注重新闻的宣传价值，强调"不是任何灾害的情况都可以当做新闻向全国报道的，这要根据国内外全盘斗争的利益，要看灾情大小、受灾时间长短、受灾地区重要不重要，以及它对国家和人民生活影响大小来决定，并且要根据不同的具体条件和时机，决定讲什么不讲什么，如何讲法"①。为了达到最佳的宣传效果，传播者基本上是对符合自己意图的就报，对不符合自己意图的就少报、轻报或不报。一些灾害报道，只是短篇的消息放在报刊的第一、二版中的一个不显眼的地方。此外，出于对维护党和国家的利益、维护我国社会主义国家在世界上的形象的考虑，这一阶段的灾害报道还有一个特点是：统一口径，一律由新华通讯社独家采访发通稿。这在当时的历史环境下也有一定的合理性因素②。

这里不得不提到毛泽东提出的"新闻、不闻、旧闻"思想。这是毛泽东提出的关于对外宣传的一种策略思想。他认为，新闻报道要根据政治形势的需要报道什么或不报道什么，而不是根据新闻价值来进行取舍。有些新闻需要抢时间，及时报道；有些新闻要暂时放一放，有了发表的好时机再放出去；还有一些新闻，则是不能发表的。毛泽东要求对具体问题做具体分析，报纸、通讯社对新闻要有所选择地报道，根据斗争需要或急或缓或舍。

①戴邦.论社会主义新闻工作[M].北京:人民日报出版社,1983:233.
②杜娟.解放后我国灾难报道研究[D].武汉:华中科技大学,2004:14.

有研究者认为，毛泽东的"新闻、不闻、旧闻"的思想表明，新闻媒介对新闻要有所选择，坚持具体问题具体分析，根据斗争需要或急或缓或舍。有些新闻如果当时就报，可能会产生不良后果，那么就得放一放，等待时机成熟再报道；而有些事实虽然具有较强的新闻价值，若发布出去弊多利少，就只好不报道了。

四、不排除客观报道

1957年之前的灾难新闻，虽然正面报道为主的报道模式已经体现得越来越明显，但是，也给客观报道留有了一定的报道空间。如1949年7月24日，新华社华中总分社在《目前农村报道应注意的几个问题》的指示中指出："各地正值暑汛期，且暑汛之后还有一次秋汛，报道时务必将江河水情况及灾情交代清楚。"①

还有一个值得关注的例子是1942年《解放日报》对于延安地区水灾的报道。1942年8月24日晚，延安突降大雨，其造成的水灾给当地人们带来重大人员伤亡和财产损失。8月26日，《解放日报》在头版头条发表了一篇题为《前晚大雨山洪暴发：本市灾情严重——被水冲走八十余人，损失共达数百万元》的新闻。这条新闻通篇是对严重灾情的描述。不仅是描述灾情，《解放日报》于1942年9月8日在第二版刊发了由涣南撰写的一篇题为《水灾善后》的专栏文章。文章认为，这次灾情的惨重与延安城南一带河流堤坝的失修有关，而且清朝的时候已经在这里出现过洪灾，并有碑文记录。因此，假如有这样一个机关或市府有专人管建筑，那末，看到南关和七里铺地势低，遇山洪有漫灭的危险，就应该不许人在此处建筑。新市场有些房子盖在水道上，更不应该。就是定要建造，也要有相当的防水设备。那末，受损失也许就不会这么大。痛苦的经验，应该教训了我们，教训我们做一切事，都得多调查、多考虑。在当时那么困难的时局下，党报可以刊登这样的理性的带有舆论监督性质的新闻评论，体现了当时执政者的胸怀和自信以及新闻从业者的勇气②。

---

① 中国社会科学院新闻研究所.中国共产党新闻工作文件汇编（上卷）[M].北京:新华出版社，1980:204.

② 田中初.新闻实践与政治控制——以当代中国灾难新闻为视阈 [M].济南:山东人民出版社，2005:78.

二、案例分析：《人民日报》、《长江日报》1954年长江洪水报道研究

（一）事件回顾

1954年洪水为长江中下游近100年间最大的一次。新中国成立之初，国家非常重视长江的防洪问题，及时加高加固3万多千米的干支堤防，并利用长江中下游湖泊洼地，建设和安排了荆江分洪区、大通湖蓄洪垦区、白潭湖和张渡湖蓄洪垦区等平原分蓄洪工程。面对这次洪水，国家政府采取了一系列措施，加上各级政府领导组织防汛抢险工作得力，保证了重点堤防和重要城市的安全，大大减轻了洪涝灾害损失，尽管如此，但损失仍很大。据不完全统计，长江中下游湖南、湖北、江西、安徽、江苏五省，有123个县市受灾，淹没耕地4 755万亩，灾情严重。据事后的统计，"长江1954年大洪水时，死亡33 000人，"[①] "灾民1 888万，损失100亿元以上"[②]。京广铁路不能正常通车达100天，直接经济损失100亿元。

（二）报道特点

1954年抗洪报道作为1957年前正面报道为主阶段的具有代表性的重大突发公共事件报道，充分体现了这一阶段的特点。

1. 新闻缺乏时效性

1954年6月，长江干流城陵矶以下河段，由于"梅雨"较强，鄱阳湖、洞庭湖水系相继涨水，各站水位频频上涨，先后超过警戒水位。7月2日，汉口水位超过1949年最高水位27.12米，堤防已告紧张。7月长江水急，多次洪峰奔流直下，湖北荆州大堤千钧一发的时候，报纸上却不见相关的报道。7月18日，《人民日报》（头版三条）上也只有一篇题为《武汉市人民继续坚持防汛斗争》的报道。有关灾情，文中仅提到长江水位距离历史最高纪录只有12厘米，其他的内容就是防汛指挥部的具体部署要求[③]。

---

① 张光斗. 1998年长江大洪水[EB/OL].（2008-11-17）[2016-02-01]. http://news.ifeng.com/opinion/specials/bale/detail_2008_11/17/1369247_0.shtml.

② 陈国阶. 长江：发生频率最大的洪水——中下游自身暴雨成灾[EB/OL].（2006-04-04）[2016-02-01]. http://www.abd.cn/papers/allto/20060404/paper19301.shtml.

③ 田中初. 新闻实践与政治控制——以当代中国灾难新闻为视阈[M]. 济南：山东人民出版社，2005：127.

2. 新闻数量有限，信息量不足

作为这次报道的主角，《长江日报》在抗洪救灾的100天里，发表有关抗洪的消息782条，通讯特写186篇，各种文章、文告168篇，读者来信232封，照片152幅，内容几乎都是动员全市人民全力投入抗洪抢险，同时宣传安定人心，保障生产和社会秩序。而且，报纸还着力报道了全国人民的支援。

3. 报道主题宣传色彩浓厚

报道主题宣传色彩浓厚，如在报道中强调了"共产党好、社会主义制度好、解放军好、社会主义大家庭好"等主题。《长江日报》的抗洪报道中有一篇《人民的力量战胜了洪水》的文章，写道：当人们在堤上穿着四川的草鞋，担着长沙的备箕，挑上摄口的黄土，装进沈阳的麻袋。然后铺上华北的芦席，休息下来吃几碗华南的白米饭，尝一尝云南的大头菜和山西的包菜。仰望天空，是派送潜水员来的飞机；俯视水面，有用江西的蔑缆和上海的铁锚固定起来的防浪木排……这样的时候，在这种情景之下，任何人都会感到祖国的温暖和祖国的伟大。对此，《长江日报》编委会后来曾有专门的总结和回顾这一时期的报道方法和经验。总结称：一是，及时刊登防汛指挥部的命令、指示、通知，领导人讲话，以便直接传达到全市人民及防汛大军。报纸针对不同时期的水情、雨情、气象及群众的思想情绪，有针对性地提出战斗口号，发表社论、短评，组织新闻报道，帮助干部群众认清严峻形势，克服麻痹思想和消极情绪。报纸通过新旧社会的鲜明对比，着重宣传社会主义制度的优越性，说明在党的领导和全国人民的支持下一定能够战胜洪水。二是，报纸宣传了各行各业全力以赴投入防汛斗争，全国各地支援武汉防汛，对群众进行爱国主义和集体主义教育。读者来信栏选登了全国各地给武汉防汛大军的慰问信，后方妻子写给战斗在防汛前线丈夫的鼓励信。三是，大力宣传防汛中的典型经验和先进模范人物，在防汛立功运动中，报纸通过评功表模悼念防汛烈士，进行革命英雄主义教育。四是，随着防汛斗争的发展，报纸在每一阶段中既突出重点、有针对性地宣传，又注意宣传报道的连续性。在战胜洪水后又注意教育群众保持和发扬防汛中的高昂斗志和优良作风，投入到支援农业、支援灾区的增产节约运动中①。

---

① 长江日报报史编委会.长江日报50年[C].武汉:武汉出版社,1999:53.

4. 确立了"抗灾救灾才是新闻"的基本模式

新华通讯社中南总分社当时对这次新中国成立以来第二次较大的自然灾害的报道工作制定了几项原则：一是，报道灾害，不要盖过生产。二是，着重报道积极同灾害斗争，战胜灾害，夺取丰收。三是，报道范围暂时固定在几个可以确保的重点和某些受灾较轻、很快可以恢复生产的地区。四是，不作全面综合报道，不讲具体灾情①。在这些原则的基础上，他们又根据中央和总社的指示精神制定出了报道思想：动员千百万人民起来战胜灾害，是保证我国社会主义建设的一项重大的斗争任务。对于同自然灾害作斗争的主动事实的报道，就是对全国人民进行社会主义爱国主义的思想教育。

当时新华社中南总分社制定的这些指导媒体报道长江水灾情况的原则和报道思想，是具有典型意义的。它深刻体现出时代的特点，也体现了我国新中国成立初期对灾害报道原则的实质内容。1954年的长江水灾报道被后来看成是灾难新闻报道的一个正面范例。其最突出的特征就是：报道灾难，笔墨重点不能在灾情而在抗灾，灾难报道成为抗灾救灾报道②。

第三节　注重宣传、舆论一律阶段（1957—1980年）

一、总体描述媒体报道特点

1959—1961年三年困难时期报道、1970年的云南通海大地震报道、1976年的唐山地震报道，都是这种报道模式的典型体现。

"文革"期间，我国突发公共事件报道向更偏激、更主观、更模式化方向发展。具体做法包括三个层面：首先，刻意淡化甚至隐瞒事件本身或危机造成的损害；其次，强化宣传危机事件中的人、集体组织或政府的"英雄行为"；最后，编造大量的"建设成就"以转移人们的注意力。这样的"故意失实"一度出现了"新闻荒"。"空话、套话、大话"连篇，形成了奇怪的"文革"文风。

正是在这一思想的指引下，很多突发公共事件被排除在媒体的公开报道

---

① 戴邦.论社会主义新闻工作［M］.北京：人民日报出版社，1983：233.
② 田中初.新闻实践与政治控制——以当代中国灾难新闻为视阈［M］.济南：山东人民出版社，2005：69.

之外。如1959—1961年中国大范围的严重饥荒，1975年华北地区的特大水灾，"文革"十年中大大小小的灾难，唐山大地震震情规模，以及现在已难以追忆和追录的"工业方面重大事故灾害"、交通运输中的各种倾覆和失事的灾情等，都未予以报道。《人民日报》对三年困难时期的部分报道，在发现的为数不多的报道中，满篇都是斗志昂扬的灾区人民在毛主席的伟大思想的指引下热火朝天抗灾减灾的场面，而真正的三年困难时期是什么样子的，我们从当年的报道中无从得知，死亡人数更是只字不提。2011年1月11日正式出版的《中国共产党历史：第2卷》中经国家统计局的统计给出最终死亡数字是1000多万。

纵观这一时期媒体的突发公共事件报道文本，宣传模式完全取代新闻模式，这一模式是对受众知情权和新闻自身属性的完全否定。从新闻叙事学的视域看，这一时期突发公共事件报道的特点是：文本叙事断点失当尤为严重，全知全能的叙事视角统治报道文本写作，新闻聚焦多是英雄主义的救援，新闻叙事者完全是政治权利意识的化身，受众完全处于被动接受地位，新闻报道方式手法单一等。

因此，这一阶段的灾难新闻报道，总是从党的宣传教化出发，着力强调党和毛主席的英明领导与社会主义大家庭的温暖，从根本上淡化灾情实况、灾民命运、灾难影响。这种高度政治化的报道框架，使灾难新闻报道呈现为单一闭合、低度再现的状态，不仅让人无法建构全面透彻的"灾难图景"，而且灾难本身的悲剧意义及其对社会的警示作用也难以表现。在这种框架控制下，灾难新闻报道形成了僵硬的模式化套路，具体表现为：（1）十分注重"官方"与"集体"，灾民只能得到"集体呈现"，个体则被极端边缘化；（2）采用官方视角，重英雄领袖，轻平民百姓，忽略乃至漠视灾民的生存状态；（3）英雄典型求全求美乃至加以神化，把人的革命精神拔高到无所不能的程度。1959—1961年三年困难时期报道、1970年的云南通海大地震报道、1976年的唐山地震报道，都是这种报道模式的典型体现[①]。

从历史发展来看，当时我国新闻对重大事件的报道与鼓舞、动员、团结力量相结合，实际是延续革命战争时期根据地报刊工作的经验。动员，有积极亢奋的精神状态，是为鼓动人员力量参与某项活动，因而为当时媒体广泛

---

① 杜娟.解放后我国灾难报道研究［D］.武汉：华中科技大学，2004：15.

使用。从新中国成立到"文革"时期，传媒是"阶级斗争和政治斗争工具"①。

这样刻意突出"正面报道"，片面夸大负面报道的后果，以政治适宜性和社会影响来压制对新闻时效性和真实性的追求，实际是一种"丧事当喜事办"的扭曲宣传理念。这样容易在突发公共事件的报道中，产生以表扬个人英雄典型和褒奖殉职牺牲者来聚焦大众目光、以鼓舞救灾士气来转移大众对重大灾难损失的悲痛感情的现象，更严重者以评奖戴花掩饰问题等②。

二、案例分析：《人民日报》1976年唐山大地震报道研究

（一）事件回顾

1976年7月28日凌晨3时42分，在河北省唐山市丰南一带发生里氏7.8级强烈地震，一座有着上百万人口的工业城市夷为废墟。据官方不完全统计，此次地震共造成24.2万余人死亡，16.4万余人重伤，约15 886户家庭解体，3 817人成为截瘫患者，25 061人肢体残废，遗留下孤寡老人3 675人，孤儿4 204人……③被国际社会称为"世纪人类十大灾难之一"。

（二）报道分析

1. 报道体裁

《人民日报》唐山地震报道体裁见表1。

表1　《人民日报》唐山地震报道体裁一览

体裁	报道数量（篇）	所占比重
消息	57	52.3%
通讯	29	26.6%
评论	11	10.1%
其他	12	11.0%
总计	109	100.0%

在109篇报道中，消息为57篇，占比52.3%，通讯为29篇，占比26.6%，

①　陈力丹. 论60年来我国新闻报道方式的演变［J］. 国际新闻界，2009（9）：18.
②　梁洁. 突发公共事件中大众传媒的道德责任和报道范式的转变［D］. 银川：宁夏大学，2014：23.
③　林泉. 地球的震撼——二十年来大地震震害选介［M］. 北京：地震出版社，1982：32.

评论为11篇，占比10.1%。显然，报道的体裁比较单一，以消息为主。

2. 报道主题

图1　《人民日报》唐山地震报道主题所占比例图

《人民日报》唐山地震报道都带有宣传性的色彩，有关抗灾救灾及取得成果的报道占了有关唐山地震报道总数的80%。可以看出，"文革"时期政治环境的非正常化导致了新闻媒体的异化，媒体对地震灾害关注的视角始终坚持"正面宣传"，充当着宣传员的角色。

3. 消息来源

对新闻报道消息来源的考查可以推断出不同时期国家的信息公开程度及新闻自由度。新闻媒体的消息来源越广泛，就意味着信息公开度越大，新闻自由度越大；反之，则表明国家对新闻自由的管制越严格，媒体的新闻报道越容易受到限制。

表2　《人民日报》唐山地震报道消息来源一览

消息来源	所占比例
新华社	53.2%
本报记者/本报讯	22.9%
通讯员	19.3%
其他	4.6%
总计	100.0%

表3　《人民日报》唐山地震报道中图片来源一览

图片来源	图片数量（幅）
新华社记者	50
本报记者	40
本报通讯员	6
共计	96

在《人民日报》1976年关于唐山地震报道的109篇新闻中，消息来源主要有三类：一是新华社，表述方式为"新华社电讯"或"新华社记者"，占比最大，达到53.2%；二是《人民日报》记者采写的稿件，表述方式为"本报记者"或"本报讯"的形式，占比为22.9%；三是通讯员，表述方式为"某工农兵学员"或"本报通讯员"等，其占比为19.3%，其他的占4.6%，并且所刊发的图片中新华社记者所拍摄的占所有照片总数的一半以上。由此可见，《人民日报》关于唐山地震报道的消息来源较为单一，这也成为制约其新闻报道客观性和可信度的重要因素[1]。《人民日报》使用的图片也都是新华社记者和本报记者提供的，且占绝大多数，通讯员提供的图片微乎其微。

（三）报道特点

1. 报道内容表面化

地震后的第二天，1976年7月29日，《人民日报》采用新华社通稿进行了报道，其标题为《河北省唐山、丰南一带发生强烈地震，灾区人民在毛主席革命路线指引下发扬人定胜天的革命精神抗震救灾》。这则消息对地震灾情的报道却讳莫如深，导语为"我国河北省冀东地区的唐山、丰南一带，七月二十八日三时四十二分发生强烈地震。天津、北京市也有较强震感。据我国地震台网测定，这次地震为七点五级，震中在北纬三十九点四度，东经一百一十八点一度，震中地区遭到不同程度的损失"。其中对受众最为关心的受灾情况，如房屋倒塌数目、死亡人数、破坏程度等均只字不提，只有一句"震中地区遭到不同程度的损失"，重点却放在毛主席、党中央和各级领导如何关怀灾区人民，如何带领灾区人民抗震救灾取得的成果方面[2]。

报道主要内容仍然是强调"以阶级斗争为纲"的重要性，以及对广大人民的精神号召。同时，由于担心这种灾难事件会给我们的社会主义国家形象带来负面影响，我国政府拒绝了一切国际援助以及国外媒体的采访报道，对地震灾难信息源也进行了充分"过滤"，与我国遭遇重大自然灾难的现实极不协调[3]。

通过研究《人民日报》1976年所有关于唐山地震的报道，就会发现新闻

① 冯春.唐山、汶川地震新闻报道比较研究[D].武汉:华中师范大学,2010:16.
② 杜娟.解放后我国灾难报道研究[D].武汉:华中科技大学,2004:16.
③ 李政.我国灾难报道研究——以通海、唐山与汶川、玉树四次地震报道为例[D].西安:陕西师范大学,2012:14.

报道的内容主要集中在四个方面：

第一，全国人民迎难而上抗震救灾。如7月31日的《首都人民发扬人定胜天的大无畏革命精神，在毛主席党中央亲切关怀下坚守岗位英勇抗震》，8月2日的《在毛主席党中央的亲切关怀和全国军民大力支持下，唐山灾区人民以人定胜天的革命精神英勇抗震救灾》，8月13日的《唐山人民在战斗中前行》等。

第二，毛主席、党中央的关怀和慰问。如7月29日的《河北省唐山、丰南一带发生强烈地震后，伟大领袖毛主席、党中央极为关怀，中共中央向灾区人民发出慰问电》，8月5日的《转达毛主席党中央的极大关怀和亲切慰问，以华总理为总团长的中央慰问团到达灾区》，11月8日的《华主席的亲切关怀暖人心》等。

第三，抗震救灾的成果。如8月8日的《毛主席革命路线的伟大胜利，人定胜天革命精神的凯歌／遭受地震破坏的京山铁路迅速修复，胜利通车》，8月31日的《在毛主席的无产阶级革命路线指引下，全国人民和唐山人民团结战斗夺得抗震救灾巨大胜利》，12月9日的《唐山发电厂全面恢复生产，发电能力已达到震前水平》等。

第四，国际社会对地震表达慰问及表扬。如8月1日的《一些国家领导人致电我国领导人，就唐山、丰南一带地震表示慰问》，8月4日的《一些马列主义政党和组织致电我国领导人，就唐山、丰南一带地震表示深切慰问》，8月5日的《一些国家报纸和通讯社发表社论和文章，赞扬中国人民在抗震斗争中镇定自若坚忍不拔》等[①]。

2.缺乏时效性，更注重时宜性

1976年7月28日，唐山发生地震。可是，具体灾情在报道中是被隐瞒的，直到事隔三年之后的1979年11月全国地震会商会议暨中国地震学会成立大会召开之际，才首次公布唐山大地震的具体死亡人数。于是，会议闭幕第二天即11月23日《人民日报》刊登了由徐学江采写的来自此会议的新闻《一九七六年唐山地震死亡二十四万多人》。这条轰动全世界的新闻人们几乎快要对此事渐渐淡忘的时候才姗姗来到，"新闻"变成了不折不扣的"旧闻"。"报喜不报忧"的痼疾在这次报道中得到了充分的体现[②]。

① 冯春.唐山、汶川地震新闻报道比较研究[D].武汉：华中师范大学,2010：13.
② 沈正赋.灾难新闻报道方法及其对受众知情权的影响——从我国传媒对美国"9·11"事件报道谈起[J].声屏世界,2002(5)：4-7.

3. 报道模式化

"文革"期间的灾害报道有其特殊性，它与前十七年和后几年的灾害报道有着本质的不同。它更强调人的"革命精神"，把人的革命精神拔高到无所不能的高度[1]。

同时，"文革"期间的灾害报道更加模式化、僵硬化，传媒表现出异乎寻常的"高度一致"，都是一个模式，即轻描淡写的灾情＋党和毛主席的关怀＋灾区人民的决心，中央和地方媒体的宣传口径高度统一。在灾难性事件的报道上，没有基本的新闻事实，对灾情轻描淡写，对人们最为关心的伤亡、群众财产损失具体情况只字未提，而重点放在党和政府怎样表示关怀、人们怎样与自然斗争上。"文革"期间的灾害报道中，"革命口号"式的语句很多，"假、大、空"成为其一大特色。甚至关于唐山地震和云南通海地震的报道，有些段落和句子都完全一样。

"文革"期间的灾害报道出现那种偏激和模式化，出现"假、大、空"，主要是由于"四人帮"一伙愚弄百姓、颠倒黑白造成的。他们为了夺权的需要，抛弃新闻规律，歪曲事实真相，宣扬唯心主义哲学[2]。

第一，注重宣传价值，强化"以阶级斗争为纲"。新中国成立之后，我国的主流媒体如《人民日报》社、新华社等新闻机构遵照党中央的指示，格外注重新闻的宣传价值。出于宣扬社会主义制度优越性的需要，我国的新闻媒体突出报道国家在经济生产和政治外交方面所取得的重大成就，极力宣传"形势一片大好"，逐步形成了"报喜不报忧"的思维定势，对灾难新闻报道颇为隐讳。尤其在20世纪70年代，强化"新闻为政治服务"，"以阶级斗争为纲"的论调更成为媒体宣传的重点[3]。

第二，充斥人定胜天的豪言壮语。在唐山地震的相关报道中，灾民的生存状态完全没有表述，而对于抗震救灾中所取得的成绩，自始至终大加赞扬，更多的笔墨则是描述灾民怎样被"组织"起来以及他们抗震救灾的决心和取得的成绩。几乎每篇报道，从标题到内容，都充斥着人定胜天的豪言壮语。当时的大多数报道大都是"在党中央关怀下，地方军队组织群众抗震救灾取得胜利"。如1976年8月2日的新闻《在伟大领袖毛主席、党中央的亲切

① 杜娟.解放后我国灾难报道研究[D].武汉:华中科技大学,2004:16.
② 杜娟.解放后我国灾难报道研究[D].武汉:华中科技大学,2004:17.
③ 李政.我国灾难报道研究——以通海、唐山与汶川、玉树四次地震报道为例[D].西安:陕西师范大学,2012:15.

关怀下，在全国各地和人民解放军的大力支持下，唐山地震灾区人民发扬人定胜天革命精神英勇抗震救灾》，1976年8月9日的新闻《英雄的开滦煤矿工人在抗震救灾中连创奇迹，万名井下工人胜利返回地面，马家沟矿三号井已迅速恢复生产》，1976年8月26日的新闻《抗震救灾第一线传来振奋人心的喜讯，唐钢部分恢复生产炼出了"抗震志气钢"》。

第三，缺乏反思报道。唐山大地震这样一场震惊世界的人类灾难，在相关的报道中竟完全没有总结经验教训和反思问责，报道完全沉浸在"阶级斗争为纲"和"抗震救灾新胜利"的喜悦中。直到"四人帮"垮台后的第三天，1976年10月8日，时任主席华国锋才做批示："登奎、孙健同志，唐山地震未能预报出来的原因，是应该查明的。"1977年2月25日，国家地震局才发布了《关于唐山地震未能预报的原因的报告》。

第四节　突破陈规、建章立制阶段（1980—2003年）

一、总体描述媒体报道特点

1987年的大兴安岭森林火灾报道、1991年抗洪报道、1998年特大洪水报道、1999年山东"大舜号"海轮沉没，都是这种报道模式的典型代表。

1978年5月，《光明日报》率先开展关于真理标准问题的大讨论，"万马齐喑"的局面被打破，新闻界开始回归本位。1978年12月18日，党的十一届三中全会召开了，"解放思想、实事求是"的思想路线得以确立。伴随着政治、经济体制改革的逐步推进，我国新闻事业也步入新的发展期。20世纪80年代中期，西方传播学与信息理论引入我国新闻界并得以普及，从而肯定了报纸的传播信息功能，我国的新闻报道获得了革新与发展，媒体的报道空间和报道自由得以扩展，突发公共事件报道也在探索中不断突破和发展，改革开放前"报喜不报忧"、"舆论一律"、"以宣传为主"的报道模式得以改变。尤其是到了20世纪90年代后期，我国灾难新闻报道更是有了明显的、突破性的转变。

政府也为突发公共事件的报道提供了政策保障。由于"解放思想、实事求是"思想路线的确立，曾经作为"禁区"、"雷区"的灾难新闻获得了一定程度的解放。

为了给我国的对外开放提供服务，让全世界更好地了解中国，中宣部、中央对外宣传小组于1983年2月联合下发了《关于实施〈设立新闻发言人制度〉和加强对外国记者工作的意见》。据此，同年3月，外交部举行了改革开放后的第一次新闻发布会，以后逐渐发展到定期举行新闻发布会。同年11月，中央对外宣传小组制定并下发了《新闻发言人工作暂行条例》，使政府信息公开有了基本上的制度保证。但这个条例被大多数部委认为是外宣部门的事，主要是为国外的新闻媒体服务。因此，只有外交部、国家统计局、国务院对台办等几个部委建立了新闻发言人制度，并对外召开新闻发布会[1]。

1987年7月18日，中宣部、中央对外宣传小组、新华通讯社在《关于改进新闻报道若干问题的意见》中规定："突发事件凡外电可能报道或可能在群众中广为流传的，应及时作公开的连续报道，并力争赶在外电、外台之前。""重大自然灾害（如地震、水灾等）和灾难性事故，应及时作报道。"

1989年1月28日，国务院办公厅、中宣部《关于改进突发事件报道工作的通知》中规定："为了争取新闻报道的时效，对于不同性质确定在不同范围公开报道的突发事件，可分阶段发稿。新闻发布单位在获得中央或地方有关部门提供的或记者自行采访到的确切消息后，应尽快发出快讯。先是对最基本的事实作出客观、简明、准确的报道，然后再视情况的发展作出后续报道。"

1994年8月，中共中央办公厅、国务院办公厅在《关于国内突发事件对外报道工作的通知》中指出："突发事件的对外报道，要充分考虑事件的复杂性、敏感性和报道后可能产生的影响。报道要有利于我国的改革、发展和稳定，有利于维护我国的国际形象，报道必须真实准确，争取时效，把握时机，注重效果。"

从这些政策中不难看出，突发公共事件报道在改革开放后得到了政府的重视和关注，充分强调了报道的及时和公开，报道的控制也逐步趋于宽松自由。同时，公民的知情权逐渐受到了党和政府的重视。这一阶段灾难新闻的信息内容不断丰富，人员财产损失、抗震救灾、经验教训，甚至灾难的原因剖析与警示作用，都成为报道的重要内容。

1987年大兴安岭森林火灾报道中的《红色的警告》、《黑色的咏叹》、《绿

---

① 张君昌. 60年来中国应对突发事件的政策法规及新闻报道和编辑理念演变[J]. 中国编辑，2009（3）：48-51.

色的悲哀》等文章，不仅直面灾难、呈现灾难，而且深刻揭示了灾难背后的官僚体制、人物命运与环境毁坏。1991年抗洪报道中的《天问》、《人证》、《地圩》等文章，则从生态环境和人类共存的视角进行了深刻的反思①。1998年的长江特大洪水报道在全景式地报道洪灾和抗洪斗争基础上，冷静客观地揭示洪水的人为原因——过度乱采滥伐、围湖造田、破坏生态平衡，充满思辨色彩，发人深省，令人震撼。1999年11月24日山东烟台"大舜号"海轮沉没，新华社坚持每天播发稿件，对海难情况、救援过程、打捞进展、原因调查和善后处理等作了连续不断的报道，成为国内外受众了解"11·24"海难事件的权威渠道。这一阶段灾难新闻报道的最大进步在于，信息内容打破了单向度闭合而得到了多向度的呈现，比较充分地满足了公民的知情权。有论者认为，这种灾难新闻报道模式的突破具体表现在：首先，报道的客观性加强了；其次，报道的及时性增强了；最后，报道的深度和理性增强了②。但是，由于传统的价值观念和守旧的新闻报道机制的制约，媒体面对灾难依然持谨慎保守的心态，满足于告知信息，对于生命的轻视和冷漠还相当明显，人文关怀还十分欠缺，报道模式化，报道视角、话语表达等方面的人性化操作空间也相当狭小。

所以，这种转变更多是从政治影响、维护社会稳定角度出发，并不一定是真正对新闻传播规律的认识和尊重。如1997年发布的《国务院关于加强抗灾救灾管理工作的通知》中强调："要突出报道党和政府对灾区人民和救灾工作的关怀，灾区广大干部群众、人民解放军指战员、武警官兵、公安干警奋力抗灾、生产自救和各地区、各部门互相支援的先进事迹。""重大灾情的报道由新华社统一发稿，局部灾害一般只在当地报道。""凡公开报道要慎重，报道内容要按规定经有关部门审核。"从中可以看出，这一时期的突发公共事件报道，侧重于正面宣传和塑造灾难事件中的英雄典型，忽视了对灾情本身的关注，同时严格的送审制度也是对新闻自由度、及时性、客观性的束缚③。

综上所述，我们将改革开放后的1980—2003年间，确定为"突破陈规，建章立制"阶段，因为此阶段虽然在政策保障下，强调报道的公开与及时，重视报道空间的扩展，但新闻管理部门对突发公共事件的控制仍然较严，报

---

① 时统宇. 让历史告诉未来——新中国灾害报道的回顾和反思[J]. 新闻知识,1999(2):4-7.
② 王润泽. 探寻灾害报道的模式突破[J]. 中国记者,2006(9):22-23.
③ 童婷婷. 改革开放以来《人民日报》突发事件报道研究[D]. 重庆:西南大学,2014:11.

道的准确性依然是重中之重[①]。

二、案例分析:《人民日报》1998年特大洪水报道研究

(一) 事件回顾

1998年的洪水灾害,是继1931年和1954年两次洪水之后,20世纪发生的又一次全流域型的特大洪水。由于1998年的"厄尔尼诺事件"、"西太平洋副热带高压异常"、"亚洲中纬度环流异常"及"高原积雪偏多"等特定气候因素,我国当年气候异常,从而引发了1998年的特大洪水。全国共有29个省、自治区、直辖市遭受了不同程度的洪涝灾害。据各省统计,农田受灾面积3.34亿亩,成灾面积2.07亿亩,死亡4 150人,倒塌房屋685万间,直接经济损失2 551亿元。江西、湖南、湖北、黑龙江、内蒙古、吉林等省受灾最为严重。1998年的洪水影响范围广,持续时间长,受灾情况严重[②]。

(二) 报道分析

1998年,全国媒体在面对这场百年不遇的特大洪涝灾害时,都倾情投入到抗洪一线,及时向全国乃至全世界的受众真实展现了抗洪救灾的真实情况,在团结全国人民齐心协力抗击洪灾起到了不可估量的作用。据统计,在报道一线的记者就有3 000多名。1998年抗洪的宣传主题是"鼓舞、团结民心,弘扬中华民族的传统美德,歌颂革命的英雄主义"。在大灾大难中,我国的新闻媒体打胜了一场没有硝烟的新闻战役,1998年的洪水新闻报道也成为重大突发公共事件报道的一个里程碑[③]。

在这场波及全国大部分地区的水灾中,全国各大媒体都大规模地予以报道,集中展示了该时期我国灾难新闻报道的特点。《人民日报》先后发布报道715篇,及时传递一线消息,展示人物风貌,传达中央精神,指导实际工作。为此,我们选择对1998年发生全流域型水灾期间《人民日报》的新闻报道进行剖析,以探索这一时期突发公共事件报道的特点。

① 童婷婷. 改革开放以来《人民日报》突发事件报道研究[D]. 重庆:西南大学,2014:10.
② 搜狗百科. 98特大洪水[EB/OL]. (2017-03-15)[2017-03-20]. http://baike.sogou.com/v76376631. htm? fromTitle=98.
③ 李倩. 央视近十年公共突发事件报道研究[D]. 太原:山西大学,2010:9.

1. 报道主题

本文按照"洪灾基本情况、灾民安置情况、抗洪抢险情况、援助情况、政府措施、先进典型、其他"等主题，对《人民日报》的1998年洪灾报道进行主题分析，基本情况如表4。

表4　《人民日报》1998年洪灾报道主题一览

主题	报道数量（篇）	所占比重
洪灾基本情况	87	12.1%
灾民安置情况	30	4.2%
抗洪抢险情况	126	17.6%
援助情况	118	16.5%
政府措施	210	29.4%
先进典型	102	14.2%
其他	42	6.0%
总计	715	100.0%

通过数据的对比分析，我们可以看到《人民日报》在进行1998年洪水报道中，最关注的主题为政府措施，报道数量占到总数的29.4%，其次是抗洪抢险情况，占比为17.6%，再次为援助情况和先进典型报道，占比分别为16.5%和14.2%。这体现了《人民日报》作为党的机关报，具有浓厚的党性色彩，它除了有发布政府权威信息的职责，也承担着引导社会舆论和主流价值的功能。

特别是对国家领导人视察灾情的报道，描写的重点也不再是单纯的慰问、听汇报和鼓励，而是将他们与现场抗洪官兵在一起的点点滴滴以生动形象的语言展示出来，真正让人感受到了党和政府对灾情的关注。

2. 报道体裁

1998年洪灾报道中，自主采写新闻的意识突出，基本情况如表5。

表5　《人民日报》1998年洪灾报道体裁一览

体裁	报道数量（篇）	所占比重
消息	338	47.3%
通讯	124	17.3%
评论	33	4.6%
图片	93	13.0%
其他	127	17.8%
总计	715	100.0%

独立的图片报道达93条，累计照片140余幅，刊登各类通讯124篇、评论33篇。除了利用新华社的稿件外，《人民日报》自己采访的消息占据了报道的大部分，达到338条，占总数的47.3%。这表明《人民日报》面对重大自然灾害时，已经具备抢新闻、形成独家报道的意识，并在实践中有所实践。同时也采用一线知情人员提供的消息，说明《人民日报》开始注重信息内容的丰富性，能够主动集纳自己、国内最大的通讯社和一线人员三者的优势，综合反映事件的进程。

（三）报道特点

1. 时效性有所突破，但仍显不足

1998年的强降雨从夏天开始。洪水尚未发生的时候，《人民日报》1998年6月2日首次报道了温家宝在检查长江防汛工作，并指出：立足防大汛抗大洪，确保长江安全度汛。这是向长江流域抗洪度汛工作发出的警示。接着，同年6月下旬以后相关的警示报道逐渐多起来，如：6月20日，国家防总发布今年第1号汛情，通报江西、河南等地一些江河发生大洪水；6月25日，福建闽江、江西信江发生大洪水，温家宝要求继续做好迎战洪水的各项工作；6月27日，国家防总有关负责人指出当前防汛工作进入关键阶段。此后，7月份开始有了比较密集的报道，几乎每天的版面上都有水灾的最新情况，7月5日刊登《国家防办第1号汛情通报》，7月6日发布通讯《"人民利益高于一切"——记江西抗洪救灾一线的共产党员们》，7月7日发布朱镕基视察江西防汛工作与评论员文章《众志成城战洪灾》及通讯《总理深情系灾民》，7月8日发布《十万解放军武警官兵全力抗洪》，洪灾报道短期内形成了一个小高潮。从发稿速度看，当日报道占据了极大比重[①]。

灾情的公布仍然不及时。1998年7月5日起，虽然每天都有国家防总公布的汛情通告，但是对具体损失的状况仅仅停留在数字上。同年8月7日，国务院新闻办举行中外记者招待会介绍我国抗洪救灾情况的报道中，仅仅介绍了我国2.4亿人不同程度遭遇水灾，倒塌房屋558万间，因灾死亡2 000多人等概括性的状况。包括薛州湾决堤、九江大堤溃口这样重大的灾情，《人民日报》也没有及时报道，只在8月10日刊发图片报道，并附文："8月9日，赴江西

---

① 汪洋.论改革开放以来《人民日报》自然灾害新闻价值观[D].兰州:兰州大学,2007:27.

九江抗洪抢险的南京军区某部官兵，一到达目的地，就奔赴险情最严重的长江九江城防大堤4、5号闸口之间的决口处，投入紧张的抗洪抢险。"

针对这种现象，美联社8月7日的一条消息的标题就是《中国试图控制水灾的信息》，说中国"根本不提灾害是什么时候发生的，损失有多大"。路透社8月15日的一条消息，更称中国是"一个一贯将坏消息紧紧捂住的国家"。不仅如此，由于我国不及时报道薛州湾的消息，还给了谣言以滋生的土壤，外媒以讹传讹，传说死亡2 000人，好几千人甚至上万人，实际死亡人数是44人，其中有19名解放军战士和25名群众，但是这个真实数字直到8月25日才公布。而海外媒体的误导作用使得受众先入为主，再想澄清事实非常困难①。

2. 出现了舆论监督报道，但反思仍显不足

首次在抗洪报道中出现了针对政府工作舆论监督报道。1998年7月29日刊登的报道《洪水来临携眷出逃，恩平市人事局长被撤职》，在全国引起很大反响，在抗洪斗争的紧要关头，对玩忽职守、心存侥幸的官员具有极大的震慑作用。

但报道中还是缺少对灾害的理性思考。过去的灾害报道，在关于人征服灾害的能力上，总是持盲目的、乐观的态度，"人定胜天"是当时报纸、电台上喊得最响亮的口号。本次洪灾报道中，虽然不再突出表现这一点，但依旧没有深挖灾难造成的原因，缺少对灾难的冷静思考。

3. 报道主题更加丰富，但宣传色彩依然浓厚

1998年洪灾报道中，除了通过讴歌英雄，颂扬民族精神和爱国主义，表现"洪水无情人有情"、"社会主义好、共产党好、解放军好"等主旋律的内容外，记者们还格外重视记录灾情，反映灾难中牺牲的抗洪战士及其亲属的行为，初步具备了人文关怀的意识，体现出对大自然力量的敬畏，不再是盲目的乐观和毫无根据的自信。如8月12日的报道《在洪水中永生——记为抢救战友英勇献身的连指导员高建成》。

第一，本次报道虽然仍然以抗灾救灾和灾后建设为主，但在具体操作上改变了过去概括叙述的风格，坚持实情实报，灾情都予以如实报道。如8月2日报道了长江水位连续八十多个小时超高位，武汉紧急布防迎战，八十六座河堤漫顶溃决，波阳干群奋起抗洪。

---

① 和轶红.结合传播理念,进行对外宣传[J].现代传播,2000(4):40-44.

第二，注重灾后建设。1998年《人民日报》把反映灾后建设、重建家园作为一个重要的方面予以展示，报道随时跟踪和记载各级政府如何安置灾民、保证学生上学等，起到了稳定民心的作用。由于反映的是普通百姓的生活，也增强了新闻的可读性。

第三，注重提供服务类信息。防灾的同时对灾区可能发生的疫情给予了充分关注，为此提供了大量的服务类信息。从8月7日就发出了《卫生部紧急部署救灾防疫工作》的报道，8月10日发出了《送医送药协力抗洪，安徽医务人员奔赴一线》的报道，8月13日发出了《江西灾区万名白衣天使治病忙》重在报道服务抗洪官兵的报道。从8月18日报道《灾区急需什么药品》开始，为灾民提供医疗服务的信息逐渐增多，8月19日又以《救灾防病小常识》为题，并以专栏的形式提供服务信息，一直持续到洪灾结束，基本上每天都有关于卫生疾病方面的消息①。

《人民日报》在这一阶段的报道内容，应该说已经走出了改革开放前"灾害不是新闻，抗灾救灾才是新闻"的错误报道模式。但通过分析1998年洪灾报道主题，我们仍不难看出政府措施和行动、宣扬先进典型和抗洪精神等这些宣传和教化色彩浓的主题仍然占据很大比重。洪灾报道关注点更多集中在"领导重视"、"领导靠前线指挥抗洪"、"政府积极采取措施和行动"、"抗洪投入巨大"、"军民同心"等内容上，而对洪灾灾情本身的报道显得尤其低调。如6月26日的《国家防总致电慰问福建抗洪救灾第一线居民》、6月30日的《李长春慰问广东恩平市灾民》、7月1日的《钮茂生在江西考察灾情时强调：做好准备迎接更大洪涝灾害》、7月7日的《朱镕基视察江西防汛工作》、7月13日的《南京军区向闽赣灾区捐赠款物》。又如消息：自6月26日武汉市防汛进入设防水位以来，武汉市委、市政府坐镇指挥，5万防汛大军日夜奋战，目前已取得今年防汛抗洪的初步胜利②。

洪灾报道内容的宣传和教化色彩浓，一方面，是由于《人民日报》本身的性质决定，作为党中央机关报，其必须承担起引导舆论、稳定社会秩序等使命；另一方面，也是由于在"突破陈规，建章立制"阶段，突发公共事件报道虽然在及时性、透明性、公开性等方面有了许多重大突破，但在报道内

---

① 汪洋. 论改革开放以来《人民日报》自然灾害新闻价值观[D]. 兰州：兰州大学，2007：31.
② 罗盘. 武汉防汛准备充分运转有序[N]. 人民日报，1989-07-14(4).

容上仍过多偏重政治宣传和政治影响，忽视信息传播本身①。

4. 报道形式多样化

从统计结果来看，消息体裁运用得最频繁，消息在报道的总篇数中占47.3%；通讯、图片和评论也占据了一定的比例。总体来看，表现出以下特点：

第一，综合类消息得到广泛应用。消息历来就是新闻报道的主要体裁。在灾害报道中，为了及时、全面地反映每天抗灾救灾的新进展，运用消息体裁确实最能满足媒体报道的需要。尤其是本次开创的"八方支援抗洪救灾"系列报道，通过消息集纳的方式将全国各地的爱心活动集中展示，发挥了单个新闻报道无法达到的效果。

第二，通讯类体裁在报道中发挥了积极作用，尤其是在宣传抗洪精神、描绘救灾大场面时，提升了灾害报道的感染力。7月31日，《人民日报》刊发通讯《众志成城抗洪图》，详细报道了江西数万军民与特大洪水搏斗的情景，着力写出了江西人民连续奋战的精神面貌和舍小家保大家的内心世界，还在报道中首次介绍科学防洪、科学治洪的重要性，给今后更加注重科技防洪以启示。另外本次报道中，还出现了现场短新闻、抗洪战士日记等多种表现形式，极大地丰富了报道类型。

第三，评论的作用更加突出。1998年洪灾评论一个最大的特点是系统性，针对当前的工作状况有针对性地发表意见，充分反映了新闻媒体主动引导舆论的努力。从8月9日至31日，《人民日报》连续刊登本报评论员文章，每日一篇，导向性明确。要么紧跟中央的决策，与中央保持高度一致，例如8月16日的《决战决胜的总动员》、9月2日的《乘胜前进，坚持到底》、8月30日的《科技抗洪的威力》，在大灾面前，及时传达着党中央的声音，给人以信心和勇气，客观上起到了指引抗灾工作的作用。要么传达汛情的发展情况，如《当前头等大事》就是在长江防汛出现紧张势头时，及时向全国人民发出的动员，将党中央防汛抗洪的决策部署迅速传遍全国各地；当长江第五次洪峰来临，面对江水长期浸泡、大堤防御能力下降、军民长期作战身心疲劳的现实，及时发出了《坚持就是胜利》的号召，一方面鼓励，一方面示警；8月底，在水位开始缓慢回落、胜利指日可待的情况下，又再次刊登评论《坚持

---

① 汪洋.论改革开放以来《人民日报》自然灾害新闻价值观[D].兰州:兰州大学,2007:27.

到底》，提醒军民防止麻痹松动，避免功败垂成。要么密切关注灾民，为灾区提供服务，如《确保大灾之后无大疫》、《切实关心灾民生活》、《切莫增加灾区负担》、《艰苦奋斗重建家园》、《安民兴邦的大事》等，既对灾区当下的生活状况给予了关注，又对今后的建设具有指导意义。

第四，图片报道得到更广泛应用。图片新闻与文字新闻比较，这种瞬间定格的效果更加直观，富有感染力，可以生动再现事件发生的情景和气氛。独立图片报道的增多是1998年洪灾报道的一个亮点，《人民日报》共刊登图片新闻93条，刊出的新闻照片一百多幅。其中"中流砥柱，钢铁长城"系列摄影报道，生动地展示了军民团结抗洪的伟大壮举。

利用图片表现灾情也是本次报道中的一个特点。通过刊登整版组照，将洪水滔天、全国告急的情景真实展现在受众面前，引起关注，有助于引导捐助救灾活动。

5. 新闻来源、报道体裁比较单一

新闻信息来源的多样化，是确保新闻真实性、客观性的重要保障。如果来源单一，将可能导致报道主观，丧失新闻信息的公信力和准确度。《人民日报》在对洪灾报道中，其新闻来源主要来自于政府官员和记者媒体，一方面可以保证洪灾信息的权威性、官方性，带给公众抗洪前线的现场感；但另一方面由于来源的单一，也可能使得公众对新闻本身产生质疑，对洪灾实情有所疑虑。此阶段新闻来源的单一，有报道水平和报道技术局限的原因，但更大程度上是在准确性至上原则下，为追求最佳宣传价值，政府对新闻宣传和信息发布的控制和审核。

就报道体裁而言，消息类报道占据了近半壁江山，形式比较单一，内容不够丰富，不足以将洪灾事件多角度、多样化、立体性地呈现给公众，影响突发公共事件的传播效果。而且在仅有的33篇评论中，内容上也略显单一，几乎都是在弘扬抗洪精神，营造抗洪氛围。如，在与洪水搏斗的日日夜夜里，人民子弟兵的顽强神勇以及他们的英雄气概、高尚情怀，饮誉大江南北，传送四面八方，人民群众凝聚成一种深沉的感情，汇集成一个响亮的声音：为英雄的人民子弟兵请功！这是在党中央的指挥下，沿江军民一次大规模的联合作战，只要我们万众一心，服从指挥，尽职尽责，就一定能够夺取防汛抗洪的伟大胜利！

6. 表现"一方有难，八方支援"主题的技巧更加成熟

1998年抗洪期间，《人民日报》真实而生动地再现了"一方有难，八方支援"的动人场面。对这个主题的宣传历来是灾难新闻报道中的重点，但是这次的报道特别注重技巧。

一是运用消息集纳的编排手段突出国家各机关、各地对灾区扶持和配合抗洪的报道，在读者中形成了全社会协作抗洪的感觉。如"八方支援抗洪救灾"主题报道，综合各方消息，对全国各地各团体的救助活动予以集中展示。8月13日之后的一系列报道，如《军委总部再次紧急补充后勤资源》、《解放军总参谋部全力保障抗洪》、《公安部发出布告要求加强灾区社会综合治安管理》、《国家工商局发出紧急通知加强汛期市场管理工作》、《中宣部进一步部署抗洪抢险宣传报道》、《国家经贸委确保抗洪救灾期间电力生产和供应》、《民政部组织捐赠工作》、《解放军四总部开展捐款捐物活动》、《中直工委部署捐赠工作》等，介绍了全社会各个部门的行动，也都起到了同样的作用。《人民日报》还不失时机地报道社会各界的义举，包括保险公司对灾民发放保险赔款、医疗队巡回灾区治病等雪中送炭的事迹，将全社会关注洪灾、关心灾民的行动推向了高潮，使洪灾造成的损失降低到了最低限度。

对捐款捐物及其使用情况及时向社会公布，是这次洪灾报道的一个创新，如8月17日的《国家防总公布捐助救灾物资及资金单位》、8月24日的《民政部门公布共接收救灾捐赠17亿多元》、8月28日的《公布我国接收国内外救灾款额及下拨数额一览》等，对资金的来源和使用都向读者做了交代，体现了信息公开重要性的认识。

将国家领导人放在独特的背景下来报道，特别是对江泽民、朱镕基、温家宝屡次出现在最危急的地方、最危急的时刻，在船上、堤上、雨中、人群中，面对灾情的报道，让人耳目一新。描写的重点也不再是单纯的慰问、听报告和鼓励，而是将他们与现场抗洪官兵在一起的点点滴滴以生动形象的语言展示出来，真正让人感受到了党和政府对灾情的关注。如8月10日刊登的通讯《紧要时刻总理情》：

8月8日，农历立秋。长江上游第四次洪峰向中下游推进，中下游多处河段超历史最高水位，长江抗洪抢险处于最紧要关头。

10时5分，中共中央政治局常委、国务院总理朱镕基一行抵达湖北

沙市军用机场。

13分钟后，朱镕基总理在国务院副总理、国家防汛抗旱总指挥部总指挥温家宝和国务委员、国务院秘书长王忠禹的陪同下，直奔荆江大堤观音矶。这是朱总理今年汛期第二次赴长江抗洪抢险第一线，给奋战在长江两岸百万抗洪军民带来党中央、国务院和江泽民总书记的关怀和慰问。

"第四次洪峰通过这里没有？"朱镕基问。

"洪峰正在通过。"温家宝指着脚下的急流说。

"沙市水文站的水位是多少？"朱镕基又问。

"44.94米，已经稳定好几个小时了。"湖北省省长蒋祝平回答。

"宜昌水位情况怎样？"朱镕基又问。

"早晨6时是53.61米，现在是53.48米，水位正在下降。"长江水利委员会主任黎安田说。

"上游近两天天气怎么样？"朱镕基接着问。

"气象预报基本无雨，只有零星小雨。"

朱镕基总理一直牵挂着长江大堤的安危。几天来，朱总理彻夜难眠，不断打电话询问汛情。

烈日炎炎，沙市气温高达37摄氏度以上。10时30分，朱镕基沿荆江大堤来到不远处的二郎矶。几位工人正在江边查险。朱镕基总理也下到水边问他们："知道查险的知识吗？"

工人们一齐答道："知道。主要看水边的漩涡。"

临走时，朱镕基还叮嘱工人加强巡堤查险。

......

再如8月13日的报道《洪水无情党有情，决战到底夺全胜》：

上午10时许，江泽民总书记一下飞机，就和中共中央政治局委员、国务院副总理、国家防汛抗洪总指挥部总指挥温家宝，中共中央政治局委员、中央军委副主席张万年，中共中央政治局候补委员、中央办公厅主任曾庆红等人一起直奔荆江大堤。在前往大堤途中，江泽民听取了湖北省委书记贾志杰、省长蒋祝平、广州军区司令员陶伯钧关于汛情和抗洪救灾工作的汇报。

......

烈日当空、暑气逼人，江泽民总书记走上荆江大堤。此刻，长江第五次洪峰正在通过沙市，水位达到45.22米，流量是今年入汛以来最大的一次，为4.95万立方米每秒，超过前四次洪峰，并正在向长江中下游推进。

......

下午，江泽民总书记又随着洪峰急速赶往洪湖。洪湖地处长江中游北岸，江汉平原东南端，其境内135公里长的干堤，是荆江大堤最薄弱的环节。一旦这里发生溃堤，将直接威胁江汉平原8 000平方公里的土地，和包括武汉三镇在内的800万人生命财产，以及京广铁路的安全。

这些报道使读者切身体会到领导人与民同在、共抗灾情的情怀，文章生动紧凑，符合当时的现场氛围，并把紧张的气氛传达的一览无余。

二是对灾区和灾民给予了更多的关注，通过对灾情和灾区群众生活状况的客观报道，使公众产生了广泛的同情心。如评论《切莫增加灾区负担》、《确保大灾之后无大疫》、《保证灾区如期开学》等，都对灾区群众的生活状况和困难给予了足够的关注。总之，通过报道，将灾区资金困难、缺医少药、上学困难等情况传递到社会各界，将人民群众痛失骨肉、被迫离开故土的真实心境揭示出来，具有很强的人情味，极易激发公众共鸣，引起全社会的高度关注。

第五节　以人为本、积极跟进阶段（2003—2008年）

一、总体描述媒体报道特点

2003年SARS（即"非典"）报道、2008年雪灾报道，是这种报道模式的典型体现。

与前几个阶段相比，2003年以来的灾难新闻报道模式又发展成为"人本位"的全息开放报道模式。从2003年开始，SARS疫情早期"禁报迟报"的严重后果终于使党和政府警醒，确立了及时公开报道疫情的全新机制。随后，又制定了一系列政策条例来推进信息公开，保障民众的知情权。从2003年《突发公共卫生事件应急条例》的颁布，到2008年5月1日《政府信息公开条例》的实施；从新闻发言人制度的普遍确立，到官员"问责制"的逐步尝试，一步一步地促使灾难事件的信息得以有效披露，进一步释放了灾难新闻报道的空间。而媒体多元化格局的形成和市场竞争的加剧，网络、手机等新媒体的崛起，客观上要求媒体必须塑造公信力，强化专业精神，更好地改进灾难新闻报道。与"事本位"的多向度客观报道模式相比，2003年以来的灾难新闻报道内容在广度和深度上不断拓展，呈现出信息开放的局面。同时，党的十七大确立了"以人为本"的执政理念，也促使媒体的人本精神和报道的人文关怀不断加强。在"人本位"的全息开放报道模式中，媒体不仅重视对灾难本身的报道，重视对救灾工作的报道，而且在报道过程中充当了关怀者的角色，关注受灾者的困境及精神状态，将人文关怀贯穿在灾难新闻报道之中。

与前几个阶段的两种模式相比，"人本位"的全息开放报道模式又有新的突破，那就是：（1）人性化报道突破模式化报道，由"集体呈现"向"个体呈现"转变，从人性视角还原多元人物的生存状态；（2）人性化报道突破官本位报道，打破"英雄神化"与"领袖宣传"的迷思，灾难背后的人性光辉得以充分挖掘。这样的特点，在2008年的雪灾报道、"5·12"汶川地震报道中，都得到了充分体现。尤其是汶川地震报道，把当代中国的灾难新闻报道推向新的历史高度，从而成为当代中国灾难新闻报道史上的一座丰碑。

2003年，发生在我国的"非典"危机成为加速信息公开立法的推进器。"非典"之前，对国务院新闻办公室的新闻发布，有的部委并不配合，遇到突发公共事件，信息渠道也极不通畅。4月20日，党中央、国务院果断决定对"非典"疫情实行信息公开，并对不公开重大疫情信息和工作不力的官员问责，开启了重大灾害性突发公共事件信息公开的先河。后来禽流感疫情也照此办理。从"非典"前期的"集体失语"到后期的"全面公开"，让政府意识到政务信息公开的必要性。从那以后，中央部委和各地方政府开始全面推广新闻发言人制度，媒体作为政府与公众之间传递灾害信息的桥梁纽带作用显现出来。

2004年2月11日，国务院常务会议讨论并原则上通过《关于改进和加强国内突发事件新闻发布工作的实施意见》，其强调："各有关部门要高度重视，依照有关法律和规定，建立和完善新闻发布制度，配合新闻宣传部门，及时、准确地做好新闻发布工作。"

2004年8月24日，中宣部下发《改进和加强国内突发事件新闻报道工作的若干规定》，进一步显示了党和政府对"信息公开"的追求。同年9月召开的党的十六届四中全会明确提出，建立健全社会预警体系和应急机制，并把这项任务作为提高执政能力的一个重要方面加以强调。

2005年8月8日，民政部、国家保密局联合发布《关于因自然灾害导致的死亡人数总数及相关资料解密的通知》，其中规定："因自然灾害导致的死亡人数不再作为国家机密，并应在第一时间向社会公布。"沿袭多年、视某些公共信息为国家机密的保守做法终被废止，媒体的报道领域得以实质性拓展。

2006年1月8日，国务院发布《国家突发公共事件总体应急预案》（简称《预案》），其中对突发公共事件的信息发布提出了专门的要求：突发公共事件的信息发布应当及时、准确、客观、全面。事件发生的第一时间要向社会发布简要信息，随后发布初步核实情况、政府应对措施和公众防范措施等，并根据事件处置情况做好后续发布工作。《预案》还特别指出：对迟报、谎报、瞒报和漏报突发公共事件重要情况或者应急管理工作中有其他失职、渎职行为的，依法对有关责任人给予行政处分；构成犯罪的，依法追究刑事责任。这表明了政府对尊重公民知情权和增加信息透明度的态度。

2006年6月24日，备受关注的《突发事件应对法（草案）》首次提请全国人大常委会审议，草案规定官员瞒报将重罚，加大了问责力度，再次表明政府加快了危机管理方面的立法工作，但其中关于新闻媒体"违反规定擅自发布有关突发公共事件处置工作的情况和事态发展的信息或者报道虚假情况的，由（突发公共事件）所在地履行统一领导职责的人民政府处5万元以上10万元以下的罚款"等相关规定，引起社会质疑。2007年6月24日，提交全国人大常委会二审的《突发事件应对法（草案）》，删除了有关新闻媒体不得"违规擅自发布"突发公共事件信息和突发公共事件所在地政府"对新闻媒体的相关报道进行管理"这两处引起舆论广泛争议和批评的规定，显示了立法者审慎而务实的态度，反映了近年来立法机关在立法过程中发扬民主、尊重民意的良好作风。

2007年8月30日，《突发事件应对法》正式颁布。这是国家首次以"法"

的形式对"突发事件应对"作了规定，要求政府"应当按照有关规定统一、准确、及时发布有关突发事件发展和应急处置工作的信息"，从而使媒体对突发事件的报道有了法律的依据和保障。同年10月，中共中央发表《关于构建社会主义和谐社会若干重大问题的决定》，提出要"提高危机管理和抗风险能力"；党的十七大进一步明确要求"完善突发公共事件应急管理机制"。

2008年5月1日，《政府信息公开条例》正式实施。该条例将政府信息"公开"明确为政府部门的"法定义务"，并要求以"报刊、广播、电视等便于公众知晓的方式公开"，媒体被确认为政府信息公开的重要渠道，从而使"以公开为原则，不公开为例外"有了制度保障。该条例于1998年作为课题立项，2003年拿出"专家建议稿"，2007年在国务院常务会议"原则通过"，2008年生效，历时10年，足见其问世的艰辛。

从《国家突发公共事件总体应急预案》到《突发公共事件应对法》，再到《政府信息公开条例》，逐步从法规上搭建了媒体自主进行突发公共事件报道的开放空间。2008年年初以来，我国发生的冰冻灾害、拉萨骚乱、汶川大地震、三鹿奶粉事件等也从惯常的"延迟披露"向"争取主动"的转变中，诠释了信息公开的必要性和紧迫性。

这期间，国务院还发布了一项临时性法规——《北京奥运会及其筹备期间外国记者在华采访规定》。较之1990年颁布的管理条例，该规定为外国记者在华采访提供了如下便利：（1）外国记者来华采访不再须由中国国内单位接待并陪同；（2）记者赴地方采访，无需向地方外事部门申请，只需征得被采访单位和个人同意；（3）外国记者可以通过外事服务公司聘用中国公民协助采访报道工作；（4）简化器材入关手续。该规定于2007年1月1日至2008年10月17日实施，受到外国记者和新闻机构的普遍欢迎。当被问及"这些规定为什么2008年10月17日就失效？为何不继续适用？"时，外交部新闻发言人回答："不管是现在还是将来，我们都欢迎外国记者来华采访报道，愿意为外国记者采访提供便利和协助。这个政策不会改变。"后来，国家新闻出版总署署长柳斌杰再次表示，中国把抗震救灾报道和奥运会报道视为对本国新闻运行体制改革的"重要检验"，对外国媒体的开放不是短期政策，开放的大门不会在奥运后关闭。

2008年10月17日，国务院总理温家宝签署第537号国务院令，宣布《中华人民共和国外国常驻新闻机构和外国记者采访条例》（简称《条例》）从即日起施行，同时废止1990年公布的旧条例。新《条例》共23条，全面承接了此前赋予外国常驻新闻机构和外国记者在华采访的便利条件。打开国门，欢迎采访，正式得到国家法规的承诺。

2003年以来，随着各项制度的建立健全，我国的突发公共事件报道和编辑理念完成了三大转变：一是由"官本位"向"事本位"的转变；二是由"时宜性"向"时效性"的转变；三是由"模式化"向"多样化"的转变。这些变化让人们看到中国政府信息公开的进步，感受到媒体新闻报道和编辑理念的历史性跨越，见证了中国政府和媒体公信力的提升①。

《人民日报》此阶段报道的特点有以下几点：

第一，多种体裁相互结合，优势互补。此阶段在报道形式上改变了过去消息一统江山的局面，通讯、评论特别是照片的运用比例均有所增加。在"非典"事件的报道中，消息所占的比例仅占34.6%，照片、通讯、评论所占比例分别高达15.0%、22.8%和11.8%。多种报道体裁相互结合，优势互补，共同促进了报道质量的提高。

第二，时效性进一步增强，受重视程度继续上升。此阶段的灾难新闻报道当日见报和第二日见报的比例较前一阶段继续有所上升。同时采用"近日"、"日前"等模糊的时间表述的报道比例有所下降。越来越多的报道开始能够刊登到头版上，有许多还被作为头版头条。

第三，注重灾前预防和灾后反思。一是以灾前预防为主题的报道大量增多，所占比例是前一阶段的2倍多；二是以灾难处理和反思为主题的报道也有所增多，所占比例较前一阶段上升了6%。

第四，追求"人性化"报道。对政界人士的报道，突破先前"行程＋讲话＋鼓励"的模式，开始注重对人物具体动作和语言的描述，使其变得可亲可敬；对救援人员的报道，把"神"还原成了"人"，通过对其具体的动作、语言的描写，展现人物脆弱而坚强的复杂心理；对受灾群众的报道，不再对其漠视或是忽视，也不再将其作为报道救灾的背景和陪衬，而是注重对其行为生动、细致的刻画，使人物读来栩栩如生，更加生活化，也更具个性色彩。

第五，自主报道为主。绝大多数报道均为《人民日报》记者自主采写而

①陈力丹.论60年来我国新闻报道方式的演变[J].国际新闻界,2009(9):18-23.

成,特别是在"非典"事件的报道中,自主采写的稿件比例有较大提高。一方面表明《人民日报》放弃对新华社的依赖,试图通过自主报道形成本报特色和风格;另一方面也说明此阶段的新闻政策进一步宽松,各媒体舆论千篇一律,仅仅编发新华社通稿的时代一去不复返[①]。

二、案例分析:《人民日报》2003年"非典"报道研究

(一) 事件回顾

2003年的"非典"波及全球30多个国家和地区,是国际影响极大、关注度极高的全球性事件。

我国广东佛山于2002年11月16日发现并确诊了第一例非典型肺炎病例,当时,由于对该疾病尚未充分认识,疫情没有引起足够重视,被隐瞒了下来。2003年1月2日经诊断,该病症为传染性,系由某种不明病毒引发,随即上报卫生部。1月中旬,珠江三角洲地区陆续出现相同病例,随后谣言四起,部分地区市民抢购白醋、板蓝根等相关物品。就在社会需要政府的权威解释时,媒体却保持了沉默。2003年1月21日,国家疾病控制中心专家正式将该病命名为"非典型肺炎"。面对如此重大的事件,此时的媒体仍然没有任何声音。《人民日报》2月12日发表了第一篇有关非典型肺炎的报道,题为《广东省部分地区出现非典型肺炎/专家指出只要预防得当不必恐慌》,然后《人民日报》在2月21日竟还有一篇这样的新闻评论,题为《谁最应反思——评"非典型肺炎"风波过后的舆论反思》。

2003年2月3日至14日期间,广东省发病进入高峰期。2月10日,广东省有关部门下发通知:省内各级新闻单位一律不得采访报道在我省个别地方发现的不明原因呼吸道感染的病例一事,各新闻单位要严格保密,不得泄密,不得扩散。然而《羊城晚报》当日在A1版率先刊发《广东发现非典型肺炎病例》。这是广东媒体最早直接指明"非典型肺炎"的独家报道。当天晚报一出街,即被抢购一空。2月11日,广东省卫生厅打破沉默,召开新闻发布会,公布患者达305例,死亡达5例,并称该疾病的勃发只是得到暂时的控制。2月11日,广州市政府也发布消息称该疾病已在"全面综合的控制当

---

① 刘晓波.改革开放以来我国灾难新闻报道流变研究——以《人民日报》为例[J].采写编,2013(4):19-20.

中"。于是，民间的谣言暂时得到控制，却失去了应有的警惕。广东媒体表现出了积极的态度，自2月10日至21日，在按要求一日速递三份情况向省领导反映的同时，媒体动作的迅速与到位都基本满足了民众的信息需求，报道内容全面，主要集中在通报政府举措、公布病例、宣传预防和治疗、对不法商贩的监督与查处、平息抢购、"非典"病源探究、医务人员和病人的情况以及各种反思话题等方面，且形式活泼，角度新颖①。进入2月下旬以后，广东媒体突然变得沉默了，偶尔有一两篇关于"非典"的报道，也都是些来自官方的正面宣传，再也看不到2月中旬那些深入的报道和发人深省的文章。3月6日以后，广东加大了对媒体宣传口径的控制，于是在近乎一个月的时间内听不见媒体有关"非典"的声音。被批评后的《南方都市报》在3月后来的日子里也只是于26日发表了一篇《我省非典型肺炎防治成效明显》的文章。

3月，全国"两会"召开，媒体"非典"报道停止。3月1日，北京发现SARS病例。3月12日，世界卫生组织正式发布一些地区出现急性呼吸系统综合征这一流行病的全球警报；3月15日，世界卫生组织将此改称为"严重急性呼吸系统综合征"（SARS）。3月中旬以后，北京也成为"非典"重灾区。3月26日，新华社称北京输入性非典型肺炎得到有效控制——这是首次有关北京"非典"的官方报道，而北京当地媒体依然保持沉默。短短的100天时间，全国病例达到4 280例。疫情突如其来，后果无法估计。这是一场重大的公共卫生突发事件，其持续时间长，影响范围大，破坏程度高，是人类历史上一次重要的同流行性疾病做斗争的艰难战斗。

而同时，国外及香港媒体却进行了连续报道。美国有线电视新闻网（简称CNN）从3月15日开始连续报道"非典"疫情，香港《文汇报》从3月22日到3月31日平均每天报道24次，英文版的香港《南华早报》从3月17日开始连续报道。国内媒体的失语使一些人转向国外及香港媒体了解疫情，而这些媒体对内地疫情的报道有很多不实之处，西方的媒体甚至利用此事件攻击中国政府及政治体制，破坏了党和政府的形象，也损害了国内媒体的公信力。

4月3日，卫生部召开新闻发布会，卫生部长张文康在会上提供的数字为

---

① 朱雯. 对中国主流媒体"非典"报道的检索与思考[J]. 视听界,2003(3):4-7.

北京有12例SARS，死亡3例。但官方信息与民间信息极不吻合，加剧了谣言的传播。随着疫情进一步扩大，4月20日国务院新闻办公室就"非典"问题举行了新闻发布会，在党中央和国务院的大力支持下，政府和媒体也由开始的不报、瞒报，变为正视灾难，积极推进信息公开。自此媒体对"非典"报道进入新阶段，各式各样的报道连篇累牍地充斥荧屏、见诸报端。

有学者对于4月20日后的媒体"非典"报道做了调查，全样本统计了5月15日《人民日报》、《解放日报》、《新民晚报》和《羊城晚报》，统计有关"非典"的文章占文章总篇数的比例。结果显示，在这四份报纸上，关于"非典"的文章几乎占到了一半。

表6　2013年5月15日报纸"非典"报道的调查

报名	文章总篇数（篇）	"非典"文章篇数（篇）	所占比重
《人民日报》	154	79	51.30%
《解放日报》	117	54	46.20%
《新民晚报》	212	95	44.80%
《羊城晚报》	176	67	38.10%

4月20日，称为媒体"非典"报道的分水岭：之前处于信息不对称状态，讳莫如深；之后则信息发布畅通，公众充分了解疫情，社会秩序井然。

从公众的反应来看，媒体对疫情信息的充分披露和全面报道，赢得了群众的广泛支持和高度评价。中国人民大学舆论研究所和《北京青年报》合作面向北京市民的社会调查结果显示，当党和政府以坦诚、负责的态度将"非典"疫情如实、客观地公告后，人们的总体心态是非常积极、正面和理性的。87.3%的人加强了个人和家庭对于"非典"的预防措施，54.2%的人增强了对政府有效控制"非典"的信心，84.8%的人对于政府目前的表现表示满意。

"非典"报道经历了从集体失语到连篇累牍。对此，贾亦凡认为：其实，从集体失语到连篇累牍，是从一个极端走到另一个极端，是一棵树上结出的两个果子，只不过是形态不同而已。不独"非典"报道如此，过去我们的不少报道都犯过相同的毛病。实际上，这正是我们媒体的多发病和常见病。贺文发认为：这不仅为谣言的传播提供了土壤，而且也加重了人们心理的恐惧。是因为媒体缺少自己的主体性地位，丧失了新闻媒体本身具有的内化的独立性，它更多表现出来的是附庸性，是因变量而不是自变量[①]。

中国人民大学顾海兵教授认为："非典"时期的新闻报道不够全面，有关领导的活动报道偏多，有关的好人好事太多，而对疫情与个人安危及疫情的负面影响的新闻分析偏少。中国人民大学蔡雯教授认为："非典"期间流于肤浅的报道远多于有深度的新闻，说明中国传媒可能善于"煽情"而缺乏"理性"，也缺乏相关的专业知识和研究问题的能力。关于疫情的报道大量同题重复，各类媒体间报道方式与内容相互雷同。清华大学国际传播研究中心主任李希光认为：疫情的国内外媒体报道均有一定程度的夸张，以致有"媒体病毒"之嫌，媒体通过"非典"报道，把人对公共健康的恐惧推向了前所未有的高度，现代媒体技术对病毒危险的扭曲、放大，致使恐惧本身成了公共健康中的"另一种公害"。复旦大学童兵教授提出：中国新闻传媒在"非典"前期不仅缺位而且错位，其主要原因是新闻源的垄断和政府信息的不公开。黄旦教授也指出：在2003年4月20日卫生部新闻发布会之后，媒体在报道中时有出现"失度"——过分渲染和煽情。中国人民大学喻国明教授认为：公共卫生事件本身为媒体创造了一个塑造形象、打造公信力的绝妙契机，但为一己私利置公共利益而不顾所造成的不仅是媒体本身公信力的坍塌，由此引起的公众恐慌将让整个社会付出成本[②]。

纵观我国媒体对SARS的报道历程，我们可以分为如下三个阶段：

（1）淡化处理阶段（2003年年初广东疫情扩散至3月底）。

此阶段基本对疫情报道淡化处理，低调报道南方"某省"发生"局部的病情"，强调"谣言止于智者"等内容。同一时期内，有关"非典"的谣言满天飞，由于没有权威的信息发布体制，也没有正确的宣传导向，媒体报道的"非典"信息呈发散状态，公众对信息的极度渴求没有渠道也没有适当的内容去满足。

（2）"有限"报道阶段（4月1日至4月20日）。

这一阶段，媒体对"非典"报道明显增多，但有过于"乐观"的倾向，强调疫病的可治愈性、可控防性。这一阶段的报道内容及观点，不少在下一阶段中被推翻。随着政府对"非典"逐渐承认的态度，媒体也改变了报道风向标，开辟一定的版面和时间来加以报道。但在这一阶段，媒体的功能依然

① 贺文发.突发事件与对外报道[M].北京:中国传媒大学出版社,2008:17-18.
② 杨兴荣.我国突发公共卫生事件报道研究[D].兰州:兰州大学,2011:8.

处于缺失状态，很多事情的真相没有揭露，事实性的报道也不多，更多的注意力分配给了政府的乐观信息。公众的猜疑无法消除，更多的谣言产生。

（3）趋向客观报道阶段（4月20日以后）。

中央对于SARS防治的强调程度提高，张文康等官员被认为是因防SARS工作不力而免职，各界对SARS高度重视，卫生部改为每日公布疫情，媒体报道无论量和质都有明显提高，几乎成为国内新闻的唯一话题。这一阶段的报道，逐步走向理性与客观，在"正面宣传"和"疫病准确报道"间基本实现了平衡。由于大量信息的涌现，相应地出现深度报道、事实性调查、专家访谈等多种形式，公众的需求基本上在媒体上都能得到满足。在这种局面下，虽然社会依然处于非常态地抗击"非典"情况下，但政府、媒体和公众开始回归到最初的三方的动态平衡中，媒体在极大的报道空间中找到了自己的定位和坐标，也能正确地发挥应有的功能，承担起自己本应承担的责任。媒体与政府站在同一立场上，"万众一心，抗击'非典'"，此时三个角色的需求和目标处于高度重合状态，媒体的功能得到极大的张扬①。

（二）报道分析

随着突发公共事件报道的相关法律法规进一步完善，《人民日报》在"危机报道"观念和业务常态化方面都有重要进步。《人民日报》将突发公共事件报道放在了更加重要的位置，更加注重报道的及时性、透明性、丰富性、导向性。在2003年"非典"危机、2005年我国部分省区爆发的禽流感疫情、2007年山西"黑砖窑"等重大突发公共事件中，《人民日报》通过连续报道、深度报道、开设专题等形式，有效介入了突发公共事件，加强了对其处理和应对的工作，履行好了沟通危情、传递信息、抚慰协调、社会动员等功能。尤其是在扩版和出彩版之后，更为突发公共事件在报道的版面设置及丰富性等方面提供了重要支撑②。

"非典"作为这一阶段具有代表性的重大突发公共卫生事件，充分体现了这一阶段的特点。

---

① 赵忠.重大突发事件新闻报道研究[D].青岛：中国海洋大学，2011：25.
② 童婷婷.改革开放以来《人民日报》突发事件报道研究[D].重庆：西南大学，2014：28.

1. 报道数量

"非典"前期的2月至3月，由于最初对于疫情没有足够的认识及担心给社会带来负面影响，所以，媒体对于疫情没有及时报道，处于"集体失语"状态。《人民日报》2月12日发表了第一篇有关非典型肺炎的报道，题为《广东省部分地区出现非典型肺炎／专家指出只要预防得当不必恐慌》，然后《人民日报》在2月21日竟还有一篇这样的新闻评论，题为《谁最应反思——评"非典型肺炎"风波过后的舆论反思》。终于，4月3日，《人民日报》在第2版发表了两则消息：《我国卫生部与世界卫生组织进行有效合作》和《卫生部部长张文康关于防治非典型肺炎答记者问》，打破了权威媒体沉默的僵局。同日，中央电视台也在《新闻联播》中报道了《国务院新闻办就防治非典型肺炎举行记者招待会》新闻。全国各大媒体均在显要位置转载该文。该文首次通报全国疫情，提出把"非典"作为全国大事来抓。

表7 《人民日报》"非典"报道数量一览

日期	报道数量（篇）
2月10日—2月21日	2
2月22日—3月4日	0
3月5日—3月15日	0
3月16日—3月26日	0
3月27日—4月6日	15
4月7日—4月17日	61
4月18日—4月28日	143
4月29日	17
4月30日	16

从表7中可以看出，整个2月到3月中旬，《人民日报》总体上处于失语和半失语状态。一直到3月26日，新华社发表了第一则关于"非典"的权威信息，即《北京输入性非典型肺炎得到有效控制》。从3月27日开始，《人民日报》对于"非典"报道的关注度和报道量稳步上升，一直到4月20日那一周，"非典"的报道量达到顶峰。之后，报道量缓缓下降。

2. 报道体裁

《人民日报》"非典"报道体裁见表8。

表8　《人民日报》"非典"报道体裁一览

体裁	报道数量（篇）	所占比重
消息	88	34.6%
通讯、特写	58	22.8%
评论	30	11.8%
图片报道	38	15.0%
深度报道	6	2.5%
典型报道	15	5.9%
连续报道	9	3.5%
其他	10	3.9%
总计	254	100.0%

在这254篇报道中，消息、通讯和特写仍然是报道体裁的主体，共占比为57.4%。同时，在这一阶段的报道中，报道的体裁逐渐多样化，出现了深度报道。典型报道和连续报道的比例也有所增加，满足了受众多样化的信息需求。特别是新闻评论增长比例较大，占比为11.8%，其作为《人民日报》的一大优势日益凸显。

3. 报道主题

《人民日报》"非典"报道主题见表9。

表9　《人民日报》"非典"报道主题一览

主题	报道数量（篇）	所占比重
疫情基本情况	25	9.8%
救治防治情况	36	14.2%
领导会议、慰问、视察	24	9.4%
政府措施和行为	93	36.6%
病患情况	13	5.1%
医护人员及专家建议	50	19.7%
其他	13	5.2%
总计	254	100.0%

这一个阶段的报道较上一个阶段而言，报道主题更为丰富，包括疫情基本情况，救治防治情况，领导会议、慰问、视察，政府措施和行为，病患情况，医护人员及专家建议和其他等七个方面。表9数据显示：政府措施和行

为仍然占据了最大比重，占比为36.6%。这体现了《人民日报》作为党报的角色，充分发挥了政府喉舌的宣传职能，在突发公共事件中充分履行了舆论引导的作用。值得注意的是：这一个阶段的报道主题逐渐丰富，特别是对病患、医护人员及专家的关注上升，分别占比为5.1%和19.7%。这体现了《人民日报》的关注中心越来越以人为本，不再仅局限于事件本身，也逐渐关注事件中的人的状态。

4. 报道立场

《人民日报》"非典"报道立场态度见表10。

表10　《人民日报》"非典"报道立场态度一览

立场态度	报道数量（篇）	所占比重
积极、正向、赞扬	105	41.3%
客观、中立	147	57.9%
消极、负向、批评	2	0.8%
总计	254	100.0%

从表10中数据可以看出，客观、中立以及积极、正向、赞扬的报道共占比99.2%，占到了绝大多数。其中，客观、中立的报道比例为57.9%，较上一个阶段明显上升；积极、正向、赞扬的报道比例为41.3%，较上一个阶段明显下降。这也可以看出，《人民日报》的报道风格越来越趋于客观报道，信息也更加真实客观。

（三）报道特点

1. 报道内容丰富，体裁多样

相较"建章立制"阶段的报道内容不够丰富、形式比较单一的特点，此阶段无论是在内容，还是在形式上都有了新的突破和发展。在内容上，虽然政府措施和行为依然占有较大比重，但包括疫情基本情况、病患情况、救治防治方法、专家建议等议题在内的报道大幅增多。报道内容的丰富性，既符合宣传政府措施、弘扬抗"非典"精神的大方向，又满足了公众对于突发公共事件信息的多样化需求。如4月22日的《卫生部4月21日全国非典型肺炎疫情通报》及时有效报道了"非典"确诊病例、治愈、死亡等基本情况，将疫情信息准确传达给受众，避免谣言滋生；4月24日的《提高自我保护意识和能力》向公众介绍了防治"非典"的一些自我保护方法，以求不断增强公众的防"非典"意识；4月30日的《应对危机：营造积极健康心态，构筑坚固心理防线》，通过对精神卫生和心理治疗专家的采访，告知受众如何在抗"非典"过程中，构筑坚强和健康的心灵。

在体裁上，本阶段呈现多样化的特点，包括消息、通讯、评论、连续报道、典型报道、深度报道等多个新闻体裁，同时开辟了《预防保健之窗》、《每日疫情通报》、《奋战在抗"非典"第一线》、《众志成城战胜疫病》等13个专栏。值得关注的是，报道中有关抵御疫情的科普性文章数量有所增加，为全国人民做了一次了良好的科学知识普及。

报道体裁和形式上的多样化、丰富化，更易增强公众对事件的关注度和可信度，也更能营造全国人民积极抗"非典"的良好氛围。而在各类报道体裁中，特别加大了对医护人员的典型报道，以此客观真实反映救治情况，赞扬医护人员的尽职尽责、无私奉献，加强全体人民抗战"非典"的信心。如《用生命谱写的英雄赞歌——记在抗击"非典"中以身殉职的人民的好医生邓练贤》，介绍了邓练贤不避艰险、不怕牺牲的奉献精神，表达了人们对他的哀思和敬意，更号召大家能众志成城、团结一心，战胜病魔。又如《抗击"非典"让我们共同面对》，从父母、爱人、患者、社会等多个角度出发，向公众展示了战斗在抗击"非典"第一线的白衣战士们恪尽职守、舍身忘我的高尚情怀和赤诚奉献的精神。

2. 报道主动性、积极性、贴近性增强

《人民日报》对"非典"的报道，虽经历了前期的失语期，但在4月20日之后，报道的主动性和积极性极大提高，《人民日报》大量记者进入抗"非典"第一线，进行现场新闻的采集和报道。报道数量和质量的提升，不仅使《人民日报》在"非典"的报道中获得了广大读者，更为今后突发公共事件报道在主动性和积极性上的提高奠定了基础。

在贴近性上，《人民日报》对"非典"的报道，充分报道了党和政府在抗"非典"战役中的决策和领导，充分报道了抗"非典"战线中的英雄人物和感人事迹，充分报道了全国人民战胜病魔、众志成城、团结一心的抗"非典"精神。报道无论是在内容上还是文风上，都既体现了权威性、大局性、严谨性，又体现了感染力、吸引力、可读力。如《危难中，我们众志成城——全国人民齐心协力抗击"非典"纪实》一文，虽然写的是大事件，但却从细节着手，很好地体现了报道权威性和贴近性的融合。

3. 发挥评论优势，引导舆论

评论是报纸的一面旗帜，是报纸的思想导向。《人民日报》在"非典"报道中，充分发挥了自身的评论优势，阐释了党和政府抗击"非典"的方针举措，弘扬了抗击"非典"的奉献精神，增强了团结一心战胜病魔的决心。通过大量评论文章的刊登，不仅能及时抢占舆论制高点，掌握话语权，还能通过深入的剖析、鼓舞的语言、严密的逻辑、正确的观点，提升报道的感染力和说服力，增强公众抗击"非典"的信心，有效传播正能量。

如，经验证明：人类不会被困难所打倒，坚强的领导、坚强的意志、坚强的信心和坚强的毅力，是我们战胜"非典"疾病的强大力量[1]。坚强，谣言就会止步；坚强，恐慌不再蔓延；坚强，心理就趋于稳定，增强战胜"非典"的信心。反之，不仅于事无补，随着疫病的传染，还会向社会传播惊恐、焦躁等非理性情绪，甚至扰乱正常的社会秩序[2]。还有4篇评论员文章《在抗击"非典"斗争中弘扬和培育民族精神》、《万众一心众志成城》、《团结互助和衷共济》和《迎难而上敢于胜利》，深入论述了在抗击"非典"斗争中，弘扬和培育民族精神的重要性、必要性，在社会上引起广泛、积极的舆论影响和正面号召[3]。

第六节　全面深入、注重时效阶段（2008年至今）

一、总体描述媒体报道特点

该阶段总体描述媒体报道特点与上一阶段相近，主要有以下几个方面。

第一，多种体裁相互结合，优势互补。此阶段在报道形式上改变了过去消息一统江山的局面，通讯、评论特别是照片的运用比例均有所增加。《人民日报》在汶川地震的报道中，消息所占的比例仅占40.6%，图片类、通讯、评论所占比例分别高达24.9%、25.4%和4.3%。多种报道体裁相互结合，优势互补，共同促进了报道质量的提高。

第二，时效性进一步增强，受重视程度继续上升。此阶段的灾难新闻报

---

① 刘汉俊. 面对"非典"，让我们更加坚强[N]. 人民日报，2003-04-25(4).
② 本报评论员. 众志成城　战胜疫病[N]. 人民日报，2003-04-26(2).
③ 童婷婷. 改革开放以来《人民日报》突发事件报道研究[D]. 重庆：西南大学，2014:26.

道当日见报和第二日见报的比例较前一阶段继续有所上升。同时采用"近日"、"日前"等模糊的时间表述的报道比例有所下降。越来越多的报道开始能够刊登到头版上，有许多还被作为头版头条。

第三，注重灾前预防和灾后反思。一是以灾前预防为主题的报道大量增多；二是以灾难处理和反思为主题的报道也有所增多。

第四，追求"人性化"报道。对政界人士的报道，突破先前"行程＋讲话＋鼓励"的模式，开始注重对人物具体动作和语言的描述，使其变得可亲可敬；对救援人员的报道，把"神"还原成了"人"，通过对其具体的动作、语言的描写，展现人物脆弱而坚强的复杂心理；对受灾群众的报道，不再对其漠视或是忽视，也不再将其作为报道救灾的背景和陪衬，而是注重对其进行生动、细致的刻画，使人物读来栩栩如生，更加生活化，也更具个性色彩。

第五，自主报道为主。绝大多数报道均为《人民日报》记者自主采写而成，特别是在汶川地震的报道中，自主采写的稿件比例更是高达78%。一方面，表明《人民日报》没有依赖新华社，试图通过自主报道形成本报特色和风格；另一方面，也说明此阶段的新闻政策进一步宽松，各媒体舆论一律编发新华社通稿的时代一去不复返①。

二、案例分析：《人民日报》2008年汶川地震报道研究

（一）事件回顾

汶川地震是新中国成立以来影响最大的一次地震，震级是自1950年8月15日西藏墨脱地震（8.5级）和2001年昆仑山大地震（8.1级）后的第三大地震，受灾地区达10万平方公里。这次地震危害极大，共遇难69 227人，受伤374 643人，失踪17 923人。其中四川省68 712名同胞遇难，17 921名同胞失踪，共有5 335名学生遇难，1 000多名学生失踪，直接经济损失达8 452亿元。

从某种意义上讲，"新闻是一种力量"，大事件必有大新闻，大新闻必有大力量。尤其是在重大突发公共事件的发展过程中，媒体的力量是强大的。在汶川地震发生之后，中国传媒打破了传统的报道思维，形成了一种媒体合力，这种合力透过报道的每一个细节、每一个角度、每一个现场事件、每一个具体的

---

① 刘晓波.改革开放以来我国灾难新闻报道流变研究——以《人民日报》为例[J].采写编,2013(4)：19-20.

人、每一个打动人心的故事、每一个令人难忘的瞬间传递给受众。随着中国新闻事业的飞速发展和大众媒介素养的提高，大众对传媒的期望越来越高，传媒身上担负的使命也越来越重。在大灾大难面前，中国媒体以其不凡的实力，赢得了目标受众的支持，赢得了国外同行的赞誉，赢得了国家和政府的好评。汶川大地震发生后的第一时间，电视、广播、报纸及网站成为引导舆论、报道灾情的中坚力量。中央电视台、中央人民广播电台、人民网、新华网、新华社、《人民日报》等主流媒体采取快速的反应速度和不间断直播、报道的模式，既体现出主流媒体在信息传播方面的话语主导权，更为国家和政府采取进一步救援提供了真实可靠的信息，主流媒体的责任和功能充分地体现了出来。媒体对抗震救灾的总结报告中显示，汶川地震发生后两个半小时，《人民日报》、中央电视台第一路记者数十人踏上了奔赴灾区的路途；震后的数十个小时，新华社从总社及各地先后出动了16路记者，分头向灾区中心进发；《解放军报》紧急从七大军区和军兵种记者站抽调采编人员，赶赴抗震救灾前线；中新社当天组织起以灾区分社记者为主的10余人前方报道组，赶赴灾区……没有人能够准确统计出，在2008年5月12日这一天，以及在此后的数天中，全国共有多少名记者紧急赶赴灾区。全国各地的媒体在哀悼日这一天给予最肃穆的报道，所有报纸都用黑色报头，停播一切娱乐节目和活动、体育赛事和任何形式的广告，所有网站页面一律变成了黑白色，停止一切游戏项目和互动栏目，给死者最高尊重，给生者最大抚慰。这也是中国媒体面对重大突发公共事件一次全新的尝试，给死者以缅怀，给生者以安慰[①]。

（二）报道分析

1. 报道主题

《人民日报》汶川地震报道主题见表11。

表11　《人民日报》汶川地震报道主题一览（震后30天）

主题	报道数量（篇）	所占比重
灾情报道	154	9.3%
救灾报道	1 076	64.7%
人道主义关怀	105	6.3%
灾后反思重建	328	19.7%
总计	1 663	100.0%

[①] 李倩. 央视近十年公共突发事件报道研究[D]. 太原:山西大学,2010:15.

本文按照"灾情报道、救灾报道、人道主义关怀、灾后反思重建"四大主题，对《人民日报》汶川地震报道进行了梳理，发现了救灾报道仍占最大的比例，达到了64.7%，这其中既包括了政府行动，还包括了国际救援、灾民自救、志愿者救援、军队救助等。此外，媒体通过地震的报道对社会力量进行了有效的动员，民间力量广泛履行社会责任，积极捐款捐物。党政机关、国际组织和外国政府、社会团体举行的各种悼念活动也在新闻报道中占到了一定比例，政治宣传意味大为淡化。而且在报道中出现了纯粹的灾情实录，这在之前的报道中是未曾出现过的。信息量很大，时效性很强，灾区普通民众的生存状态也受到了高度关注，这与之前我国对于重大灾难事件的处理方式有着天壤之别。

2. 报道内容

报道内容，也就是新闻报道中的主要事件。媒体在灾难新闻中报道什么，以什么样的态度和形式进行报道，直接影响到社会公众对灾情的了解程度，进而导致不同的社会舆论，也会对政府的决策产生很大影响。通过对报道内容的考查分析，我们也能看出媒体在报道中所包含的信息含量，从而推断其基本的价值取向[①]。

表12　《人民日报》汶川地震报道内容一览（震后30天）

内容	报道数量（篇）	所占比重
具体灾情	393	23.6%
抢险救灾	449	27.0%
地震影响	45	2.7%
心理抚慰	94	5.7%
捐赠	136	8.2%
救灾科学知识	34	2.0%
海外救援	65	3.9%
灾民安置	43	2.6%
典型人物事迹	79	4.8%
救灾物资监管	47	2.8%
哀悼遇难活动	21	1.3%
其他方面	257	15.4%
总计	1 663	100.0%

[①] 李政. 我国灾难报道研究——以通海、唐山与汶川、玉树四次地震报道为例[D]. 西安:陕西师范大学,2012:25.

从表12的统计结果我们可以看出，《人民日报》在汶川地震报道中，虽然抢险救灾仍是其主要报道内容，达到27.0%，但《人民日报》对于具体灾情、灾民安置、心理抚慰、海外救援以及救灾物资监管等方面的报道也大量出现。对于具体灾情的内容也较多，达到23.6%，仅低于抢险救灾的报道数量。这说明，《人民日报》在这次地震中的报道内容是比较全面的，也更为贴近灾区人民以及公众的生活，可喜的是在报道中还出现了关于心理抚慰和救灾科学知识的专题报道，这是以往我国媒体在灾难报道中没有过的，这对于满足公众知情权，增强民族凝聚力以及维护政府和媒体的公信力具有重要意义。

3. 报道体裁

在2008年的汶川地震报道中，《人民日报》一个月报道的消息数量就远远超过对唐山地震一年的报道总数。可见，与20世纪70年代相比，我国媒体在灾难新闻报道方式上产生了巨大变化，即及时、准确地向公众提供灾情信息，并不断进行跟踪式的全程报道，为政府救援、决策提供信息支持。

表13　《人民日报》汶川地震报道体裁一览（震后30天）

体裁	报道数量（篇）	所占比重
消息	675	40.6%
通讯	422	25.4%
新闻评论	72	4.3%
深度报道	68	4.1%
专访	11	0.7%
图片、漫画、图表	415	24.9%
总计	1 663	100.0%

从报道的数量上看，《人民日报》运用通讯对汶川地震报道量最大，为422篇。有资料显示，唐山地震中虽也有数量不少的通讯报道，但绝大多数都是为了政治宣传需要树立的各种典型人物，而在1970年的通海地震中，则未见任何通讯报道。从比例上看，《人民日报》运用通讯对唐山地震和汶川地震报道的比例大致相当，分别为26.6%与25.4%，略高于通海地震报道。只不过20世纪70年代的通讯报道，注重宣传，凸显人的"革命大无畏精神"，而新时期的通讯报道，则注重故事性、人情味和感染力，表达"爱是共同的语言"这一主题。

新闻评论是媒体对当前具有普遍意义的事件或社会问题表达意见、态度的重要体裁，往往具有鲜明的立场和独树一帜的语言风格，最能体现出媒体的社会舆论引导方向。数量上看，唐山地震中的新闻评论仅为11篇，比例为10.1%，基本都是《红旗》杂志发表的短评和本报社论。《人民日报》发表的社论《英雄的人民不可战胜》（8月9日头版）中，把新闻严重政治化，大多是发扬"人定胜天"和"一不怕苦、二不怕死"的"革命乐观主义精神"以及"千万不要忘记阶级斗争"的空洞政治口号。而在2008年汶川地震报道中，《人民日报》一个月发表的新闻评论数量达到了72篇，包括大量的社论、时评、短评以及网友寄语、记者手记等。另外，中央电视台等媒体也不间断地播出新闻评论节目，旗帜鲜明地进行"设置议程"，引导正确舆论。网络媒体更成为公众发表个人观点的最佳平台。同时，与20世纪70年代灾难新闻报道中深度报道领域的空白相比，我国主流媒体纷纷开设"抗震救灾特刊"，对地震灾区人民的生活状况、灾后重建、国家救援力度以及民族精神进行了深入报道，使社会公众真实地看到了灾区惨状和政府的积极作为，极大地增强了民族凝聚力。

在通海、唐山地震报道中，没有涉及任何的专访介绍，这与当时我国严格受控的社会舆论环境不无关系。在汶川地震报道中，出现了一定数量的访谈报道，主要针对地震科普常识、疾病预防、灾后生活注意事项以及人们的精神心理健康等问题，通过专家连线、现场访问的方式进行报道，也有网友与专家通过网络互动等。如2008年6月6日第11版的《伟大民族在抗震救灾精神斗争中升华》，2008年5月27日第5版的《地震速报是不是地震预报——访中国数字地震观测网络工程副总工程师陈会忠》等。

新闻图片是一种视觉新闻，具有直观、形象化的特点。从数量上看，《人民日报》在一个月之内共刊登关于唐山地震的新闻图片65幅；从图片内容来看，唐山地震发表的图片新闻绝大多数是反映工农阶级热火朝天"抓革命、促生产"的场景，显示出"整个灾区一派团结斗争的革命景象"。而在后来的地震报道中，媒体把灾区的惨象、广大军民在废墟上救助被困人民的情形、国家领导人在抗震救灾第一线指挥的场景，都通过新闻图片、电视画面的方式形象、直观地展示了出来，极具震撼力。同时，我国的电视、网络媒体也发挥直播优势，开设特别直播节目，大量运用镜头特写以及富有感染力的画面细节增强新闻信息含量，这些都是20世纪70年代的灾难新闻报道中所无法比拟的，体现出新时期我国媒体报道方式的多样化。

4. 报道立场

报道立场是媒体的自主权力，是指新闻媒体对报道角度的选择，即新闻媒体对新闻事实的切入点或理解角度。一般包括肯定或赞扬的正面报道，对新闻事实的客观中立叙述以及负面批评，不同的报道立场能够反映出新闻媒体对事件不同的感情色彩和倾向性。

表14 《人民日报》汶川地震报道立场态度一览（震后30天）

立场态度	报道数量（篇）	所占比重
正面	1 045	62.8%
中立	618	37.2%
负面	0	0
总计	1 663	100.0%

从表14中可以看出，《人民日报》汶川地震报道以积极、正面的报道为主，比例达到了62.8%，中立的客观的报道达到37.2%，没有消极的负面报道。这也体现了《人民日报》秉持着党报的角色，在灾难事件中充分履行其党和政府"喉舌"的重要职责，具有鲜明的立场。

5. 新闻来源

现代社会是一个信息社会，社会公众对重大事件的信息传播与沟通表现出前所未有的关注。新闻报道的信息来源，就是原始信息最初的传播渠道，它能够直接体现出媒体自身的权威性、公信力以及国家的新闻政策。从一定程度上讲，信息来源和传播渠道是单一性还是多样化，也是考量一个媒体甚至是一个国家民主与文明程度的重要标志，这在重大突发性灾难事件的报道中表现得尤为明显。

在汶川、玉树地震灾难报道中，由于媒介市场的激烈竞争以及国家政策上的充分保障，从中央到地方的各大媒体纷纷出动，大量的记者深入灾区第一线进行实时实地采访。此外，报纸、电视、广播以及网络实行跨媒体联动，相互配合以共享信息资源，产生了强大的新闻生产力，在新闻传播中扮演了重要角色。如《人民日报》在对汶川、玉树地震报道中，既有新华社等中央媒体记者采写的新闻稿件，也有"网友寄语"、"记者手记"等板块，把自己的经历见闻及时予以传达，甚至有大量的国外媒体也获准进入灾区获取新闻线索。如此多样化的信息资源让社会公众对灾情有了一个真实的、全方位的认知，也充分展示了我国日渐开放的舆论环境以及政府在危机公关中的高度自信。

6. 报道主角

一般来讲，报道主角指的是新闻媒体在新闻事件报道中涉及的不同利益群体。根据新闻报道中活动人物的主体身份，可分为党政官员及政府机构、社会团体及学术机构、国际组织及外国政府、救灾典型人物、受灾群众以及一般个人等。不同的关注视角或者议题框架能体现出媒体不同的新闻价值取向，而人性化、个性化的报道，则是新闻报道具有吸引力和感染力的灵魂所在。

表15 《人民日报》汶川地震报道新闻主角一览（震后30天）

新闻主角	报道数量（篇）	所占比重
受灾群众	237	14.2%
党政官员及政府机构	394	23.7%
国际组织及外国政府	181	11.0%
救灾典型人物	197	11.8%
社会团体及学术机构	46	2.8%
一般个人	77	4.6%
其他	531	31.9%
总计	1 663	100.0%

在汶川地震报道中，新闻主角仍然以党政机关和政府机构为主，比例为23.7%，但受灾群众也受到了特别的关注。如《人民日报》连续十余天开设"抗震救灾特刊"，用整版的篇幅对灾情进行立体式的跟踪报道；报道视角上由政府部门逐渐向受灾群众平衡，更加关注平民的生存状态，这一比例达到了14.2%。另外，救灾典型人物和社会团体机构的表现也受到了大量关注，比例为11.8%，但关注程度依然低于党政机关的新闻主角。总体上看，《人民日报》报道的主角集中在官方行为上，但视角上比以往更加开阔。

（三）报道特点

1. 时效性和透明度增强

新闻是易碎品，时效性更是新闻的生命，尤其是发生重大的具有负面影响的突发公共事件时更是如此。

《人民日报》在汶川地震发生后，迅速及时地给予了全方位报道，始终掌握着灾情发布的话语权，争取了舆论的主动，时效性得到空前的提高和进步。

在5月13日的报刊中，关于汶川地震的报道多达12篇，其中头版中就包含4篇。其内容也是涵盖了政府措施、领导视察慰问、受灾情况、捐款救援情况等各方面。在头版报眼位置刊登了《四川省汶川县发生7.8级地震，胡锦涛作出重要指示，要求尽快抢救伤员，确保灾区人民群众生命安全，温家宝赴灾区现场指挥抗震救灾工作》的地震新闻。同时，还在头版头条位置发了题为《全面部署当前抗震救灾工作》的报道，并在头版的版心位置刊登新华社配发的图片新闻《温家宝抵达四川指挥抗震救灾》，报道了政府第一时间针对地震所采取的措施，稳定了社会秩序。我国媒体在第一时间对地震新闻进行报道，也及时传达了党和政府的声音。

另外，此次《人民日报》对汶川地震的报道，在透明度和公开性方面也得以提升。汶川地震发生后，《人民日报》第一时间派记者前往一线进行现场报道和信息的深度挖掘，走出了过去突发公共事件统一口径的报道模式。报道中对死亡人数、失踪人数、受伤人数、灾害损失等相关情况实时更新、及时关注，充分满足了受众对地震破坏程度的了解，充分保障了受众的知情权，大大提高了媒体的公信力和影响力。

2. 更加注重人文关怀

人是社会历史发展的主体，媒体在灾难报道中能否体现"以人为本"的理念，是衡量一个媒体甚至是一个国家、社会文明程度的重要标志。在已往对突发公共事件的报道中，包括《人民日报》在内的主流媒体过分强调"正面"效应，在一定程度上忽视了对突发公共事件本身的关注，以及对事件中当事人的报道，最终影响了公众的信服度和媒体的公信力。

在汶川地震后，各大媒体迅速对温总理在地震发生数小时后立即飞赴灾区进行了报道，《人民日报》第二天在头版刊登了《温家宝抵达四川指挥抗震救灾》的新闻，并配发了一幅温总理站在都江堰市一所学校的废墟中，透过缝隙向被埋在里面的人喊话的图片。作为中共中央机关报，《人民日报》这样的版面安排充分体现了政府和媒体对人的生命、尊严和价值的高度关注。

《人民日报》在汶川地震报道中，将关注重点放在了地震事件本身，通过对具有人情味的细节捕捉，通过人文关怀的主题报道，将对生命的坚守和敬畏融入报道，正确引导舆论，引发了公众的共鸣，增强了报道的信服力和现场感。如：

青川县人武部部长袁世聪……当他得知自己的母亲和侄女被埋家中后，三次路过她们被埋现场，却都因紧急任务无法停留，最终她们都在地震中去世了。过去七天了，想起两位亲人，他还是内疚不已，泪流满面[①]。

桂凤林的书包里，放着一个崭新的铅笔盒、一张印着英汉双语的纸、一个作业本和一张"救助证"。作业本上，桂凤林画了一幅画：一个个长着翅膀的小人，细长的线条代表着手臂和手，手和手之间连着。"这些手就是我们大家的手，老师说，我们要手牵手，互相帮助。"[②]

从这些具有真情实感的描述，我们不难发现，《人民日报》将落脚点放在了对"人"的心理和情感的关注上，在社会中引起了强烈的反响，给全国人民以极大的鼓舞，这就是对人文关怀理念最好的诠释。

3. 报道更加全面和深度

《人民日报》在汶川地震报道中，报道更加全面了。开设了抗震救灾特刊，在版面设置以及人力配置等方面为报道给予了充足保障。特刊涉及面广，内容丰富，形式多样。内容上包含了震区基本情况、救援情况、灾民生活状况、灾区复苏重建、抗震知识、救灾物资使用、对灾难反思和认识等各个方面，形式上包含了消息、典型报道、诗歌、评论、一线日记等。

在深度上也有所拓展，《人民日报》也在报道中运用了连续报道、深度报道、专题报道、典型报道等形式，对事件的发展过程进行全程跟踪，将地震报道向纵深方向发展，多角度、多侧面、全方位地展现了事件的全貌，满足了受众的知情权。

4. 加大与新媒体融合

加拿大著名传播学者马歇尔·麦克卢汉曾指出："媒介的交叉和混合，就像分裂和融合一样，往往能释放出新的巨大能量。"由于多媒体技术和互联网的迅速发展，媒介形态趋于丰富，传统的传播方式和媒体格局发生巨大变化，"融合新闻"在全球逐渐形成大潮流。在新媒体时代，融合发展是新旧媒体的共同需要，新媒体的传播内容需要真实、权威，而这恰恰是传统媒体的优势所在；相反，传统媒体需要快速、便捷到达终端，即读者面前，这又恰

---

① 陶明.人武部长的内疚　三次路过亲人被埋现场没停留[N].人民日报,2008-05-20(9).
② 王伟健.绵阳九洲体育馆卫生条件比村里好[N].人民日报,2008-05-24(7).

恰是新媒介的优势①。因此要想实现突发公共事件传播的效果最大化，就必须在新形势下，加大传统媒体与新媒体的融合。

《人民日报》在汶川地震的报道中，就加强了和新媒体终端——人民网的融合，充分利用了新媒体的便捷性、交互性、及时性，将灾情第一时间在人民网公布，并实时追踪报道。《人民日报》与人民网进行有效补充和互动，积极采集和分析地震事件的网络舆情和公众意见。利用纸媒的公信力和权威性，将人民网上的相关地震信息进行专业化、专题化、深度性、原创性的报道，提高报道水平和内容的含金量。总之，一方面，《人民日报》以强大的舆论影响力引导人民网的报道基调，使之更趋主流和理性；另一方面，人民网以新媒体的技术特性弥补了《人民日报》在时效性等方面不足，丰富了议程设置内容，强化了传播效果②。

（四）《人民日报》2008年汶川地震报道的不足之处

1. 图片处理欠妥

图片在灾难新闻报道中起着独特的作用。图片传播信息的效果应分为两个层面：一个是信息层面，一个是超越信息的层面即社会学或伦理学的层面③。在灾难中，人们往往经受着身体和心灵的双重折磨，刊登过多视觉冲击力巨大、画面血腥恐怖的照片，容易引起阅读者的负面心理反应，影响整个社会的心理健康。相反，在悲伤气氛的笼罩下，有时一幅充满人性美的图片可以在绝望中传达出希望，用心体验灾难中复杂多变的生命感受。此次《人民日报》在报道过程中图片报道可圈可点，但是图片大都展现灾情残酷和救灾的过程紧张，以及领导人慰问的老套图片，其中关于笑容、祈祷、希望的报道相对较少。据统计，震后一周的时间内，《人民日报》表现爱心与希望等人性美的报道不足15篇，图片形式过于模式化。事实上，从细节上展示对生命的关怀和赞扬，有时远比轰轰烈烈的报道更有种坚定的力量。

另外，《人民日报》在哀悼日的图片报道处理上欠妥。5月19日至21日国务院规定为全国哀悼日，在这个举国皆痛的日子，为表达人们对四川汶川地震遇难同胞的深切哀悼，各大媒体第一时间将版面调整为黑白色。但是，

① 赖祯黎. 浅谈融媒时代的突发事件报道[J]. 新闻传播,2010(7):127.
② 童婷婷. 改革开放以来《人民日报》突发事件报道研究[D]. 重庆:西南大学,2014:25.
③ 汤瑜. 新闻图片的悲剧处理——汶川大地震图片报道探析[J]. 青年记者,2008(12月下):61-62.

《人民日报》在19日当日虽然在版面的整体调色上是灰白色，但报纸所配发的照片却有彩色的，这与当时沉痛的社会氛围十分不协调。作为中央级的党报，应该在版面上更加突出肃穆和默哀的气氛，以显示出国家对此次灾难的重视，起到悼念死者的作用。但是，《人民日报》除了在报头上有所变化，突出强调了哀悼日之外，版面和平时没有其他任何大的改变。与其他在版面上处理较好的地方报纸相比较，《人民日报》的处理略显不妥。

2. 部分信息公布不及时

5月18日，中国地震局将汶川地震震级从7.8级修订为8.0级，认定"5·12"大地震的震级为8.0级，但《人民日报》自始至终未作更正或更新，对外公布的数据一直是7.8级，作为发布权威信息的党报，在这点上未免显得不够严谨。

除了对地震震级的报道不准确外，此次地震的系列报道以四川受灾地区为主，而同样受灾的陕西、甘肃在第一时间报道甚少。陕西、甘肃部分地区此次地震受灾也非常严重，但媒体主要兵力集中在四川，《人民日报》在一个月的报道中提及陕西、甘肃不过20多处；而且，报道宝成铁路的内容有十几条，而反映陕西、甘肃的救灾、灾民安置的报道不超过5条；因为媒体没有及时报道，使得这些地区的救灾进展迟缓①。

纵观此次大地震报道，《人民日报》在这次灾难性报道中虽有不足之处，但在《政府信息公开条例》施行的背景下，在这场空前的大灾难突然来袭的状况中，还是发挥了党报媒体应有的影响力，在信息报道公开透明、舆论引导、报道方式、人文关怀等各个方面都获得了来自国内外的一致好评。《人民日报》也通过这次灾难性新闻报道经受了《政府信息公开条例》施行以来的第一次考验，公开透明有力的抗震救灾报道，将成为中国媒体在突发公共事件报道中新的里程碑。相信经过磨炼，《人民日报》会越来越走向成熟，中国的媒体会越来越走向成熟②。

---

① 万静. 甘肃武都"内伤"：最缺的还是帐篷[N]. 南方周末，2008－05－29(13).
② 宋滢.《人民日报》近十年灾难性新闻报道研究[D]. 乌鲁木齐：新疆大学，2009：5.

第四章 我国突发公共事件报道的历史变迁综述及意义

第一节 突发公共事件报道的变迁轨迹综述

一、报道理念的变迁

（一）从信息控制到信息公开

1976年7月28日，河北唐山发生了大地震。7月29日，《人民日报》采用新华社的通稿，标题为《河北省唐山、丰南一带发生强烈地震，灾区人民在毛主席革命路线指引下发扬人定胜天的革命精神抗震救灾》。整篇报道几乎全在叙述灾区人民是如何不畏艰险，如何在毛主席、党中央以及各级领导的关怀下和灾难做斗争。而关于新闻的硬要素，如地震破坏的情况、伤亡的人数、波及的范围、可能的后果、人们的生活状况等信息，基本是忽略的。

直到1979年11月17日至22日，即"文革"结束后的第三年，在我国地震学会召开成立大会时，才首次披露唐山大地震的具体死亡人数。《人民日报》第二天刊登会议新闻《一九七六年唐山地震死亡二十四万多人》。至此，唐山大地震的死亡人数才算公之于众。

这一阶段还有1970年发生在云南通海的大地震，也是直到其30周年祭集会，才解密死亡人数为15 621人。此时，已是2000年1月5日。

这样的报道已经给中国的国家形象造成一定的损害。唐山大地震对外报道的例子被美国大学新闻课上作为"迟到新闻"和共产党国家"封锁新闻"的典型案例加以引用和说教①。

①徐学江. 突发事件报道与国家形象[M]//刘洪潮. 怎样做对外宣传报道. 北京：中国传媒大学出版社，2005：12.

"非典"爆发前期，主流媒体过分强调危机传播中政府的新闻控制，仍然遵循负面信息封锁理念，致使报道陷入被动，不能及时引导舆论。负面信息封锁理念认为，凡是负面信息都是对社会有害的，而公众是缺乏理性和心理承受能力的，负面信息的传播必然会导致社会的混乱和恐慌，所以要尽一切可能防止负面信息在社会上传播，即使不可避免地有一些传播出去，也要把负面信息的量控制到最小范围内①。而事实恰恰相反，包含负面信息的新闻不能经由主流媒体及时地在受众中得到传播，急于知道真相的受众就有可能陷入茫然无序的猜测和漫无边际的等待中，甚至轻易相信流言②。

"非典"时期，在舆论失控的情形下，政府和媒体开始直面危机，逐渐把对突发公共事件的关注作为一种自觉行为。他们逐渐认识到，对公共事件的正面报道和负面报道不应该以危机的内容即正面信息和负面信息来区分，而应该看报道的危机传播效果，若公共事件报道的负面信息能够在受众那里产生良好的社会效应，激发受众的社会责任感和历史使命感，积极地参与到理性应对公共事件的行动之中，同样会起到传统正面报道的社会功效③。2003年4月20日，政府召开新闻发布会部署"非典"防治工作，党中央、国务院明确提出要以对人民高度负责的态度，"如实上报疫情，绝不允许缓报、瞒报、漏报，这要作为一条纪律。对因工作不力、不能准确掌握疫情或有意隐瞒疫情的，要严肃追究地方和部门负责人的责任"。2003年5月9日，国务院发布《突发公共卫生事件应急条例》："任何单位和个人对突发公共事件，不得隐瞒、缓报、谎报或者授意他人隐瞒、缓报、谎报"，"信息发布应当及时、准确、全面"。政府和媒体面对危机观念的转变，促使国内媒体对"非典"的报道进入了一个新阶段。各种媒体纷纷开始全方位、多角度地进行连续报道，及时传递疫情动态信息，大力宣传"非典"防治的科普知识，从而缓解了社会恐慌局势，增强了公众战胜"非典"的信心。

"非典"给政府和媒体都上了生动的一课，面对危机，"捂"和"拖"等信息控制的传播理念，无助于问题的解决，相反只能加重危机的严重程度，损害公众的知情权和监督权，招致公众的不满和抱怨，使政府形象和媒体公

---

① 孙旭培,王勇.不同理念导致不同实践——"非典"报道与禽流感报道的比较研究[J].当代传播,2004(3):44-47.

② 鲍海波,李想.主流媒体对负面信息的有效利用及其舆论引导——以"非典型肺炎"事件的传播为例[J].报刊之友,2003(3):34-36.

③ 熊玮.我国公共卫生事件报道的理念、范式演变与对策研究[D].苏州:苏州大学,2010:24.

信力大打折扣。在此后的几次重大突发公共卫生事件中，如2004年的禽流感、2008年的手足口疫情、2009年的甲型流感、2010年的南京小龙虾事件和蜂虫病以及超级细菌等危机事件中，信息传播都表现出了更为开放的报道姿态，这对政府和媒体有效地进行舆论引导，尽快化解危机，发挥着非常重要的作用[①]。

2008年汶川地震中，虽然灾区人员伤亡严重，社会损失惨重，但社会上基本没有多少谣言传播。这源自于媒体快速公开的报道，使灾情得以全面真实地展现在民众面前，不但减少了信息的不确定性，还有效地控制了社会的恐慌。媒体的报道团结了人心，凝聚了全社会的力量，收到了良好的正面效果。新加坡《联合早报》5月21日的一篇文章中评论说："中国媒体在地震报道中所显示的空前的自由度，也让世界刮目相看，甚至可以说是'地震般的巨变'。"

2008年汶川地震新闻报道之所以受到高度评价，一个根本原因就在于最集中、最全面、最生动、最充分地体现了信息开放的原则，可以说，"5·12"不仅是汶川地震纪念日，也是信息迅速公开的纪念日。

对于党报来说，信息开放的主控者是政府，信息的公开透明并不意味着慌乱，反而有利于政府掌握话语权，进而减少谣言和惊恐现象。如果政府和媒体对灾难信息一味隐瞒和回避，反而会引起公众对灾难真相的追问和猜测，进而可能会演化成政府的责任危机。信息报道的公开透明，会取得民众的信任，增加民众的支持和理解，凝聚民心，这在客观上有助于救灾行动的展开。因此，让信息公开成为一种责任、一项义务、一个惯例、一条准则，是我国媒体尤其是主流权威媒体应该思考的问题[②]。

（二）从宣传为本位到传播信息为本位、人为本位

传播学者德弗勒认为：社会的观念层面、制度层面组成一个总体网络在牵制着大众媒介的产生，媒介的选择本来就是在各种社会系统的制约中进行的[③]。正是由于外部政策、新闻制度、新闻理念等因素的变革，使得突发公共事件的报道经历了从宣传为本位到传播信息为本位，再到人为本位这样的变

① 杨兴荣.我国突发公共卫生事件报道研究[D].兰州：兰州大学，2011：20.
② 宋滢.《人民日报》近十年灾难性新闻报道研究[D].乌鲁木齐：新疆大学，2009：46.
③ 李铁锤，赵平喜.论突发性公共卫生事件的报道[J].新闻爱好者，2008（4）：12.

迁路径。

在1980年以后的"建章立制"阶段，媒体在突发公共事件报道内容和主题上，主要是宣传为本位。这有别于改革开放前"灾害不是新闻，抗灾救灾才是新闻"的正面宣传，此阶段更强调如实报道、如实宣传，展现事件本来面貌。

2003年以后的"积极跟进"阶段，灾难新闻报道内容在广度和深度上不断拓展，呈现出信息开放的局面。且随着民主法制进程的加快和新闻传播事业的变革，公众的知情权受到重视和保障。媒体在突发公共事件报道过程中，也从宣传为本位逐步过渡到传播信息为本位，新闻的客观真实性受到重视，报道内容着眼于事件本身。在报道过程中，力求通过及时性追踪事件发展，全面还原事件真相，深度回归事件本质[①]。

2007年，党的十七大确立了"以人为本"的执政理念，也促使媒体的人本精神和报道的人文关怀不断加强。在2008年以后的"注重时效"阶段，《人民日报》在突发公共事件报道过程中更加注重以人为本位，即报道中融入人文关怀，挖掘人的行动细节和情感心理，将报道的着力点放在关注突发公共事件中人的命运上[②]。以人为本的报道模式，一是人性化报道突破模式化报道，由集体呈现向个体呈现转变，从人性视角还原多元人物的生存状态；二是人性化报道突破官本位报道，打破英雄神化与领袖宣传的迷思，灾难背后的人性光辉得以充分挖掘[③]。这样的特点在2008年的雪灾报道、"5·12"汶川地震报道中，都得到了充分体现。

如《人民日报》对汶川地震的相关报道：

> 谭老师的妻子张关蓉正在仔细地擦拭着丈夫的遗体：脸上的每一粒沙尘都被轻轻拭去；细细梳理蓬乱的头发，梳成他生前习惯的发型。谭老师的后脑勺被楼板砸得深凹下去……

> 马健一边喊着"坚持，坚持"，一边疯了似的用双手刨着水泥碎块。大约几个小时后，小孝廉终于被刨了出来，而马健的双手已经血肉模

① 童婷婷.改革开放以来《人民日报》突发事件报道研究[D].重庆:西南大学,2014:28.
② 童婷婷.改革开放以来《人民日报》突发事件报道研究[D].重庆:西南大学,2014:29.
③ 董天策,蔡慧,于小雪.当代中国灾难新闻报道模式的演变[J].新闻记者,2010(6):21-24.

糊。面对巨大的灾难，埋在废墟下的孩子，在等待救援的同时，也在用勇气和坚毅，传递着生的信心。

这些报道将关注点落脚于普普通通的人，不仅有助于受害者获得新的希望，也能够引发受众感情上的共鸣，有效引导舆论。

（三）以"报喜不报忧"、"假、大、空"到用事实说话

真实是新闻的生命。新闻真实对于新闻的意义无可厚非。"真实是真正新闻的试金石"[1]，我们应"为报道真实新闻而奋斗"，这是新闻传播主体的职责，也是新闻工作者应坚持的职业理念和精神。

突发公共事件的突发性和破坏性都决定着它的新闻价值之大，受众的关注度之高，如果失去了真实性，它也就失去了价值。新中国成立初期，受到当时社会历史条件的限制，为了维护国家稳定、团结，对于灾难性事件，我国政府采取"报忧不报喜，报官不报民"的政策，到"文革"时期，新闻媒体受到"四人帮"的绝对控制，完全沦为了其政治统治的工具，对于灾难新闻，完全是"假、大、空"的报道方式[2]。

改革开放后，新闻媒体坚持实事求是的基本原则，突发公共事件报道开始用事实说话。政府及时主动地公开信息，让公民在第一时间了解事件的真相，避免了谣言的流传，也避免了社会发生恐慌。报道中是否以事实说话，直接影响到收受主体信息需求能否被满足，新闻媒体能否被信任。

如，在2003年"非典"事件前期，媒体就发出了"'非典'疫情已得到有效控制"的虚假消息，这样制造出来的假象不仅没有稳定人心，反而导致了更大的社会恐慌，丧失了公众对政府和媒体的信任。直到真实信息得以公开后，民心才慢慢稳定。可见，真实不仅是力量的源泉，也是新闻发展的动力。作为新闻媒体，不仅要用事实说话，更应该为事实说话。也就是在"非典"之后，我国的灾难新闻报道实现了突破，自此严格遵循新闻的真实性原则[3]。

但是，仍需要注意到"假、大、空"的文风还是偶尔会出现。比如，以

---

① 童兵. 比较新闻传播学[M]. 北京：中国人民大学出版社，2002：85.
② 刘欢. 改革开放后我国灾难新闻报道的转变与突破[D]. 呼和浩特：内蒙古大学，2010：21.
③ 刘欢. 改革开放后我国灾难新闻报道的转变与突破[D]. 呼和浩特：内蒙古大学，2010：22.

《人民日报》为例，作为国家党报，一贯坚持沿用正面报道为主的报道话语，在报道2004年禽流感疫情中，着眼于政府层面的活动，有针对性地选择事实构建政府的正面形象。如以《政府的措施很到位，我们很安心》作为标题，以百姓的言语赞扬政府积极面对禽流感；又如《越是困难的时候，越觉得干部亲》这个标题，赞扬了领导干部在禽流感乃至各种困难中的重要作用。这些报道字里行间充斥着追求宣传效果，塑造政府形象的空洞话语[1]。

二、报道时效的变迁

（一）从滞后性到时宜性

新闻姓新，这句话突显的是新闻的新鲜性。新闻的新鲜性，包括两个方面：一是指新闻所反映的事实要新，要"活鱼"；二是指新闻对新的事实的反映要及时要快，所以新闻界有个习惯说法叫"抢新闻"[2]。

改革开放前，我国对于突发公共事件的报道持谨慎态度，有着严格的新闻政策约束。长期以来形成的是"报喜不报忧"和"内紧外松"的指导思想。在面对突发公共事件时往往也采取封锁消息、瞒报、隐藏等手段，严重缺乏时效性[3]。

在改革开放后的"建章立制"阶段，突发公共事件的报道在时效性上有了大幅改进，但是相关报道仍然严重滞后。如1980年10月29日，北京火车站发生爆炸事件，新华社第二天就及时作了报道，而《人民日报》却未及时对此次突发公共事件作出报道。又如1994年3月31日发生的千岛湖事件，从4月1日到4月17日，中国媒体的所有报道都回避案件本身，把善后工作作为报道重点。直到4月17日案件基本告破，消息封锁才基本解除，《人民日报》才在4月18日刊登消息《浙江公安机关经过17个昼夜的艰苦奋斗，破获了此案》。

（二）从时宜性到时效性

在"积极跟进"阶段，"非典"事件作为新闻传播史上的重大转折，使我

---

① 杨兴荣. 我国突发卫生事件报道研究[D]. 兰州：兰州大学，2011：21.

② 陈霖. 新闻学概论[M]. 苏州：苏州大学出版社，2007：36.

③ 童婷婷. 改革开放以来《人民日报》突发事件报道研究[D]. 重庆：西南大学，2014：26.

国媒体建立起公开、及时的信息传播机制。

在2008年以后的"注重时效"阶段，在突发公共事件报道中，媒体取得了时效性上的主动权，面对事件能够快速作出反应，积极应对和处理。如在汶川地震发生之后，以《人民日报》为例，人民日报社迅速响应，派出记者第一时间进入灾区进行现场报道，在第二天的报纸上就刊发了12篇相关报道。同时，此阶段时效性的提升，更体现在《人民日报》与新媒体的联动和互动上。通过人民网、《人民日报》微博客户端，利用新媒体的传播信息的实时性，受众能够迅速获知信息，并且能够实时更新相关信息。新旧媒体的追踪报道和联合互动，在时效性和全面性上大力满足了受众的知情权①。

三、报道视角的变迁

（一）从政府行为为主到事件为主

在灾难新闻的报道中，大致有三个可供报道的主体：灾难事件本身、灾难的受害者、灾难事件引起的政府或社会反应。媒体怎样选择新闻报道的主体，能够体现媒体的新闻价值观以及其社会功能的发挥状况②。

改革开放前，我国对突发公共事件的报道贯彻的模式基本都是"灾难不是新闻，抗灾救灾才是新闻"，回避基本的灾情，不太关注灾难事件和灾民情况；报道主要的视角集中在政府如何组织救灾，怎样团结民众众志成城，社会怎样一方有难八方支援。在报道中贯彻以正面报道为主的方针，采取仰视的视角塑造政府形象，注重传达党中央、国务院的决策和部署，渲染政府在危机事件中如何努力抢救等行为，还把负面的信息处理成歌颂政府、赞美人性的正面报道，而对危机事件本身及其受害者个体的伤痛往往做淡化处理③。

在改革开放以后，这种情况有了一些好转，报道的视角开始变化，报道的主体开始从政府行为转移到了灾难本身以及受灾民众的受灾情况。比如1987年大兴安岭森林火灾的反思式报道——《记者述评：大自然的惩罚》、《加强护林防火刻不容缓》，这种反思式的灾难报道突破了以往的报道模式，把灾难当做主体，把构成灾难和导致加重灾难的人和社会的关系通过灾难揭

① 童婷婷.改革开放以来《人民日报》突发事件报道研究[D].重庆：西南大学，2014：26.
② 刘欢.改革开放后我国灾难新闻报道的转变与突破[D].呼和浩特：内蒙古大学，2010：20.
③ 杨兴荣.我国突发公共卫生事件报道研究[D].兰州：兰州大学，2011：21.

示出来，明确提出了人与人、人与社会、人与自然的认识灾难的理念，这在当时的新闻界是具有革命性的。此前，灾难新闻报道基本上是报道怎么救灾的，对灾难本身少报道或是不报道①。

（二）从以事件为主到以人为中心

2008年汶川大地震爆发之后，媒体除了把注意力放在对灾难事件本身的报道上，更多的关注灾难的受害者，不仅在报道内容上充分考虑受害者及其家属的感情，而且十分重视受灾后民众的心理重建工作，增强了人们抗震救灾的决心和对政府执政能力的信心②。

随着我国新闻改革的深入和传播理念的转变，尤其是"非典"之后报道环境更为宽松，新闻媒体报道视角选择的自由度有所增强，提倡报道关注受害者个体的人性化视角在突发公共事件中逐步凸显。所谓人性化视角，就是关注人，关注新闻事件对人的影响，从一个新闻事件中发现它对其他人的意义。人性化的报道能够让公众感受到一种真实的存在，感知人物的经历和遭遇，发现新闻人物和自己相通的内容，能够拉近两者的距离，使之产生共鸣③。

如果突发公共事件的报道不关注事件本身，不关注人，这样的报道就是冰冷的，没有人情味的，也无法广泛传播，无法走向受众的内心，更不利于危机信息的传播。

四、报道功能的变迁

改革开放前后，我国新闻的报道功能经历了从教化引导功能到信息传播功能的转变。

新闻的本位功能是传播信息，延伸功能包括：监测环境功能，教化引导功能，传播知识功能，娱乐功能等。

改革开放前，我国灾难报道的功能主要是教化引导，宣扬英雄主义、爱国主义和社会主义精神，丧失了新闻信息传播的本位功能。如在1970年云南通海大地震中，对受灾消息的报道基本没有，全都是宣扬社会主义优势和人

---

① 刘欢.改革开放后我国灾难新闻报道的转变与突破[D].呼和浩特:内蒙古大学,2010:20.
② 刘欢.改革开放后我国灾难新闻报道的转变与突破[D].呼和浩特:内蒙古大学,2010:20.
③ 杨兴荣.我国突发公共卫生事件报道研究[D].兰州:兰州大学,2011:21.

定胜天的新闻，报道强调教化引导功能，缺乏对信息的价值追求①。

改革开放后，新闻界逐渐走出了"左"的窠臼，确立了"灾难也是新闻"的观念，从原先的注重灾难报道的教化引导功能转变为注重其信息传播功能。

在19世纪90年代的美国新闻界就产生了两种新闻模式：一种是"故事"模式，一种是"信息"模式。舒德森在其《发掘新闻——美国报业的社会史》一书中讲到，前者的任务是为读者带来满意的审美体验，帮助读者诠释自己的人生。乔治·赫伯特·米德大呼这才是报纸的最佳实际功能。也就是说"故事"模式偏向于人的精神活动，新闻人在活动中可以把个人的主观思想感情带入其中，但这种做法显然不符合新闻"真实性"的本质属性。而"信息"模式其实就是"去语境化"的过程，新闻人"提供的事实不能经过修饰，纯粹用于传达'信息'"②。

所以，媒体慢慢地认识到：及时而透明的信息发布原则逐渐代替了过于考虑追求最佳宣传时机的新闻观念，认可了新闻是一种信息的新闻观念，并且该信息必须经过新闻人的报道或传播，其内容主要表现为新近发生的事实③。

这一阶段，我国灾难新闻报道已经完全摆脱了此前的报道方式和报道观念。对详细灾情具体情况的报道，体现出公民对新闻本位功能的需求；对灾后反思、追责的报道，反映出新闻的多种延伸功能。正是由于不断地转变与突破，才促进了我国新闻事业的蓬勃发展④。

五、报道形式的变迁

（一）客观报道

新闻的客观性，可以简单概括为新闻报道中的每一个具体事实必须符合客观实际，也可以理解为态度上的不偏不倚、公正无私。事实上，客观是相对于主观而言的。在客观报道中，媒体是按照事物本来的情况进行报道，不

---

① 刘欢.改革开放后我国灾难新闻报道的转变与突破[D].呼和浩特:内蒙古大学,2010:25.
② 迈克尔·舒德森.发掘新闻:美国报业的社会史[M].陈昌凤,常江,译.北京:北京大学出版社,2009:79.
③ 李小龙.《新闻联播》关于突发事件报道的新闻话语与新闻观念探究(2003—2013)[D].南宁:广西大学,2014:79.
④ 刘欢.改革开放后我国灾难新闻报道的转变与突破[D].呼和浩特:内蒙古大学,2010:25.

会过分夸大也不会刻意回避事实。

我们考查一个突发公共事件报道是否客观，要看这个报道是否能成为一个过程的报道，是否包括了灾情报道、抗灾报道、救灾报道、灾后反思等多个报道环节，是否有正面的报道同时也有负面事实的报道。但是从新中国成立初到"文革"结束，我国灾难新闻经历了近30年的夸大、虚假、主观且杜绝负面消息的畸形"正面"报道时期。在当时的历史条件下，我们只报道资本主义国家的负面信息，对社会主义制度盲目肯定①。在灾难报道领域，客观报道则是指不回避灾情，客观反应灾情，真实反映救灾动态，敢于调查事故原因并对相关责任人问责，对抗灾救灾中涌现的典型人物和事迹予以毫不渲染的忠实纪录等一系列报道行为②。

1978年党的十一届三中全会召开，在"实事求是"思想路线的指导下，我国的新闻事业走上了健康发展的道路。新闻不再是单纯的政治宣传工具，而是根据受众需求对其进行客观报道。

1979年的渤海二号沉船事件是客观报道确立的标志性事件。当时包括新华社、人民日报社、工人日报社等均对事件进行了细致报道，从而初步确立了灾难报道领域客观报道的地位。随后发生的重大灾难事件，如1987年的大兴安岭森林火灾事件、1988年的80次特快旅客列车颠覆事故、1991年和1998年的特大洪水灾害、1999年的重庆景江步行桥体垮塌事故、2002年的山西运城矿难等，新华社和其他媒体都进行了相当数量的客观报道，从而确立了客观报道在灾难新闻报道领域中不可或缺的地位③。

2003年的"非典"是一个转折点，前期的报道并不客观，媒体对疫情轻描淡写，甚至发出"'非典'疫情已得到有效控制"的虚假报道。到了中期，媒体才开始进行全面的客观报道。这件事过后，我国建立了信息披露机制及突发性公共事件的应对条例，客观报道的地位自此确立，并在2008年汶川大地震时得到较好体现。只有客观传播的新闻，才有力量④。

坚持客观报道，是实现新闻真实，特别是存在论意义真实的基本途径；是确保新闻可信、公正的核心手段；是充分实现受众知情权需要的保证⑤。

---

① 刘欢.改革开放后我国灾难新闻报道的转变与突破[D].呼和浩特：内蒙古大学,2010：23.
② 盛忠娜.从"唐山"到"汶川"：中国灾难报道变迁研究[D].郑州：郑州大学,2009：33.
③ 盛忠娜.从"唐山"到"汶川"：中国灾难报道变迁研究[D].郑州：郑州大学,2009：34.
④ 童兵.理论新闻传播学导论[M].北京：中国人民大学出版社,2002：79.
⑤ 刘欢.改革开放后我国灾难新闻报道的转变与突破[D].呼和浩特：内蒙古大学,2010：23.

（二）深度报道

深度报道，在《新闻学大词典》中的解释为：运用解释、分析预测的方法，从历史渊源、因果关系、矛盾演变、影响作用、发展趋势等方面报道新闻的形式。深度报道不仅停留在对事件本身的报道上，对事件发生的深层次原因和背景要作充分挖掘，对事件进展要作连续跟踪报道。

深度报道从20世纪80年代起在中国迅速崛起，至今已成为新闻媒体加强舆论监督、增强竞争力、提升传媒品牌、扩大社会影响、吸引受众注意力的有力手段[①]。

突发公共事件的社会关注度高，受众的信息需求旺盛，这迫使媒体不得不全方位地挖掘事实真相并对事件进行持续地关注。

1987年大兴安岭森林火灾的报道中，出现了深度报道的雏形。报道中有对火灾事故发生原因的调查，有对森林火灾事故的反省，有对火灾带来的隐患的思考，有对火灾引起的后果或造成的社会影响的报道，甚至有对森林里野生动物的关注。后来到1998年的长江洪水报道，深度报道进一步走向成熟，对洪水暴发的原因从根源到诱因均作了分析，对受灾群众进行了连续关注，对灾后重建工作也作了后续报道。此后，不管是自然灾害引起的灾难还是事故类灾难，深度报道作为不可或缺的部分贯穿灾难报道始终[②]。

2003年"非典"时期，出现评论型的深度报道，即以评论形式对灾难中体现出的问题作出深刻反思[③]。

在重大灾难事故中，调查性深度报道能够起到安定民心的社会"稳压器"、动员社会各界的"协调器"和促进社会进步与加强城市管理的"推进器"的作用[④]。

在突发公共事件的报道中，若媒体无法赶在第一时间报道，这时，细致、全面的深度报道无疑是最好的选择。深度报道可以反映突发公共事件中隐藏的或本质的东西，可以引导读者更理性地看待事件本身。

① 刘欢. 改革开放后我国灾难新闻报道的转变与突破[D]. 呼和浩特：内蒙古大学，2010：23.
② 盛忠娜. 从"唐山"到"汶川"：中国灾难报道变迁研究[D]. 郑州：郑州大学，2009：26.
③ 刘欢. 改革开放后我国灾难新闻报道的转变与突破[D]. 呼和浩特：内蒙古大学，2010：27.
④ 张骏德. 新闻报道改革与创新[M]. 广州：中山大学出版社，2008：160.

（三）全景式报道

全景式报道指的是运用多种写作手法、报道题材和媒介类型，对事件进行多角度全方位的报道。改革开放前，只有畸形的"正面"报道，只关心抗灾政绩；报道题材也很单一，基本上只有消息和通讯两种；传递信息的媒介是报纸、广播和通讯社。改革开放后，由于公民知情权受到重视，媒体主人翁意识提高，灾难新闻报道的题材、角度也越来越多。随着科学技术的不断发展，媒介类型也越来越丰富①。

如今，全媒体时代来临，全景式的立体化的报道已经登上了一个新的台阶。以2008年雪灾和汶川大地震报道为例，报道角度更加全面、细致，网络媒体都作了专题，在涵盖上述角度的基础上，对灾民状态的关注更加细致，不仅关注其生活还关注其心理，不仅关注赈灾情况更关注赈灾资金的流向。同时，各种不同类型的媒介也得到了充分的融合和最大限度的使用②。

第二节　报道范式变迁的社会意义

一、对社会政治民主化进程的意义

学者胥莉在论著《善待媒体、善用媒体、善管媒体——大众传媒与政府政策的互动解读》中这样论及大众传媒与政府政策的关系：大众传媒通过为社会提供公共的信息渠道将政府与公众连接在一起，使政府政策的制定由传统的官僚决定变为现代意义上的多元决定，依靠大众传媒的力量实现政治体系内外的开放式沟通，达成政治精英与普通百姓之间的平等互动，从这个意义上讲，大众传媒已经成为民主化制度进程中不可分割的一部分③。

从20世纪七八十年代到九十年代再到21世纪，大众传媒对突发公共事件的报道范式转变与时代大环境相互映衬，从其政治属性来看，是适应了社会政治民主化进程的发展要求。改革开放前，凯歌式报道范式反映的是中国传媒作为"党和人民的耳目喉舌"这一基本性质，因此大众传媒必须在政治原

---

① 刘欢.改革开放后我国灾难新闻报道的转变与突破[D].呼和浩特：内蒙古大学，2010：27.
② 刘欢.改革开放后我国灾难新闻报道的转变与突破[D].呼和浩特：内蒙古大学，2010：29.
③ 胥莉.善待媒体、善用媒体、善管媒体——大众传媒与政府政策的互动解读[M].北京：中国时代经济出版社，2010：24.

则上与党中央保持一致，靠"一种声音"控制舆论界①。

改革后的中国传媒虽仍与政治密不可分，但已经不再仅仅是政治控制的工具，而是具有提供信息、普及知识、传达思想、凝聚公众意识、传达公众利益，甚至监督并有限度地批判政府政策的功能②。民主化的一个重要内容就是放权分权，多种声音并存，尽量让公众多角度了解多元的现代社会。

大众传媒，既可以促使政府改进执政策略，也可以促使各级政府不断提高依法行政和依法执法的能力，加快民主化进程。

二、对构建新时期文化价值观的意义

新中国成立后，我国曾经用高度一元化、理想化的核心价值观成功地团结起各民族各阶层人民，为建设社会主义而共同奋斗③。而在改革开放和发展社会主义市场经济条件下，中国社会发生了深刻转型。随之，社会的价值观念也经历了重大变迁。有学者将其总结为：改革开放前的一些价值共识诸如"革命与斗争、重义与轻利、集权与人治、身份与等级、崇高与信仰"等在新时期被加以"解构"，而一些全新的价值观如"市场、契约、效率"得到了"型构"④。

改革开放30多年，中国社会各方面都发生了巨大变化。思想文化的多元化促进社会的进步，各种价值观念正面临着空前复杂的冲击。在这样的大背景下，如何防止道德失范，如何为全面深化改革的事业凝聚共识，如何建立既能回应人们的现实需求又符合历史发展潮流的新的核心价值观，是当前文化建设和意识形态工作的重中之重。

有论者将文化定位为一个社会群体在特定历史时期凝结而成的相对稳定的生存方式，而一个民族的行为就是这个民族文化的具体化和物质化⑤。

大众传媒借助对突发公共事件的报道，报道中的形形色色的人、平凡人的不平凡之举、互助友爱之举、自强不息之举等，都春风化雨、潜移默化地深入人心，从而完成对社会主义核心价值观的构建。这一价值体系的构建过程是，通过外界力量增强社会个体对社会主义核心价值的认可程度，使其在

① 梁洁.突发公共事件中大众传媒的道德责任和报道范式的转变[D].银川:宁夏大学,2014:29.
② 廖圣清,张国良,李晓静.论中国传媒与社会民主化进程[J].现代传播,2005(1):48-53.
③ 刘芳.社会主义核心价值观研究述评[J].北京行政学院学报,2015(2):108-115.
④ 廖小平.改革开放以来价值观的变迁与核心价值的解构[J].天津社会科学,2014(5):45-49.
⑤ 张福平.把握先进文化的前进方向,捍卫社会主义文化领导权——兼谈大众传媒的社会责任[J].河南社会科学,2001,9(1):87-91.

精神生活领域有正确的价值认知，完善价值观念，并且自觉自愿地据此规范自己行为的过程①。

三、对构建国家形象的影响

毋庸讳言，每个国家都想自己在国际社会中能有一个正面形象，而努力减少负面形象。而一个国家的形象很大程度上是靠国际舆论环境塑造的②。什么是国际舆论环境呢？按照国务院新闻办前主任赵启正的说法，即"国际舆论环境就是国际社会对一个国家的评论和总体印象，国际上多数媒体的报道和评论形成对该国的舆论倾向"。

发达国家凭借雄厚的经济实力和先进的媒介传播技术支配世界主要信息的生产和流通，在对突发公共事件进行报道的过程中，对发生在自己本国的突发公共事件的报道基调适中，舆论一致，所有报道的出发点和落脚点都是为国家利益服务。而对发生在发展中国家的突发公共事件，西方媒体的报道却经常是带着有色眼镜，将发生在发展中国家的突发公共事件与民主、人权等敏感问题相联系，偏离新闻专业主义，言语时常带有攻击性。这样的报道对发展中国家的国家形象造成了严重的损害③。

事实上，有许多的美国新闻人员，特别是出于第一线的、相对更了解中国的驻华记者们，并不否认美国媒体关于中国的报道不够平衡，对中国不公平。与中国记者、学者不同的是，美国记者们通常强调，造成这种状况的原因在中国方面，即中国政府对美国记者和中国的信息源的不恰当的、观念落后的控制④。

长期以来，我国突发公共事件报道确实存在一些问题，曾经致使我国国家和政府形象受到不良的影响。因此，在突发公共事件的对外报道中，必须处置妥善，如果处置不好，极易演变成新一轮危机，进而危及国家政府对外的决策及国际形象。我们应该积极争取对自己有利的国际新闻话语权，抢占新闻时机，及时提供权威信息的发布，牢牢掌握舆论引导的主动权，这样才能取得先机，为突发公共事件的妥善解决营造一个有利的国际环境。

---

① 李娜,邢日华.大众传媒视角下社会主义核心价值体系的构建路径[J].今日中国论坛,2013(5)：108－111.
② 贺文发.突发事件与对外报道[M].北京：中国传媒大学出版社,2008：98.
③ 赵云霞.电视媒体报道突发事件研究——以云南电视台为例[D].昆明：云南大学,2013：37.
④ 李希光,赵心树.媒体的力量[M].广东：南方日报出版社,2002：102.

　　社会越来越进步，信息发布越来越透明公开，突发公共事件报道愈发客观公正，媒体通过这种愈趋成熟的报道，搭建起沟通政府与公众对话的桥梁。从国家层面来看，这样的良性合作行为，既达到政府在突发公共事件中的组织目标，又树立了国家形象，提高了国家的文化软实力。

第五章　我国突发公共事件报道变迁与转型的原因

第一节　国际层面

一、互联网实现了全球的"网际公共领域"

"公共领域"这一概念是由德国法兰克福学派第二代领军人于尔根·哈贝马斯提出，从此成为欧洲主流政治话语的一部分。

所谓公共领域，哈贝马斯指的是一种介于市民日常生活的私人利益与国家权利领域之间的机构空间和时间，其中个体公民聚集在一起，共同讨论他们所关注的公共事务，形成某种接近于公众舆论的一致意见，并组织对抗武断的、压迫性的国家与公共权力形式，从而维护总体利益和公共福祉[①]。哈贝马斯把公共领域拓展为三个层次：即社会的、政治的和世界的。哈贝马斯公共领域研究的最后一个层次被称为"后民族结构"，即一种跨国的政治和经济治理结构，他认为：在这个结构当中，关键还在于培育出一种能够包容所有世界公民的全球政治公共领域，亦即世界公民社会。可以说，互联网的出现促成了全球化的"网际公共领域"，早在21世纪初，学者许英就曾提出过：网络因其"信息的平等自由流动"、"光速"、"使用方便"、"费用低廉"、"为参与者提供了更为理想的论辩环境"等特点为这种公共领域提供了理想的沟通媒介，并将这种全球化的"网际公共领域"称之为继"古希腊城邦型"、"欧洲中世纪的教廷型"和"近代西欧市民型"之后的第四种类型的公共领域[②]。

---

① 汪民安.文化研究关键词[M].南京：江苏人民出版社，2007：91.
② 许英.信息时代公共领域的结构与功能[EB/OL].（2013–03–30）[2017–03–01].http://www.docin.com/p-625317142.html.

现代公民社会理论的核心观念是，国家调控之外的公民的自身生活领域中存在一个公共空间，在这个公共空间中存在着众多的以自愿和合作为目的结合起来的社会准组织，并构成一个网络结构。新的社会结构要求政府在每一件社会公共事务上都能与社会公众保持良好的合作关系，媒体危机报道因而获得更大空间[①]。

二、信息全球化的推动

我们身处一个信息全球化的时代，新一代数字技术、广播技术、信息技术等以高新技术为基础的新媒体业务也给传媒行业带来了巨大的变化。技术的巨大飞跃导致了信息数量增加，信息速度提升，信息成本降低。随着广播、电视以及新媒体的蓬勃发展，世界已迈入信息全球化时代，世界各国之间的联系日益紧密，获取跨越主权国家传统国界的信息日益便利、廉价、迅捷，跨国流通的信息量日益增加[②]。

于是，在信息全球化的推动下，各国之间，各种文化和思想之间的交往、交锋无法避免。陈新在《历史学的归途：全球化情境下的思想史写作》一文中认为：我们在自己身边时刻体验到的现实压缩了我们对于世界在空间上的开阔感和时间上的纵深感。在这个时代，交往节奏的加速无疑导致了观念传播的加速。如果说观念的意义因其在传播过程中与认知主体的视界融合而不断变化，那么，与观念传播的加速同时发生的乃是意义变化的加速，由此带来的后果便是生活中的不确定性日益加剧。

因此，怎样来处理这种不确定性成为了传播领域亟待解决的问题。随着国与国之间的交流和合作更加密切，怎样在新闻报道中树立我国媒体的权威性与公信力，怎样通过新闻报道塑造我国良好的国家形象，为我国在国际舆论市场上赢得话语权，成为我国政府和媒体的一项长期而艰巨的任务。所以，日趋激烈的国际媒介市场的竞争对我国政府和媒体提出了更高的要求。

第二节　政策层面

美国新闻传播学家威尔伯·施拉姆等在《传媒的四种理论》中指出，传

---

① 赵士林．突发事件与媒体报道[M]．上海：复旦大学出版社，2006：172.
② 刘继南．国际传播——现代传播文集[M]．北京：北京广播学院出版社，2000：75.

播制度中的一项核心内容就是政府与大众传媒的关系，传媒总是带有它所属社会和政治结构的形态和色彩。也就是说，新闻传播活动会受到一定的政治制度和新闻政策的影响①。

政治控制集中地体现在权利组织对各种传播方式、路径的行政或党务管理上②。政治控制的主要方式就是制定法律、法规和行政章程。

从新中国成立到1978年改革开放前，我国媒体对突发公共事件的报道理念一直是"灾难不是新闻，抗灾救灾才是新闻"。这一阶段，我国的政治理念沿袭了战时逻辑，沿袭了苏联的新闻发展模式，对新闻事业实行高度集中化的管理，认为新闻就是宣传。这一阶段，出于对社会稳定和政治因素的考虑，国家和政府对新闻事业的高度管制，对于灾难新闻须持特别慎重的态度，严格要求灾难新闻必须积极宣传战胜灾难的成绩，反对纯客观地报道灾情，这使得我国的新闻报道基本上形成了"报喜不报忧"的模式。

党的十一届三中全会前，我国革命建设的基本路线是"以阶级斗争为纲"，全国一切都是围绕这个"纲"进行，政府是实行新闻管制的主体，政府部门控制着社会的重要资源，成为新闻报道的唯一信源。

这种对待灾难新闻的理念，从1950年4月2日中央人民政府新闻总署给各地新闻机关的《关于救灾应即转入成绩与经验方面报道的指示》中可以窥其一斑，指示要求各地对救灾工作的报道，现应即转入救灾成绩与经验方面，一般不要再着重报道灾情③。

"新闻媒体作为阶级斗争的工具"体现出其战斗特色，"自力更生"和"人定胜天"的口号成为灾难报道的主旋律，对唐山大地震的相关报道就是最好的证明。这种以牺牲受众知情权为代价的灾难报道思想，从新中国成立初一直延续到20世纪80年代初。

1978年十一届三中全会重新确立了"实事求是"的指导思想，思想逐渐得到解放，政治逐步开明。我国加快了社会主义民主与法治建设的进程。中国的灾难报道有了明显的、突破性的进步，总的趋势是由控制过严过死向逐步宽松的方向转变④。所以，对灾难新闻的报道有了明显转变和突破性的进

---

①弗雷德里克·S.西伯特，威尔伯·施拉姆.传媒的四种理论[M].戴鑫，译.北京:中国人民大学出版社,2008:1.

②陈力丹，闫伊默.传播学纲要[M].北京:中国人民大学出版社,2007:204.

③沈正赋.灾难新闻报道方法及其对受众知情权的影响——从我国传媒对美国"9·11"事件报道谈起[J].声屏世界,2002(5):4-7.

④刘一平.试论九十年代中国灾难报道机制[J].新闻大学,2001(1):45-47.

步，报道变得全面、客观、真实和人性化。

关于突发公共事件的报道这块禁区被逐渐打开。其中标志性的事件就是《解放日报》在1979年8月12日刊载的《一辆26路无线电车昨日翻车》和1980年7月22日《人民日报》、《工人日报》对渤海二号沉船事件的披露。前者冲破了媒体"报喜不报忧"的戒律，拉开了改革开放以后我国媒体公开进行公共危机报道的序幕；而后者具有更为重大而深远的影响力，虽然由于体制的原因，《工人日报》的报道迟来了8个月，但它直接导致了当时石油部部长被解职、国务院副总理记大过、国务院作检讨、海洋石油勘探局负责人被判刑，开创了我国新时期舆论监督的先河①。

政治上的开明带来了媒体报道方式的改变，除了传达政府的声音外，媒体开始关注受众的需要，受众的地位渐渐受到媒体的重视。例如，1987年大兴安岭森林火灾爆发，为了使报道更加真实，新华社派田炳信等记者深入火灾现场，发回大量生动感人的现场报道。

为应对改革开放形势下的国际舆论斗争，国务院及中宣部曾多次就突发性事件的报道下达文件。如1987年7月18日，中宣部、中央对外宣传小组、新华通讯社在《关于改进新闻报道若干问题的意见》中就明确提出，"突发事件凡外电可能报道或可能在群众中广为流传的，应及时作公开的连续报道，并力争时效赶在外电、外台之前。"1989年，国务院办公厅、中宣部在《关于改进突发事件报道工作的通知》中再次提出，"对空难、海难、铁路公路交通等国内发生的恶性事故，中央新闻单位要抢在境外传媒之前发出报道"。这些文件在政策上为灾难事件得以在媒体上及时、客观的公开报道提供了可能性。

到了20世纪90年代，我国突发灾难性事件在新闻发布和报道方面一直坚持这些基本原则。1997年1月18日颁布实施的《国务院关于加强抗灾救灾管理工作的通知》规定："适时报道灾情和抗灾救灾工作，引导广大干部群众振奋精神，团结抗灾。要突出地报道党和政府对灾区人民和救灾工作的关怀，灾区广大干部群众、人民解放军指战员、武警官兵、公安干警奋力抗灾、生产自救和各地区、各部门互相支援的先进事迹。公开报道灾情，要实事求是，有利于社会安定和抗灾救灾工作，防止产生消极影响。重大灾情的报道由新华社统一发稿，局部灾害一般只在当地报道。报道因灾造成的直接经济

---

① 顾潜.中西方新闻传播：冲突·交融·共存[M].上海：复旦大学出版社，2003：125-127.

损失和人员伤亡情况，应以主管部门核实的统计数字为准。凡公开报道要慎重，报道内容要按规定经有关部门审核。"这份文件，明确规定了灾难报道的侧重点，指出要适时报道灾情及抗灾救灾动态，但同时也强调了要着重报道党和政府的关怀以及抗灾过程中涌现的先进事迹，这在1998年长江洪水报道中得到深刻体现，也成了典型报道确立的蓝本。

2002年底，党的十六大召开，党中央提出"以人为本"的执政理念。另一方面，SARS报道成了中国报道灾难新闻的一个历史转折点。2003年，SARS疫情在短时间内蔓延，由于当地政府没有及时公开信息，掩盖疫情的严重程度，从而导致谣言四起，引起了社会的恐慌，病理性危机转变成了社会性危机，但由此也推动了官方信息的透明化。2003年的"非典"报道，主流媒体经历了从集体失语到全面报道的戏剧性转折，而这一转折，基本上同国家和地方政府态度相吻合。这场灾难的报道引起了我们的思考，也给政府和各媒体以深刻的警示。2003年5月9日国务颁布实施的《突发公共卫生事件应急条例》中规定，各级政府领导如果蓄意隐瞒重大疫情等公共安全突发事件，将受到严厉查处。到2004年年底，中国政府已基本建成了国家部委、省级政府和地市级政府三个层次的新闻发布和发言人制度。对于突发公共事件，临时组织新闻中心，进行新闻发布活动，继续完善突发公共事件新闻发布机制，成为政府新闻发布体制发展的主要目标之一，一些政策法规也随之出台。

到2005年9月12日，国家保密局和民政部联合举办新闻发布会，宣布因自然灾害导致的死亡人数及相关资料，不再作为国家保密事项。

2008年5月1日，《政府信息公开条例》正式施行，从制度上保证了突发公共事件发生时，政府能及时有效地进行信息披露。"公开是原则，不公开是例外"，成了新的信息发布准则。条例对政府信息公开范围作了如下规定：行政机关对符合以下基本要求之一的，政府信息应当主动公开——"涉及公民、法人或者其他组织切身利益的，需要社会公众广泛知晓或者参与的，反映本行政机关机构设置、智能、办事程序等情况的……"。对公开途径也作了明确规定，"行政机关应当将主动公开的政府信息，通过政府公报、政府网站、新闻发布会以及报刊、广播、电视等便于公众知晓的方式公开"。

从政府的以上举措就可看出，在灾难新闻领域，政府对新闻媒体的管控在不断放松，有效保证了灾难新闻及时、客观、全面地得以报道，从而使得中国灾难新闻报道跨入一个新的阶段。

汶川大地震发生后不到10分钟，国家地震局迅速通过新华社发布了消息，使公众在第一时间知道了真相，避免了恐慌发生。宽松的政策环境，让媒体在2008年汶川地震中得以进行及时、客观、全面的灾难报道，在充分满足受众知情权的同时，对救灾工作的顺利进行发挥了巨大作用。

第三节　经济层面

经济基础决定上层建筑，一个国家的经济体制、经济发展水平必然对政治、文化、社会生活等方面产生重大的制约和影响作用，同样，新闻媒体的信息传播活动、媒体的发展水平也受到经济的重要影响。在市场经济条件下，谁拥有传媒，谁就拥有话语权，有传播什么和不传播什么的权利，经济控制的关键是传媒所有权[1]。

新中国成立初期，我国的新闻媒体属于国营体制，即传媒为政府所有，政府的财政拨款为传媒的主要经济来源，在各类突发公共事件的报道中，媒体的定位是政府的政治理念、政治思想、各项方针政策和工作的宣传员，偏重宣传政府的抗灾政策。正是因为这种经济体制，决定了我国在新中国成立初期的突发公共事件的报道方式。而"文革"期间，进行新闻宣传和政治教化成为了媒体的行动方向，报道的主动权不在媒体手中。

改革开放以后，传媒业出现了巨大的变革。媒介走上产业化发展道路，"宣传为主"的时代终结了。1978年以《人民日报》为代表的八家中央级报刊要求实行"事业单位，企业化管理"，其后国家科学技术委员会首次将"新闻事业"和"广播电视事业"纳入"中国信息商品化产业"序列，标志着国家对新闻传播业产业属性的认可。在1985年2月8日举行的中共中央书记处会议上，《关于党的新闻工作的发言》中明确指出：党的新闻事业是党的喉舌，自然也是党所领导的人民政府的喉舌，同时也是人民自己的喉舌[2]。我国媒体开始由"纯事业单位"的体制转向"事业单位，企业化管理"的体制，让媒体拥有了更多的主动权，出现了一些可喜的变化，主要表现在：一是媒介要走产业化的道路，就必须按照市场原则来办事。而新闻作为一种商品，就必须获得受众的认同，受众对于媒介的生存与成败都是至关重要的制约因素之

---

① 陈力丹,闫伊默.传播学纲要[M].北京:中国人民大学出版社,2007:208.
② 方汉奇.中国新闻传播史[M].北京:中国人民大学出版社,2002:422-426.

一。要占有市场，必先赢得受众，因此以受众需求为导向进行信息传播是媒体的必然选择。受众自主性的增强导致媒体在不违反党和国家大政方针的前提下，尽可能地提供受众需要的信息，满足受众的信息需求。这使得媒体真正开始重视受众的需求；二是媒介双重属性的确立为向"以新闻为本位"回归提供可能。新闻的市场化、传媒的产业化发展，使"以新闻为本位"的观念开始回归。虽然这个阶段还会面临政府的调控，但相比于以往有了更大的自主权。各方面对媒体的限制逐步放松，而媒体在人、财、物方面拥有更多的自主权，这就为新闻媒体在报道内容和方式上主动进行改革提供了可能性，使得媒介可以根据自己的定位和市场竞争的需要组织报道，改进原先突发公共事件报道中存在的种种不足。

第四节　媒介层面

一、媒体角色的转换：从政府的"耳目喉舌"到社会的"公器"

新中国成立以来，新闻媒体一直作为政府的宣传工具而存在，是党和政府的传声筒，且新闻本身的规律让位于政治宣传的需要。

随着媒介市场化的发展，我国的新闻传媒逐渐由政治宣传的工具转变为兼具"事业性"和"信息产业"属性的大众传播媒介，媒介从业人员的身份认同开始逐步发生了改变，从宣传员逐步转变为了记录者，在这样的背景下，新闻媒介进行信息传播的首要功能得以最终确定。在新闻选择的标准方面，改革开放以来，媒体在新闻选择上逐渐拥有更多的自主权，"以正面报道为主"的枷锁被打破，媒体可以按照新闻规律办事，按照新闻价值的大小来选择新闻报道的对象，而不再像从前那样为了宣传的需要一味地报道抗灾救灾的英勇无畏精神，这进一步促成了灾难新闻报道从宣传到新闻的转变[①]。1987年，我国传媒对大兴安岭森林火灾的介入报道开始展示出自身在信息层面的价值，《中国青年报》发表的《红色的警告》、《黑色的咏叹》、《绿色的悲哀》三篇长篇特写被认为是媒体深度报道的经典之作。

---

① 刘晓波.改革开放以来我国灾难新闻报道流变研究——以《人民日报》为例[J].采写编.2013(4):19–20.

二、价值取向不再单一，凸显新闻专业主义精神

2008年6月20日，胡锦涛总书记在考察人民日报社工作时指出，必须坚持党性原则，牢牢把握正确的舆论导向；必须坚持以人为本，增强新闻报道的亲和力、吸引力和感染力。要把实现好、维护好、发展好最广大人民的根本利益作为新闻宣传工作的出发点和落脚点[①]。国家领导人的这些重要讲话，显示出对我国新闻传媒性质的科学认识，也是新时期我国新闻媒体和广大人民群众的共识。我国媒体的新闻价值取向不再单一化，而是不断开拓报道领域，力求信息公开、透明，向着全时性、服务性、效益性方向综合发展。在突发灾难新闻报道中，我国媒体积极承担起"上情下达"与"下情上达"的神圣职责，主动设置议题，确保公众知情权，引导正确舆论，帮助政府抵御社会风险。在汶川、玉树地震报道中，我国新闻媒体遵循新闻传播规律，坚守"以新闻为本位"，体现出了良好的新闻专业主义精神[②]。

新闻专业主义诞生于20世纪初的美国，其主要是指在新闻传播活动中新闻从业者必须持有的新闻职业精神或职业规范。其最突出的特点，是相信可以从非党派、非团体的立场客观地报道新闻事实。新闻专业主义的目标是服务于全体人民，而不是某一利益团体。其最高理想是传播真实、真相或真理。因此，客观性和中立性是新闻专业主义的特征，并由此发展出一套专业的理念和技巧[③]。

在新中国成立至改革开放的一段时期内，为了巩固和稳定国家政权，加强党的领导地位，我国的新闻媒体被赋予强大的政治宣传功能，成为社会的"鼓动员"和"宣传员"。在此情形下，很多新闻从业者按照这种方式进行新闻传播工作，这就导致了长期以来我国部分新闻从业者对新闻传播规律的违背以及新闻专业主义精神的缺乏。因此，我国媒体对唐山地震报道的缺失正是新闻专业主义意识缺乏，新闻客观性、中立性让位于政治宣传的一种体现。

随着新闻改革的不断深入，经过多年的发展，我国的新闻媒体已经完全遵守新闻专业主义的内容，摒弃了原有的错误观念，如新闻报道观念从"传

---

① 陈俊宏. 新闻宣传理论创新的典范——深刻领会胡锦涛总书记在人民日报社考察工作时的重要讲话精神[J]. 新闻战线, 2009(6):4-7.

② 李政. 我国灾难报道研究——以通海、唐山与汶川、玉树四次地震报道为例[D]. 西安:陕西师范大学, 2012:42.

③ 王蕾. 论我国灾难新闻报道理念的转变[J]. 新闻大学, 2008(4):29-34.

者本位"转变为"受者本位"。新闻报道开始注重贴近性、亲和力和可读性，提高媒介的服务功能同时还形成了一些良好的新闻规范，如反对假新闻、有偿新闻、软广告等，加强新闻媒体的舆论监督功能。可以说，经过新闻改革，建立新闻专业的信念、伦理和规范，早已成为新闻改革过程中新闻实践的重要内容，新闻工作的"专业主义"已经呼之欲出[1]。

新闻专业主义精神回归使得我国对于突发公共事件的报道理念发生了重大转变，对于灾难性突发公共事件的报道也从宣传战斗精神转变为满足知情权。

三、新媒体崛起及通讯技术的进步推进报道的时效性

新中国成立之初，一方面我国的媒体发展水平还十分落后，新闻媒体仅限于党报党刊、电台、电视台、通讯社，所以信息传播渠道十分单一，覆盖率也较低。另一方面，由于新闻媒体发展水平较低，缺乏相应的设备和条件，技术较为落后，这也在一定程度上影响着信息的传播速度和传播质量。

经过多年的发展，我国传媒有了长足的发展，媒介类型也发展为报纸、电台、电视台、网络等，特别是互联网等新媒体的发展，促使新闻传播渠道多元化，网络的交互性、即时性、海量性等特征也大大加强了媒体与受众的联系与互动。在技术方面，传播技术的快速发展，大大加快了信息的快速传播、海量传播。伴随着科学技术的发展，媒体的反应越来越迅速，工作效率和报道能力也越来越高。比如电脑、网络的普及，采写工具的不断更新，手机的移动和多功能性，无线上网工具的使用和便利的交通条件等。随着科学技术的高度发达，特别是互联网等新媒体的兴起，加之受众媒介素养的不断提高以及公众知情权意识的增强，对灾害信息的强烈渴求，促使他们积极活动并试图通过各种渠道获取信息，而手机媒体的出现更使信息的传播融合了人际与大众传播的优势，其传播速度与效果更为显著[2]。

然后微博开始广泛应用，新"媒介生物"的产生和使用，对原有的媒介环境带来了地震式的影响，新型传播方式使得传统新闻媒体面临严峻的挑战。在这种相互竞争中，媒体自身不断发展，灾难新闻报道也不断地实现了转变与突破。

---

① 张立勇."新闻专业主义"对中国新闻业的参考价值[J].对外大传播,2005(6):60-61.
② 王蕾.论我国灾难新闻报道理念的转变[J].新闻大学,2008(4):29-34.

不同的媒体会有自身的独特气质和风格面貌，而媒体间的相互作用，诸如合作、竞争、学习、交流等，会在一定历史时空中形成共同认可的新闻传播理念、传播原则、传播风格，会形成共同的专业精神、职业道德、行业规范，会形成一种"似乎难说清，却能感得到"的业内氛围[①]。

从传播渠道的角度来看，传播渠道从一元到多元的转变使受众获得信息资讯的渠道越来越多，信息封锁越来越难，这也成为新闻传播从封闭走向开放的重要因素[②]。

总之，媒体发展规模及信息传播渠道的差异也是造成突发公共事件报道更加真实、及时、透明的重要原因。

第五节　受众层面

现代社会是一个公众社会，而公众是社会的主体。在传播学领域，公众是信息传播的接收者和反应者，被称为信宿。公众的地位、观念随着时代与社会结构的不同而不断变化，并且在与媒体的互动中促进媒体报道方式与理念的变化。

在现代社会，人们对于大众传媒以及信息的依赖程度日益增强，大众传媒传播内容的真实与否、品味高低都会影响受众的利益。所以，受众对传媒的监督是一股不能忽视的社会力量，受众有权要求传媒的新闻报道和其他信息真实、准确、客观、公正，也有权要求传媒提供高品位的传播产品[③]。

一、受众的结构分化与多样化

随着改革开放的不断深入，我国进入了社会主义市场经济的时代。中国社会总体性发生了全方位的分化，分化使中国从一致性社会变为多元社会[④]，受众的结构也从传统的"两个阶级一个阶层"即工人阶级、农民阶级和知识分子阶层向多样化的方向发展[⑤]。

受众阶层的多样化也为媒体的危机报道提供了新的广阔的领域，受众结

---

① 杨保军. 新闻理论教程[M]. 北京:中国人民大学出版社,2005:394.
② 冯春. 唐山、汶川地震新闻报道比较研究[D]. 武汉:华中师范大学,2010:29.
③ 陈力丹,闫伊默. 传播学纲要[M]. 北京:中国人民大学出版社,2007:211.
④ 赵士林. 突发事件与媒体报道[M]. 上海:复旦大学出版社,2006:171.
⑤ 赵士林. 突发事件与媒体报道[M]. 上海:复旦大学出版社,2006:172.

构的改变导致社会结构的复杂化，各种新的社会阶层和利益集团纷纷露出水面，而社会转型所导致的利益冲突和社会矛盾的加剧，都成为媒体危机报道的重要题材[①]。

二、受众的主体意识增强，参与度增强

主体意识是什么？目前学界对这个概念还没有明确的界定，学者们各抒己见，莫衷一是。纵观这些观点，大致可以分为两类：一类观点认为，主体意识就是人的自我意识、自主意识。如朱静君认为，主体意识即有自主自立能力的个人的自我意识[②]；吴增炎认为，主体意识就是人对于自己作为能动的主体在社会实践中的地位的自觉认识，它的本质表现是一种自信自强自主自控意识[③]。另一类观点认为，主体意识是人对自身地位、作用、价值等有关主体性的自觉认识与把握。如杨经录认为，主体意识即每个人对自己的主体地位和独特存在的自我意识，对自己作为一个人在生理上的、精神上的和情感上的需要的认识，以及对自己的潜能、独特的人格和尊严的自我觉悟[④]。笔者更倾向于认同第二类观点，公众的主体意识就是公众对自身的地位、作用、价值等有关主体性的自觉认识与把握的观点，公众的主体意识随着时代、社会结构的不同而不断变化。

改革开放之前，我国实行的是计划经济体制，计划经济时期由于否认个人利益，个人需要依赖集体，公众在各个领域几乎完全服从社会公共秩序和国家政治意志。当时我国的广大公众只是媒体信息被动的接收者或宣传对象，受众甚至没有权利去参与或影响媒体信息的提供，受众的地位是被动的，公众主体意识差，思想非常封闭而且单一。在那个年代，媒体的发展水平比较落后，电视尚未普及，报纸期刊、广播成为公众接触信息的主要来源，公众的思维也被限制在政府提供的信息这一议程框架之内。

20世纪90年代中期，随着经济体制改革风起云涌，传媒的产业化运营不断在实践中走向深入，媒体走向市场化经营，不得不面对市场的竞争，受众从宣传对象变为服务对象，满足受众的需求已演变成传媒的功能和职责之

① 赵士林.突发事件与媒体报道[M].上海:复旦大学出版社,2006:172.
② 朱静君.市场经济与主体意识的觉醒[J].现代哲学,1995(3):42-45.
③ 吴增炎.社会主义市场经济与人的主体意识[J].安徽大学学报(哲学社会科学版),1994(1):36-41.
④ 杨经录.类主体意识——"两课"教学目标的当代定位[J].辽宁教育研究,2004(12):77-79.

一。受众作为媒体抢夺的目标，其地位越来越被重视。

越来越多的社会大众参与到国家的政治、经济、文化生活中来。电视的普及、网络的兴起和新媒体的迅速发展，带来的是信息传播方式的多元化，公众获取信息的渠道由单一逐步走向多元，与我国政府和媒体间的双向互动也越来越频繁。我国的广大社会公众逐步成为权利的主体，从传播学的角度讲，现在的受众不仅是信息传播的接收者，也是信息传播的反馈者，公众的地位明显提升，这些必然导致媒体在报道方式和报道理念上发生改变[①]。

三、受众的人权意识增强，包括知情权

改革开放以来，随着民主政治的推进，人们的民主意识逐步提高。2004年3月14日，第十届全国人民代表大会第二次会议通过了宪法修正案，"人权"这个概念第一次被引入宪法。人民的人权意识不断提高，对灾难新闻报道提出了"人性化"的新要求：一是要求灾难新闻报道要关注灾难中的"人"，要选取平民视角；二是要真正做到以人为本，关注受众的需求，在报道的解释性和服务性方面下工夫[②]。知情权是人权的重要内容之一，受众越来越珍视自己的各种权利，对知情权的要求也逐渐觉醒，受众对于国家的重要决策、政府的重要事务以及社会上当前发生的与普遍公民权利和利益密切相关的重大事件，都有了强烈的了解和知悉的欲望，尤其是对关乎自身健康、安全和利益的重大事件关注度不断提高。在突发公共事件的报道中，受众需要媒体提供更为及时、准确、真实、客观的信息，对媒体有了更高的期待和要求，从而推动了媒体对突发公共事件的报道。

---

① 赵云霞. 电视媒体报导突发事件研究——以云南电视台为例[D]. 昆明：云南大学，2013：26.
② 刘晓波. 改革开放以来我国灾难新闻报道流变研究——以《人民日报》为例[J]. 采写编，2013(4)：19-20.

第六章　我国突发公共事件报道的缺失

第一节　报道机制层面

一、缺乏预警机制

突发公共事件虽然具有突发性，但是在其潜伏期依然会有"蛛丝马迹"，并能有迹可循，如果在突发公共事件潜伏期关注了这些预警信息并足够重视，就可以避免很多的损失和危害。突发公共事件的报道应事先"预报型"报道，而不要总是停留在"结果型"报道。

"5·12"汶川地震发生前夕，四川广元剑阁县发生大量蛇、蟾蜍上路事件，后绵阳市安县桑枣镇又发生百万蟾蜍上岸事件。短短几天这些类似地震前兆的事件频频发生，在四川部分地区已经传得沸沸扬扬，引起不小的猜测和恐慌。针对这种情况，媒体最应该做的事情就是向相关地震部门汇报并调查原因。可让我们大跌眼镜的是，不少媒体对此仅以猎奇新闻报道，并在受访专家选择上忽视地质专家的声音，有媒体甚至以所谓林业专家的观点，认为"蟾蜍迁徙是生态环境变好"的征兆。

诚然，地震预测是一项世界性的难题，媒体更不可能实现完全的地震预警，但是面对与地震预警相关的信息，媒体应该本着求实的原则多方搜集相关信息，最起码在专家对象的选择上应该充分听取地质专家的看法，即便地质专家同样不能预测地震信息，但是其专业的现象分析、丰富的知识介绍，对公众而言也是一次难得的教育学习机会[1]。

---

① 杨魁，刘晓程. 政府·媒体·公众:突发事件信息传播应急机制研究[M].北京:中国社会科学出版社,2010:130.

二、缺乏可操作的应急预案

应急预案又称应急计划，是针对可能的重大事故（件）或灾害，为保证迅速、有序、有效地开展应急与救援行动、降低事故损失而预先制订的有关计划或方案。它是在辨识和评估潜在重大危险、事故类型、发生的可能性及发生过程、事故后果及影响严重程度的基础上，对应急机构职责、人员、技术、装备、设施（备）、物资、救援行动及其指挥与协调等方面预先做出的具体安排[①]。

2006年1月，国务院制定并颁布了《国家突发公共事件总体应急预案》，并要求各级政府和各地方政府制定各自相应的应急预案。到2007年底，全国已经制定各级各类应急预案130多万件，覆盖了常见的各类突发公共事件。所有的省级政府、97.9%的市级政府、92.8%的县级政府都已编制总体应急预案[②]。但是，我国媒体在应急报道方面忽视了应急管理和应急制度建设。已制定的预案中，很多都停留在应急报道的新闻策划层面，没有上升到应急管理的层面来，而真正将之与重大突发公共事件应急预案充分结合的媒体应急报道预案少之又少，这导致很多媒体在重大突发公共事件发生时慌乱而无序。其次，很多重大突发公共事件应急报道预案缺乏操作性。媒体的应急报道预案的框架虽然已经建立起来，但存在预案千篇一律的问题，难以体现媒体自身的要求，可操作性不强。平时也没有相应的应急培训和预案演练，所以媒体从业人员对预案生疏，一旦真的出事，预案也发挥不出应有的作用，形同虚设[③]。

应急报道能力特指新闻媒体在物力、财力方面的保障。在汶川地震中，有些媒体之所以在震后应急表现失常，其实和媒体平时的相关应急保障缺失有很大的关系。有的媒体反应不够迅速，在重大突发公共事件发生后不能在最短时间内进行节目和广告的调整。比如，"5·12"汶川地震发生后最初的几天，当社会陷入一片慌乱，各部门正在抢救伤员的时候，一些地方电视台仍在播出电视剧和商业广告，造成了恶劣的影响。更多的媒体是没有灾难报道的物质准备和心理准备，一台海事卫星绊倒了多少"英雄好汉"，他们第

① 刘铁民.应急体系建设和应急预案编制[M].北京:企业管理出版社,2004:13.
② 华建敏.我国应急管理工作的几个问题[N].人民日报,2007-12-27(6).
③ 武丽魁.重大突发公共事件应急报道机制研究[D].广州:暨南大学,2013:22.

一时间进入灾区却无法将其所作的报道第一时间传送给受众。在甘肃陇南、天水等地，由于受地震的影响，一些原本就很匮乏的采编设备损坏了，导致新闻记者在震后应急报道时设备严重缺乏，几乎处于"巧妇难为无米之炊"的尴尬境地。当地电视台不仅没有卫星电话，更没有卫星传输系统，既无法上传文字稿件，也无法传送电视画面，整个陇南电视台只有一辆采访车，几十位记者出门采访都得自己想办法①。因此，突发公共事件传播体制有待完善。

（一）实现及时、高效的突发公共事件传播

守望环境的功能是大众传媒最基本的功能之一，因此传播学大师施拉姆将传媒称之为"社会雷达"，它是通过向社会成员提供准确和最新的信息来实现的。新闻媒体行动迟缓，会错失削弱突发灾害性事件影响范围的第一时机，使事态的不良影响得以扩散。在信息不明、失真的情况下，公众心理上的突发公共事件会导致行为出现偏差，进而造成严重的社会问题，不利于政府对突发公共事件的应对；而及时公开信息，则有助于化解公众对突发公共事件的心理状态，引导事态进入良性阶段。在突发公共事件中，只有把必要的相关信息及时、准确地向全社会告知，只有这样才能防止谣言的产生，有效应对突发公共事件。所以，及时、高效地应对突发公共事件的传播体制需要进一步完善。

2002年底，第一批"非典"病人在广东出院之后，政府并没有马上向社会通报相关疫情，以至于一时间社会上流言纷纷，引起了一定程度的恐慌。直到2003年2月10日，广东媒体才开始对"非典"病情进行客观的报道，引导社会舆论。但是当疫情蔓延到北京后，有关部门并没有吸取广东的教训，没有通过媒介及时向社会公众发出警报。直到4月20日，时任国家主席胡锦涛作出"不得瞒报、缓报疫情"的指示，21日部分相关负责人被免职，面向中外记者的新闻发布会召开时，我国各地主流媒体才真正介入了这一非常事件的传播活动中。但是由于相关部门反应迟缓，各种谣言已经给社会造成了一定程度的恐慌，如北京和广东都出现了某些商品抢购风，农村部分地区各种迷信的说法蔓延等。

---

① 武丽魁. 重大突发公共事件应急报道机制研究[D]. 广州：暨南大学，2013：22.

在2005年哈尔滨水污染突发公共事件初期，哈尔滨电视台的各新闻节目没有对全市停水原因做出说明，只以字幕提示停水，而且不明显。期间，近一个小时，电视的字幕竟没有了。更令人匪夷所思的是，吉林石化爆炸后不久，哈尔滨电视台的某节目采编人员亲赴吉林采访，发回的报道中重点指出了松花江水没有被污染。而实际上，吉林石化公司爆炸发生后，监测即已发现苯类污染物流入松花江，造成水质污染。媒介来源被剥夺或减少的情况下，不确定性将导致人们更积极地去从非媒介信源寻找信息。事实证明，当地主流媒体沉默或失语的状况持续越久，就越容易引起舆论震荡，促使谣言进一步扩大[①]。

媒体在突发公共事件中的迟钝反应，有客观原因也有主观原因。客观原因主要与我国的突发公共事件传播体制有关。1987年7月18日，《中央宣传部、中央对外宣传小组、新华通讯社关于改进新闻报道若干问题的意见》中第三条规定："对于社会敏感问题和重大突发公共事件的报道，应注意有利于保持社会的安定，有利于经济的稳定发展和改革开放的顺利进行。新闻报道中涉及的重要数字和重要情节，一定要核实清楚并须经有关主管部门审阅才能发表。"同时规定，"有关报道必须由新华社统一发布"。这是制度因素，是我们传媒单凭自己的力量难以克服的困难[②]。

这种情况是由一定的历史原因造成的，在过去的几十年中，我国新闻媒介对突发性事件逐步地养了"一慢二看三通过"的习惯，即先要层层请示，待定下报道的基本调子才可按步照搬地处理。在一些情况下，甚至把突发公共事件报道简单地等同于负面新闻不敢公开。这样的做法无疑使新闻的时效性无从谈起。尤其在互联网时代，传播速度以分秒计，在事件爆发之初，时效性是各个媒体竞争的焦点。此外，突发公共事件具有强烈的不可预知性，每一秒钟都存在着变动的可能性，在这种情况下，新闻更加成为"易碎品"——如果不能及时发出，新闻立刻就成了"旧闻"。这种形势给新闻媒体在业务水平和管理机制上提出了更高的标准，同时也给主管部门在操作方法上提出了更高的要求。

我国的突发公共事件报道最缺乏的就是一个快速灵活、行之有效的危机报道机制。不过令人鼓舞的是，2006年1月8日国务院颁布《国家突发公共事

---

① 王传宝,罗国金.从哈尔滨"停水"事件看危机传播的应对策略[J].传媒观察,2006(2):20—21.
② 陆晓明.危机管理中的媒体角色与功能初探[D].南宁:广西大学,2007:30.

件总体应急预案》，此预案作为全国应急预案体系的总纲，明确了各类突发公共事件分级、分类和预案框架体系，规定了国务院应对特别重大突发公共事件的组织体系、工作机制等内容，为我国突发公共事件的预防和处置提供了一份指导性的文件。

制约重大突发公共事件报道的主观因素，在于习惯的力量。在传统的意识中，重大突发公共事件的信息主要是负面的，不论事件的性质和规模如何，对其报道可能会引发公众恐慌，影响社会稳定；同时，一些重大突发公共事件的报道还具有相当的政治敏锐性，其传播效果难以把握。因此，长期以来媒体对待突发公共事件，尤其是重大的突发公共事件报道总是谨小慎微，出现各种"内紧外松"、"迟报"、"缓报"、"漏报"、"控制负面新闻"、"只报救灾，少报灾难"甚至"不报"的情况，这些观念根深蒂固，成为一种习惯性的力量。它们是一种无形的束缚，潜藏于心，要靠每个人去领悟、去揣摩，控制的过程也是一个不易察觉的过程[①]。可怕的是，时间一久，外在控制的力量内化为自我审查与自我控制，使本来有限的传媒自主空间更加受到限制。比如，重大突发公共事件一发生，媒体就自我把关和预设：假设不能报道、假设会来禁令，在请示、犹豫、汇报中丧失了派出记者的最好时机。比如，在报道中受"泛政治化"的传统思维影响，保留着党和政府决定着受众接受信息的量与质以及方向的固有惯性，自觉不自觉地过滤报道内容，自设报道禁区[②]。

我国的传播环境已经发生了实质性的变化。在新传播技术和信息全球化的背景下，这种景观有了更为真实地呈现，如何打破那些与新传播环境相背离的传统的新闻理念与操作惯性，并建立与时俱进的传播机制任重道远。

（二）公众参与度不够

重大突发公共事件具有公共性，大到国计民生，小到与公众的衣食住行等息息相关，因此，一个完善的应急报道机制自然离不开公众的参与。而我国媒体在构建重大突发公共事件的应急报道机制时，并没有自觉地将加强公众广泛参与意识、提供公众参与技能纳入到机制建设中来。

公众完全可以参与新闻传播甚至成为主角，因为他们可以利用各种自媒

---

① 赵士林.突发事件与媒体报道[M].上海：复旦大学出版社,2006:136.
② 张威.比较新闻学：方法与考证[M].广州：南方日报出版社,2003:249.

体的平台将第一手的新闻线索、图片向社会公开传播。在当下，"草根记者"已经成为一些重大突发公共事件的发声源，也成了许多大众传媒不可缺少的信息源。"5·12"汶川地震时，就是普通百姓首先在微博上公布并标注了汶川灾区可供直升机降落的地点，直接引导了救灾工作，还有不少游客借助DV、相机、手机等工具将拍摄的视频发送到网络，并被电视、报纸等传统媒体转载。2009年元宵节央视新楼大火，第一个报道的是网民在天涯上上传的用手机拍摄的火灾现场照片；成都公交自燃事件中，也是目击市民在第一时间利用手头的工具拍摄了现场的火势、救援情况、伤亡情况等影像和图片，并上传至网络。

"草根记者"在传播过程中将被大众传媒忽略的部分进行加工整理，经过加工的信息会被凸显，成为舆论触媒，让更多的受众直接参与舆论监督。在"7·23"动车事故、"7·21"北京特大暴雨事件中，微博在第一时间发布信息、动态报道、围观形成舆论监督、汇聚爱心寻亲等方面均显示出了其他媒体无法比拟的优势……

但目前最大的问题在于我国至今还没有类似CNN的I-report或Ushahidi网站之类的专门针对重大突发公共事件的公众报道平台，缺乏多媒体信息特别是声音、图像、视频的上传通道和信息处理机制。虽说不少传统媒体都已开设自己的新媒体网站或建立全媒体运营中心，但这些网站和中心目前大多仍是主流媒体的辅助宣传窗口或观众意见反馈平台。个别媒体设有"欢迎提供新闻线索"的窗口，但缺乏专门的信息处理和反馈渠道，这种犹如石沉大海的信息投递方式缺乏效率，难以激发和形成与公众稳定的参与、合作关系，使得很多在事件现场公众第一手掌握的信息因缺乏平台而失去实效[1]。

（三）没有充分利用新媒体来引导舆论

根据中国互联网络信息中心（简称CNNIC）近期发布的第39次《中国互联网络发展状况统计报告》，截至2016年12月，我国网民规模达7.31亿，全年共计新增网民4 299万人。互联网普及率为53.2%，较2015年年底提升了2.9个百分点。中国网民规模已经相当于欧洲人口总量。截至2016年12月，我国手机网民规模达6.95亿，较2015年年底增加7 550万人。网民中使用手机

---

① 武丽魁. 重大突发公共事件应急报道机制研究[D]. 广州：暨南大学，2013：23.

上网人群的占比由2015年的90.1%提升至95.1%，提升了5个百分点，网民手机上网比例在高基数基础上进一步攀升。

技术的进步和终端设备的普及使新媒体成为最大的信源和传播渠道，同时，重大突发公共事件的新闻传播主体与接收主体都趋于年轻化，他们熟练地运用各种网络、手机等新媒体出现在各大微博、网络论坛、社区、QQ群、博客等社交媒体上。

移动通讯技术和互联网技术的飞速发展把报纸、广播、电视、网络、手机融为一体，形成一个立体网状的传播体系，新媒体时代已然来临。新媒体的崛起，拓宽了公众获取信息的渠道。

在这些舆论场中，新媒体对重大突发公共事件报道的参与力、聚合力明显高过传统媒体，但同时也为负面舆论的传播提供了更加便利的条件。群体性事件发生后，依托新媒体平台，大量虚假消息进入公众视野，扰乱人们的视线，煽动人们的情绪，甚至对群体性事件急转直下的变化起到了推波助澜的作用，所以新媒体成为群体性事件恶化升级的"助推器"。因此，新媒体在理性思考力、公信力和规范力方面亟待加强。如何扬长避短，利用好新媒体，增强在重大突发公共事件中的舆论引导能力，培育年轻观众，是当前媒体面临的重要课题。

三、媒体人员的应急报道培训制度有待提高

此外，媒体从业人员新闻专业素养也备受责难，表现为人身安全问题、法律侵权问题、新闻伦理问题、新闻事实审核问题。在汶川大地震报道的调查中发现，在民众对造成媒体报道出现的问题原因中，"记者、主持人缺乏灾难报道知识"和"记者、主持人缺乏职业道德"占据了很大的比例[1]。有的记者鲁莽地除去刚刚从废墟下面抢救出来的生还者还蒙在眼睛上的东西，让其在强光下进行电视采访；有的记者追问为什么没有先去救自己的家人，是否为此愧疚等。

重大突发公共事件的新闻专业培训主要涉及新闻报道的平衡、伦理与职业道德、法律规范问题、用语规范、采编技巧规范、报道原则与理念。媒体可以定期邀请一些新闻传播学界、自然灾害相关领域的专家、学者，以及具

---

① 周洋.2008：拷问中国重大突发公共事件应急报道机制[J].南京政治学院学报，2008，24(6)：107-110.

有突发公共事件报道经验的资深媒体从业人员，举办讲座、心得交流会等，并可以将每次讲座、交流会的内容以文字或视频的形式保存下来，定期集制成册或共享在内部网上，以供所有媒体从业人员分享交流，使记者掌握一定重大突发公共事件的基础专业术语，积累相关科学知识，了解政策、法律、法规，熟悉基本的采编技巧和规范，创新语言表达与写作，同时提高编辑稿件审改、导播及新闻助理节目制作的专业素质和能力[1]。

四、法律缺失，不能为采访、报道提供法律保障

披露一些涉及舆论监督的信息往往会导致媒体受到很多的阻挠，不能依法获取、及时报道真实信息。迄今为止，我国尚未制定出以"新闻法"、"出版法"、"广播电视法"等命名的基本法律，媒体对于重大突发公共事件的报道，主要是依据相关法律以及各种有关新闻报道的规定条例，更常见的是新闻政策。这些政策往往是一些原则性的规定，对于这些原则性的规定往往可以有多种解释，这样就会导致媒体在实际操作中无所适从。因为，如此一来，哪些信息可以传播，哪些信息需要传播，哪些信息必须传播，很大程度上依靠官员的自由裁量。这种情况下为避免引起麻烦，很多官员往往采取多一事不如少一事的态度，缄口不言[2]。在许多重大安全事故、突发公共事件中，官员的第一反应不是及时向媒体通报事情进展，而是遮丑和"捂盖子"，高明的还有"打太极"、"踢皮球"，甚至对媒体及其主管单位采取公关手段。2012年12月，山西苯胺泄漏竟然瞒报5天，直到"盖子"实在捂不住了才公之于众。

另外，由于缺乏基本法律对媒体权益、记者采访权的确认和保护，从而使媒体难以介入重大突发公共事件现场，最终影响公众知情权的实现。近几年来，记者舆论监督被阻被堵乃至粗暴干涉的情况屡见不鲜，甚至还出现过殴打记者乃至调动国家机器跨省追捕调查记者的丑闻。而这又会形成一个恶性循环，因为媒体报道信息的缺失和失误，容易引发不良后果，这反过来又成为对媒体报道限制和封锁的理由[3]。

---

① 武丽魁.重大突发公共事件应急报道机制研究[D].广州：暨南大学,2013:41.
② 冯晓.公共危机管理外部信息沟通机制的构建——基于政府、媒体和公众三者关系的研究[D].厦门：厦门大学,2008:36.
③ 武丽魁.重大突发公共事件应急报道机制研究[D].广州：暨南大学,2013:24.

第二节 新闻内容层面

一、灾难新闻真实性有待提高

真实是新闻的生命。真实被看作新闻最基本的特征，同时也是人们对新闻最基本的要求，而传播真实可靠的信息、维护新闻的真实性，也就成为新闻传播者最基本的工作原则。

对媒体报道者而言，新闻真实性是在采写、编辑和制作过程中完成的；对受众而言，新闻真实性既包括点的真实，也包括面的真实，更包括过程的真实。相对于其他报道而言，灾难报道在真实性方面具有更高的要求。灾难报道的显著性，决定了其受关注的广泛度以及受众对相关信息了解的迫切性。和社会性新闻不同，灾难报道中的硬新闻元素较多，其精确性也比普通的新闻高[①]。

传统媒体多层次把关人的监管能避免恶意炒作以及假新闻的出现。但是网络特有的传播机制缺乏严格意义上的"把关人"，改变了原有的信息—传播者—传播渠道—受众的分层级传播关系，受众无需通过种种琐碎的关卡，就能方便地在网上调阅所需的任何方面的信息。

相对于传统媒体，网络媒体从业门槛低。网络媒体工作人员缺乏足够的职业素养。特别是突发公共卫生事件的报道属于卫生报道的范畴，对医学知识的储备要求较高。不准确的信息报道不但不会合理地引导舆论，反而会在民众之间产生群体性恐慌事件。H7N9公布之后第5天，江苏省中医药局根据江苏地域特点，制定了《江苏省人感染H7N9禽流感中医药防治技术方案（2013年第1版）》，方案中指出板蓝根能预防H7N9禽流感。江苏省卫生厅将此文件发布于官方网站，随后被新浪网、新华网、网易等具有影响力的门户网站转载。在这样没有科学根据的前提下，各大网站的纷纷报道引发的是民众开始抢购板蓝根。随后见诸网页的新闻则是某某地民众哄抢板蓝根、某某地口罩脱销等闹剧。即时性是网络媒体的重要特性，突发公共事件发生之后，网络媒体会第一时间进行跟踪报道。为了追求新闻发稿的速度以提高网

---

① 杨奇.《中国青年报》汶川地震和雅安地震报道研究[D].天津：天津师范大学，2014：15.

站的点击率，网络编辑会在不加甄别的状态下进行报道，所以"板蓝根冲剂可预防H7N9禽流感"的新闻频频出现在一些网站页面[①]。

二、内容单一、同质化，缺乏深度报道和后续报道

曾有研究者对比研究过《人民日报》和《纽约时报》对于2011年日本地震报道的异同[②]。《人民日报》作为国内最大的党报，其研究结果是有相当的代表性的。研究发现：《人民日报》300字以下的报道占总报道量的34%，1 500字以上的长篇报道占6%；而《纽约时报》300词以下的报道占9%，800词以上的长篇报道则占56%。在报道内容方面，《人民日报》多是中短篇消息的频繁跟进，追踪受灾情况和救灾行动；而《纽约时报》则倾向于采用长篇幅，其中除了细致展现日本灾区面貌和救援情况以外，值得一提的是，《纽约时报》经常在报道中详细分析灾难背后的科学性以及灾后救援的可行性，以期体现其作为世界大报对于国际重大事件的富有人文关怀和科学严谨的视角。

这显示了《人民日报》报道中缺乏深度报道。对于突发公共事件的报道，事件发生时，媒体很少在这时候出现缺位，但随着时间的推移，事件可能呈现出新的形态或者发生新的变化，这一时期的新闻价值只有媒体跟进报道、深度报道才能够被发掘。

突发公共事件的深度报道，大多属于调查性报道范畴，需要记者在大量的调查、研究的基础上得出有价值的信息，从而作出报道。涉及调查原因和问责内容的报道，需要直面强大的利益集团。因为调查性报道的问题往往与政府或管理机构的渎职有直接关系，相关的调查报道会与某些个人或企业发生严重的利益冲突。西方新闻传媒素以"看门狗"自居，旨在强化自身社会监督的功能和责任，无论在搜集信息还是在报道手法上，《纽约时报》的调查报道都显得更加熟练。对突发新闻进行深度报道的记者，要在各种复杂的社会情况中有勇有谋地展开调查，分析出其中的必然联系，从而得到真相。

深度报道，就是围绕社会发展的现实问题，把事件呈现在一种可以表现其真正意义的脉络中[③]。深度报道不是简单的报告事实，是在事实的基础上，

① 毕媛方. 我国突发公共卫生事件理性报道研究——以H7N9疫情为例[D]. 乌鲁木齐：新疆大学，2015：34.
② 范旸. 中美主流报纸突发环境事件报道比较研究——以《人民日报》和《纽约时报》为例[D]. 南京：南京大学，2012：21.
③ 刘海贵. 深度报道探胜[M]. 上海：复旦大学出版社，2007：180.

为受众梳理出关于事实的认识。在突发公共事件的报道中，要想在竞争中占有优势，就需要增加深度报道的内容。

例如，对于日本地震，《人民日报》在事发当月（2011年3月）的报道量占据了总报道量的66.2%，而《纽约时报》则只占33.8%，截止2012年1月31日，《人民日报》最后一篇有关日本地震的报道出现在2011年11月4日，而《纽约时报》最后一篇有关日本地震的报道出现在2012年1月19日。

这显示了《人民日报》报道的另一个问题，缺乏持续报道的跟进力度。地震灾难结束了就没有有价值的新闻可报道了吗？受灾国的社会秩序是否安好？灾区人民的生活是否在逐步恢复正常？房倒屋塌的人们如何重建家园？这些问题，依然是人们关注的热点，而媒体却突然偃旗息鼓，没有后音了。负责任的媒体应该在灾难之后的恢复期成为传递哀伤、同情与决心的信息中转站，给受到灾难伤害的受众提供心理上的安慰，帮助社会公众寻找到发泄感情的出口，鼓励人们积极勇敢地面对创伤，尽快恢复正常生活[①]。

正如喻国明所说，单篇新闻报道再优秀也无法构成人们的信息安全保障，知情权保障要求新闻媒介的报道结构是完整的，无重大遗漏的[②]。媒体这种前热后冷、戛然而止的报道现象，不能真正地从受众出发，尊重他们的知情权。

《人民日报》对于突发公共事件的报道在短时期内与《纽约时报》尚无报道量上的差异，但就长期来看，《人民日报》的跟进力度较弱。对于全面展现事件全貌、及时跟进事态进展和深入分析事件影响，持续报道都是有力手段。而持续报道能力的强弱，也是衡量一家报纸专业程度及责任担当的标准之一[③]。

三、正面宣传为主，缺乏批评报道和反思报道

突发公共事件，本身就是负面事件，会对人们原本的生活带来冲击。不同层次的媒体若全方位多角度对突发公共事件进行连篇累牍的报道，势必会在受众之间造成恐慌，给受众的情绪、生活以及心态造成压力。而另一种极端则是媒体为贯彻正面宣传为主的方针，对突发公共卫生事件的负面影响过

---

① 林琳. 媒介的公共突发事件报道研究[D]. 郑州：郑州大学，2007：26.

② 李春雨. 和谐社会的舆论构建[J]. 青年记者，2006(18)：38-39.

③ 范旸. 中美主流报纸突发环境事件报道比较研究——以《人民日报》和《纽约时报》为例[D]. 南京：南京大学，2012：61.

度忽略，坚持"灾难不是新闻，抗灾救灾才是新闻"的报道方式，则会在民间舆论场丧失公信力[①]。长期以来，我国媒体对突发公共事件的报道限制较多，媒体对突发公共事件报道呈"泛政治化"模式，突发公共事件报道要求"舆论一律"的原则影响媒体及时报道。近年来，媒体对于突发公共事件的报道有了重要突破，在时效性以及与受众的互动方面均有加强。但突发公共事件报道依然存在着报道以正面宣传为主，缺乏批评报道和反思报道等问题。我国媒体是党的耳目喉舌，媒体的发展必须接受同级党委的监管及领导，媒体报道以正面宣传为主。传统媒体一贯的报道方式比较严谨，并且偏重以正面宣传为主的报道，报道内容的选择多是能鼓舞人心且积极正面的内容，尤其是以政府在突发公共事件面前所做的努力以及对民众受灾情况的关心为主。形象意识主导下的突发公共事件报道，如果过度强调了对于政府和国家形象的正面宣传，并不会达到应有的效果。

在某些突发性的事故报道中，有些媒体对事故本身花较少笔墨，绝大部分篇幅集中在有关领导闻讯后如何采取紧急措施、积极抢灾救灾上。而对人们关心的深层信息如灾难发生原因等却少有挖掘。在地方事故的报道中，不少媒体和记者为避免与地方领导产生冲突，新闻的报道十分保守，基本是套用固定模式。首先是点出新闻的五要素，如事故发生的时间、地点和死伤人数等，紧接着就是各级领导紧急奔赴事故现场，指挥抢救、看望伤员及家属，然后就是上级部门就此事故做出的重要批示，要求全力抢救伤员、安抚家属、维护稳定、追究相关人员的责任。结果灾难成了背景，成了领导表现的舞台[②]。例如，对于2005年松花江水污染事件，在吉林石化爆炸发生后，吉林省委机关报《吉林日报》及时报道了这一事件，但期其间一直没有有关松花江因此而受污染的报道。《吉林日报》的报道重点依然是省领导赴现场部署救援，事故处理有序进行，生产整体正常，应急预案措施得力，通报要认真吸取教训，加强安全生产。关于爆炸所引起的吉林松花江段污染问题只字未提，只提到没有造成大气污染。《北京晚报》引述当地一名媒体工作者的话，吉林石化爆炸造成水污染在吉林已是公开的秘密，但是媒体从没报道过[③]。

吉林媒体没有对松花江水污染事件进行及时报道，也许是出于稳定民心

---

① 毕媛方.我国突发公共卫生事件理性报道研究——以H7N9疫情为例[D].乌鲁木齐:新疆大学，2015:20.
② 陆晓明.危机管理中的媒体角色与功能初探[D].南宁:广西大学，2007:32.
③ 陈力丹，陈俊妮.松花江水污染事件中信息流障碍分析[J].新闻界，2005（6）:19-22.

因素考虑，但这至少也说明了政府及媒体仍不能把"尊重受众知情权"落到实处。学者王梅芳认为：遵循媒体报道规律，开放准确、真实的信息是政府展开舆论引导、尽快隔离突发公共事件的有效方法。采用捂、压、盖的方式，从技术上说，不是好方法；从政治上说，不是好决策①。

而对于影响范围广、引发国际关注的突发公共事件的报道，媒体更是谨小慎微，唯恐不慎，就影响了我国在国际社会中的国家形象。

例如，对于雅安地震的报道，这里以《中国青年报》为例。《中国青年报》对于雅安地震的报道基调大多是正面积极的，几乎除去了灾区所有负面信息，不法分子趁机囤积资产、救灾物资质量数量问题、灾民哄抢物资事件等消息成了灾难报道的盲点，没有发挥社会监督的功能。其实灾难发生之初，受众一直关注灾难灾情以及政府、社会各界的救灾情况。随着事件的进行，大家更需要了解政府及社会各界救灾的进展、分配款项的具体问题以及灾难发生的原因、防范措施等问题。如果为了避免有不和谐的旋律，在灾难后期，也应该充分尊重受众的知情权，开诚布公，最终使整个灾难报道真实和完整。《中国青年报》作为主流媒体，面对负面信息，应适当地批评与揭露，那么在正面报道为主的格局下，最终就会有积极正面的效果。

《中国青年报》在雅安地震报道中，有些灾难信息的发布不是先依据新闻价值的大小取舍，而是先考虑对国家形象的损益。这是需要媒体理性看待的问题。

何谓国家形象？国家形象是国家软实力的重要组成部分，是指国际社会根据一个国家在新闻媒介的报道中所呈现的形象，而对一国作出的相对稳定的总体判断与评价。突发公共事件具有较大的新闻价值。在当今的信息时代，突发公共事件一旦发生，就会迅速在全球范围内传播，成为国际社会关注的焦点。突发公共事件报道得好，对于树立国家正面形象具有十分积极的意义，反之，只会给原本的国家形象抹黑，带来消极影响。目前，我国突发公共事件的报道在国家形象的塑造方面存在以下问题：突发公共事件报道过分强调政治性、时效性意识不强、人文关怀缺失。在突发公共事件报道中，媒体应努力塑造一个以人为本、诚实守信、透明开放、高效务实的负责任的大国形象②。

① 王梅芳.突发事件中媒体的角色定位与道德立场[J].当代传播，2011(3):44-46.
② 曹碧波.突发事件报道中的国家形象构建[D].湘潭:湘潭大学，2010:1.

在重大突发公共事件的报道中，常规报道媒体已经达到较为成熟的状态，但对于突发公共事件所进行的批评和反思报道却相对较少，不能充分发挥其舆论监督的作用，履行社会守望者的职责。反思性报道的缺失使得受众只能了解事件发生发展的始末，却不能知晓事件发生的深层原因。

例如，对于H7N9事件，《人民日报》仍侧重从正面去报道，媒体的信源主要是政府，媒体的报道也要通过信息的传播为社会营造良好的舆论氛围，塑造负责任的政府形象，促进社会稳定①。但片面强调对突发公共事件的正面宣传，导致批评性以及反思性报道减少，而如今在信息化社会，人们获取信息的渠道已经不但是传统的三大媒体，受众获取信息的渠道开始多元化，例如网络媒体以及自媒体平台也会对事件进行各类报道，对突发公共卫生事件的批评性报道让受众从另外角度认知事件，此时传统媒体强行灌输的宣传思想在受众的反抗意识下，不但达不到宣传效果，反而会促使受众对传统媒体信任感的弱化②。

四、同类信息堆砌，报道缺乏平衡

纵观我国媒体今年来对于突发公共事件所进行的报道，在报道的中后期都出现了报道失衡的问题，无论是"非典"报道，还是雪灾、汶川地震报道，都不同程度地出现了失重的现象，有的表现为地区性过于关注，有的表现为正面宣传的过度，有的表现为信息传播的单一③。

现代社会变得越来越巨大和复杂化，媒介是人们了解世界的重要途径，对超出自己经验以外的事物，人们只能通过各种新闻供给机构去了解。这个信息环境就是媒介通过对现实世界中海量信息的选择和加工为受众提供的一个"拟态环境"。由大众传播活动形成的信息环境，它并不是客观环境的镜子式再现，而是大众传播媒介通过对新闻和信息的选择、加工和报道，重新加以结构化以后向人们所提示的环境。拟态环境是现实世界的图像缩微，受众别无选择地通过这个相对简化的认知框架来感受世界的变动，并据此作出判断、采取行动，作用于现实世界。人们的行为是在对拟态环境作出反应。但

---

① 美新闻自由委员会.一个自由而负责任的新闻界[M].展江,王征,王涛,译.北京:中国人民大学出版社,2004:57.
② 毕媛方.我国突发公共卫生事件理性报道研究——以H7N9疫情为例[D].乌鲁木齐:新疆大学,2015:20.
③ 李倩.央视近十年公共突发事件报道研究[D].太原:山西大学,2010:25.

因为是行为，如果见诸行动，行为后果就不是出现在刺激行为的拟态环境中，而是在行动发生的真实环境中。

为此，媒介在新闻报道中应该为受众提供一个客观的、真实的、全景式的信息图，而不是片面信息的堆砌。否则，不但不能够满足受众对多样信息的需求，过多重复传播的信息还会让人产生接受疲劳和审美疲劳，信息传播的边际效应只会越来越低。但在目前的突发公共事件报道中，这个问题却非常突出。

在重大突发公共事件的报道中，大部分主流媒体往往在一段时间内制造出舆论强势的态势，短期内相关的报道充斥，但很多报道的角度和内容都是重复和重合的，这无形中就形成了媒体资源的浪费。

例如，2004年末的印度洋海啸灾难，对印度洋沿岸国家来说是一场巨大的劫难。在印度海啸的报道中，我国媒体快速反应，以积极的传播态度、先进的传播手段，很好地履行了传播责任，让国内受众了解到海啸的很多关键信息。但是由于国内媒体缺乏国际性突发公共事件报道的经验，大量的传播资源都集中在个别的几个方面，信息流显得狭隘而拥挤，报道缺乏全景式大视角。随着国际社会对海啸救援行动的展开，尤其是我国政府与人民开始对受灾国进行大规模的人道主义救援活动之后，国内各大媒体对海啸的报道重点就不约而同地转向了救灾，有关灾难本身的报道骤然减少，除了不断增加的死亡人数外，我们从报纸上、电视里更多看到的是我国救援队救助灾民的报道以及国内民众涌跃为灾区捐款的盛况。海啸灾难一时间从一场世纪灾难俨然成为一个热火朝天的、全社会范围的动员行动[①]。从新闻价值选择的角度来讲，表现中国人民的爱心的事实对我国的受众更具有接近性，理所当然应该作为报道的重点，如果对灾难的展现不足，仅仅一味报道国内老百姓踊跃捐款救灾的红火场面会使人们对捐款的意义产生怀疑，会使轰轰烈烈的救灾捐款场面变成一场莫名其妙的"群众运动"[②]。

纵观我国媒体的突发公共事件报道，尤其是灾难性突发公共事件报道，就会发现其中同质化现象严重。以雅安地震报道为例，媒体报道内容主要包括领导现场指挥、灾难救援、灾民安置、公众积极参与救灾活动、安抚灾

① 林琳.媒介的公共突发事件报道研究[D].郑州:郑州大学,2007:24.
② 张征.均衡度 逻辑性 节奏感——从海啸报道看突发事件报道中"度"的把握[J].当代传播,2005(3):80–81.

民、稳定社会和企业赈灾以及灾难原因、损失程度等模式化的报道，这就需要媒体发现独家视角，面对同样的灾情，进行救援、重建和赈灾等一系列活动，怎样才能使自己的报道更出色，这是需要媒体所思考的。而且报道中的深度报道相对较少，这就需要报道的视角更加理性，我们看到很多的报道围绕党和政府官员，这就需要贴近民生，增加深度报道的感染力和影响力①。灾难性事件报道的主体可以是事件本身，可以是受害者，还可以是灾难性事件引发的政府或社会组织的行为。选择什么作为报道的主体，集中体现了媒体的新闻价值观。在这方面，中美存在很大差异。美国媒体大多把灾难性事件的受害者作为报道主体，兼顾其他。而中国媒体则将主体集中在由灾难性事件引发的政府或社会组织的行为上②。

与美国的 CNN、法新社等国外大媒体相比，人民日报社、中央电视台等国内主流媒体对灾难本身的报道明显不足，而对救灾捐款的报道明显过度，使这一阶段的信息传播呈现出明显的不均衡。可见，光凭大量的信息堆砌，并不能达到预期的传播效果，这提醒了我们，数量无法替代质量，在灾难事件报道中，媒体应该兼顾新闻报道的点面结合，运用多个视角，加强理性分析，不断提升突发公共事件报道的广度和深度③。

生产新闻是网络媒体的主要工作之一，而其生产新闻的速度以及新闻内容的质量，是衡量一个网络媒体是否具有公信力的重要标准。网络媒体内容的生产，一部分是直接粘贴和复制传统媒体的内容以及从其他网络媒体上进行直接转载，一部分是由自己的采编队伍进行采编。重大突发事件发生之后，为了整合文字、图片、音频以及视频材料，网站会开设专题进行多角度全方位的报道。而新闻专题的报道内容，则以整合其他网络媒体的新闻内容为主。以腾讯网的 H7N9 专题为例，从 2013 年 3 月 31 日至 2015 年 2 月 11 日，在众多的新闻稿件中，仅有"H7N9 会成为'非典'第二吗"、"板蓝根的真面目"、"禽流感来袭"、"禽流感到底有多可怕"等 7 篇腾讯独家报道，所占比例微乎其微。打开百度搜索引擎，输入"H7N9"关键词，截止到 2015 年 2 月 11 日 22 时 34 分，共有 866 000 0 条新闻。呈现给受众的是浩瀚繁杂的信息量，但在内容上，重复率极高。网络媒体之间不加辨别的转载，加大受众甄

① 杨奇.《中国青年报》汶川地震和雅安地震报道研究[D].天津:天津师范大学,2014:39.
② 林琳.媒介的公共突发事件报道研究[D].郑州:郑州大学,2007:24.
③ 林琳.媒介的公共突发事件报道研究[D].郑州:郑州大学,2007:25.

别有效信息的困难度。网络媒体内容同质化以及跟风严重的问题，一方面是由于媒体间竞争激烈，任何一家媒体都不想在突发公共事件发生之后处于失语状态，而是想通过信息战的方式吸引受众的点击率；另一方面，网络媒体虽然在报道速度上优于传统媒体，但在后续化的深度报道中往往呈现不出优秀的作品，转而对传统媒体的新闻进行简单转载①。

五、新闻体裁单一

新闻体裁是新闻作品的各类载体形式，根据新闻内容的不同，采用不同的表现形式。不同的新闻体裁能给予受众不同层次的信息内容。消息内容简短，简明扼要，能开门见山地告诉受众新闻事实是什么；通讯体裁的内容量大，取材比较全面并且完整，对事实的表达比较富有感情；新闻评论则是对新近发生的新闻事实提出一定的看法以及意见的文章，更具有思辨性。不同的新闻体裁能给受众提供多个角度去观看突发公共事件。

在突发公共事件发生初期，消息体裁因其内容简短，能迅速告知受众在什么时间发生什么事件，发挥着一定的作用。例如，从2013年3月31日至5月1日，《人民日报》对于H7N9的报道共有147篇，报道体裁随疫情的发展态势进行相应的变化，但整体上以消息为主，评论性文章数量较少，没有发表通讯类文章。单一的报道体裁提供给受众的仅是最新的疫情动态，而对于疫情给民众以及社会生活带来的负面影响缺乏必要的疏导②。

六、视角单一、欠缺现场感

对于突发公共事件的报道，采用多方视角以及直接或间接引语对于还原现场十分有益。不论是受到事件直接影响的当地民众，还是采取措施、制定政策的政府机构、社会组织以及相关产业，都能从某一个侧面反映出事件的形态。以《人民日报》为例，从消息源种类和分布来看，《人民日报》的最重要消息源为官方，且占比相当大，各类消息源分布不够平均。

不论是直击事件现场，展现事件影响力抑或是分析事件的前因后果，使用引语都能避免记者的"泛泛而谈"，而让受众犹如"亲耳所听"一般感受到

---

① 毕媛方.我国突发公共卫生事件理性报道研究——以H7N9疫情为例[D].乌鲁木齐:新疆大学，2015:23.
② 毕媛方.我国突发公共卫生事件理性报道研究——以H7N9疫情为例[D].乌鲁木齐:新疆大学，2015:21.

信息的准确性和生动性。再以《人民日报》为例,《人民日报》在突发公共事件报道上的引语使用次数还是比较缺乏的。

随着我国新闻改革的不断推进,新闻的形式也在日趋完善。过去"假、大、空"的写作风格早已被时代和受众所抛弃,纸质媒体要想在电视、网络等多媒体竞争的格局中长期占据一席之地,就必须重视报道本身的现场感,关照受众的阅读感受。《人民日报》作为全国第一大报,其报道也要能够展现其出色的报道能力和专业水准。适当使用引语、采用多方视角,才能全面呈现事实,增强报道的真实性和现场感,从而最大程度地实现事件的新闻价值,搭建舆论引导和舆论监督的载体①。

第三节　新闻伦理层面

目前,我国的突发公共事件报道取得了较大的提升。媒体的快速反应、较强专业性、深入一线采访的敬业精神,得到了高度评价。但是当我们冷静思考灾难报道时,发现其中还有些问题需要引起重视,并有必要在今后的报道中改善。

一、人文关怀需进一步提升

人文关怀主要是指对人的价值、个性、尊严、地位、发展与自由的关注、看护和尊重。突发公共事件报道要坚持以人为本的原则,要求媒体在危机发生时以维护人民的利益、安全和生命作为首要的出发点,并在此基础上倾注人文关怀。要在报道中体现人文关怀,就要求媒体关注灾难中的人以及人的生存状况,在直面悲剧的同时,从人性的角度审视灾难,关注灾难中的生命,以及灾难中人的行为、困境和精神状态。

突发公共事件报道尤其是灾难性突发公共事件报道中,新闻媒体应该给予更多的人文关怀,体现出对人的尊重和避免对人心灵的再次伤害。事实上,我国媒体在对采访对象实施人文关怀方面,比以往任何时候都要好许多。血腥的具有强烈刺激性画面和图片没有明显出现是各大媒体上,相对以往来说,这是一个较大的进步。然而,人文关怀的缺失没有彻底改变,一些

---

① 范旸.中美主流报纸突发环境事件报道比较研究——以《人民日报》和《纽约时报》为例[D].南京:南京大学,2012:63.

不规范的言行依然显现出来。

　　突发公共事件给当事人带来无法言语的灾难和创伤，事件的基调应该是悲剧性的，从人文关怀的角度出发，媒体对这类题材的报道应当给予严肃、理性、同情、关爱的态度，尽量顾及突发公共事件当事人的情绪，坚持人道主义的原则，弘扬社会主旋律。但是，从现有的报道案例中不难发现，有个别媒体以调侃、戏谑的态度炒作灾难新闻，甚至在灾难发生时怀着看客的心理，将灾难事件低俗化、娱乐化，这种麻木不仁的做法容易形成一种随意、轻浮的社会舆论环境，对受众的心理涵养非常不利，同时也不利于社会和谐文化的建立①。

　　（一）娱乐化炒作，有失严肃

　　对于"新闻娱乐化"的概念，目前学界尚没有一个统一的界定。概要地说，就是内容上侧重于软新闻或尽力使"硬新闻软着陆"，主要表现为通过描述新闻的细节、情节、故事，增强新闻内容的趣味性，挖掘新闻的娱乐性，走新闻故事化、文学化道路。

　　虽然新闻娱乐化现象日趋普遍，但是在带有灾难性质的突发公共事件发生时，面对如此重大严肃的新闻事件，媒体采取新闻娱乐化的报道方式显然是不合时宜的。可为了吸引受众眼球，仍有部分媒体有意无意地寻找一些有娱乐点的新闻，其新闻娱乐化的本性暴露无遗。

　　一些报纸对灾难报道娱乐化。他们为了吸引读者，在新闻写作特别是新闻标题上下工夫，以提高"卖点"。2002年6月19日，美国亚利桑那州发生森林大火，由于火势凶猛，650多名消防人员被迫多次撤离。与此同时，在距该起大火发生地只有10公里的另一地方也发生了森林大火，两处大火很可能烧到一起。6月23日，河南某地一家报纸的标题是《美两处森林大火有望"会师"》。6月25日，该报再次报道《美两处森林大火已经成功"会师"》。2002年6月21日到22日，西班牙连续发生5起汽车炸弹爆炸事件，造成7人受伤，其中一人伤势严重。而此间欧盟首脑会议正在西班牙南部城市召开，某报却是这样报道的《会议开两天，炸弹响五次——汽车炸弹为欧盟峰会伴奏》。再比如，在2004年印尼海啸事件中，有一家媒体在报道著名影星李连杰

---

① 林琳.媒介的公共突发事件报道研究[D].郑州:郑州大学,2007:27.

脱险时用了这样一个标题《李连杰马尔代夫遇海啸凭真功夫保障家人平安》，但实际上，李连杰脱险与其所处旅馆位置有很大关系，"凭真功夫"的说法无非是渲染其武打明星的背景，同时制造一点传奇因素来吸引受众眼球。不但如此，有一家报纸在处理这条新闻的时候，将其放在头条位置，而遇难人数继续增加的消息却被放在了第二条，这种处理方式显然是颠倒了两条新闻的价值，把娱乐价值放在了第一位。在这次灾难事件报道中，还有媒体刊登了《外星人在地球上实验武器》的新闻，读完才知道，这只不过是某些人对地震海啸灾难原因的一种荒诞不经的猜测，这样的新闻除了将海啸神秘化和复杂化以调动受众的好奇心外，又有多大的新闻价值呢[①]？

而且，在印尼海啸时，还有某台一档娱乐节目邀请某明星参加，主持人竟突发奇想，非要他捐出一根胸毛拍卖，为海啸难民募捐。明星捐胸毛的事件，在媒体的极力炒作之下，引发了许多调侃、评论，一时间转移了人们关注海啸的视线。在人间惨剧般的灾难之中，一些媒体拿什么都能娱乐的做法实在令人瞠目结舌。

类似的情况还发生在2004年的两起手机短信有奖竞猜事件上。其一是我国赴阿富汗工人遭遇恐怖分子袭击后，某卫视居然让观众有奖竞猜武装分子身份；其二是俄罗斯的别斯兰市发生歹徒劫持上千名学生人质的事件，某电视台的《今日关注》栏目推出了手机短信竞猜死亡人数。当然这样有伤人道主义原则的现象很快得到了政府部门的重视，并及时给予了纠正。之后国家广电总局发出《关于进一步加强电话和手机短信参与的有奖竞猜类广播电视节目管理的通知》，文件规定新闻类节目含访谈类节目，不得开设手机短信参与有奖竞猜。

还有，就是汶川地震期间最突出的例子之"朱坚强"和"范跑跑"。

汶川地震过后，许多人并没有在第一时间获得救助，他们在废墟中待了两三天，甚至更久的时间后才被发现，这些顽强活下来的人是生命的斗士，可歌可泣，媒体的关注报道也都在情理之中，但当媒体的焦点发生变化，开始关注谁在废墟下待的时间更久，谁又打破了新的纪录，这无疑违背了媒体最初的报道意图。更让人匪夷所思的是，最后打破纪录的居然是一头猪，这头猪被冠以一个响亮而坚强的名字——"朱坚强"，甚至有一家

---

① 陆晓明.危机管理中的媒体角色与功能初探[D].南宁:广西大学,2007:33.

博物馆准备收养这头猪，并准备为它申报"世界吉尼斯"。对于地震中幸存的猪——"朱坚强"，一些非主流媒体情有独钟大肆炒作，将"朱坚强"树立为动物和人类学习的典型、行动的楷模。甚至有的媒体不惜花大量的篇幅、大版面，不惜浪费电视和电台宝贵的时段，把"朱坚强"炒作得家喻户晓，妇孺皆知。"朱坚强"的风头甚至盖过了在这次地震中坚强生存和活着的人类，一些媒体以此来树立典型非常不严肃，而以此来娱乐一把灾区之外的受众倒是媒体心照不宣的真实意图①。

"范跑跑"为都江堰光亚学校历史教师范美忠，地震发生时不顾学生的安危，自己一个人先跑出教室。5月22日，范美忠在网上发言辩护说："我从来不是一个勇于献身的人，只关心自己的生命"，"我是一个追求自由和公正的人，却不是先人后己勇于牺牲自我的人！在这种生死抉择的瞬间，只有为了我的女儿我才可能考虑牺牲自己，其他的人，哪怕是我的母亲，在这种情况下我也不会管的"。该言论引起了网民的极大愤怒，网民因此给其取名为"范跑跑"。随后，又有人同情和支持"范跑跑"。一些非主流媒体此时抓住了该题材，对"范跑跑"事件进行铺天盖地的大肆报道。只要有一条与"范跑跑"有关的新闻，有些媒体就大炒特炒。还有的媒体为了将事情"报道清楚"，不惜篇幅和版面，有些报纸甚至拿出一个整版、几个整版来进行报道。"用娱乐新闻的报道方式来报道严肃的救援工作，是极不严肃的报道方式。一个如此重大而严肃的灾难事件，以严肃的报道开始，最后却以喜剧的方式发展和结束。对于这种现象，媒体从业人员应该进行反思和修正。"②

（二）媒体轰炸和过度煽情渲染

灾难过后，灾民更多需要平静来消除恐慌心理，来摆脱地震带来的阴影。在精神方面，灾民需要的是关爱和宁静，而不是轰炸式的采访。在具体的报道中，部分新闻媒体忽略了灾民心灵上的需求，一遍一遍去采访和报道伤者。媒体对幸存者过分关心和报道，只会给幸存者带来"次生灾害"。

例如汶川地震中一位被埋在废墟中唱歌等着被救的9岁小学生，因媒体和热心人的过度关心，导致情绪失控，在医院大喊大叫。可以看出，这种轰

---

① 皮传荣.汶川地震媒体报道之反思[J].西南民族大学学报(人文社科版)，2008(8)：149–152.
② 舒惠琴.《人民日报》与《纽约时报》灾难新闻的比较研究——以汶川地震报道为例[D].上海：上海外国语大学，2009：31.

炸式的采访，反复刺激着灾难伤者，对于恢复其心理健康非常不利。心理学家和心理医生呼吁：对获救人员的采访和关心要有节制，不要因此加重当事人的心理负担。这种媒体轰炸只是在增加灾民的伤害，而非减轻其痛苦。

灾难报道中，"减少伤害"的原则是记者应该遵循的新闻职业道德。德国报业评议会与报业协会合作起草的德国《新闻业准则（1994年修订）》中指出：当不尊重受害者的痛苦及其家人的感情时，即超过了对事故或灾难进行报道的可以接受的界限，不得使已遭受不幸的人因媒体的不得体报道而再次受到伤害[①]。

美国职业记者协会的《职业伦理规范》也要求记者在采访报道时，要对那些可能因为新闻报道而受到负面影响的人们表示同情，尤其面对孩子和没有经验的消息来源或采访对象时，要特别小心。当采访受到悲伤事件影响的人们或使用其图片时，记者要有同情心，谨慎使用图片，要认识到采访和报道可能会对采访对象或公众引起伤害和不安，自以为是地追逐新闻是不可取的[②]。

然而违背这一准则的事例却并不少。国内一家很有名的国际新闻报在报道海啸时有这样一个标题：《孩子七窍流血，尸体散发恶臭，裹尸布告罄》。在标题中用这样的一组词语来描写灾难场面，很可能给受众造成心理阴影。无独有偶，另一家报纸的头条用一幅很大的照片，近距离地将一个死者展现出来，图片上尸体腐烂，极为恐怖。还有的媒体将尸体堆积如山的照片也刊登在报纸上，特别是其中一辆推土机在推尸体到坑内埋葬的图片，看来使人心里发麻。根据心理学研究的报告知，不论是直接受灾、目睹灾难或参与救灾的人员，有30%～58%的人会出现创伤压力，对创伤事件的相关刺激或者受难经验的不断反复，将强行唤起幸存者痛苦的记忆，出现恐惧、紧张、失眠、忧郁的症状，甚至产生自杀、精神病等问题。对一般受众而一言，这种新闻报道方式也会带来厌恶、不安的情绪，从而影响接受消息的真正目的。从短期来看，媒体可能一时抓住了受众的眼球，但在长远来看，媒体将会丧失受众的信赖和媒体自身的公信力，其后果是严重的[③]。灾难新闻中，媒体发掘和报道灾区民众的苦难，激发受众的同情和善举，这是无可非议的。但是

① 魏永征,张咏华,林琳.西方传媒的法制、管理和自律[M].北京:中国人民大学出版社,2003.
② 陈力丹,王冠.汶川地震报道特点及对传媒未来的影响[J].当代传播,2008(4):41-44.
③ 陆晓明.危机管理中的媒体角色与功能初探[D].南宁:广西大学,2007:34.

如果媒体过分渲染灾民的痛苦，没有把握好度，就造成了煽情。而这些煽情的报道虽然可以博得受众更多的同情，但是无疑也会加重受灾民众的心理创伤。"你家死了几口人？"类似的问题，无数次出现在对灾民的采访中。这些问题折磨着那已经千疮百孔的心灵，一次次让灾民回忆那痛苦的场景，这是极其残忍和冷酷的。

灾难中，新闻媒体有责任让外界了解灾难实情，尽可能以同情的方式谨慎提问，不应该以受伤者的痛苦和泪水来换取更多的眼球。1997年，由英国新闻投诉委员会通过的《英国新闻工作者业务准则》明确要求，记者在涉及个人不幸与震惊的事件上，必须以同情、谨慎的方式进行询问[①]。

（三）"冷漠的看客"现象

在进行突发公共事件的报道时，一些媒体及其从业人员为抢发新闻，不仅不具有悲天悯人的情怀，甚至还将自己置身事外，仅仅从一个单纯"看客"的角度对突发公共事件"冷眼旁观"，即"冷漠的看客"现象。

在突发公共事件尤其是一些自然灾害发生后，总会涌现出许多大爱无疆的平民英雄，这些可歌可泣的英雄事迹受到媒体的"格外关注"。例如四川彭州的蒋敏，在汶川地震中失去了母亲、女儿等十位亲人，却始终坚守在抗震第一线，被网友誉为"最坚强中国警察"。可记者采访正在照顾灾区儿童的蒋敏时，却提出这样一个问题："你在救助这些灾民的时候，看到老人和小孩，会不会想到自己的母亲和女儿？"此时，苦苦支撑了数日的蒋敏被问得一句话都说不出来，一出帐篷就昏倒在地。

类似这样的事在这次灾难中时有发生。心理学研究表明，不论直接受害者、目睹者还是参与救援者，有30%～58%的人会出现创伤后压力症候群。采访者对相关事件的不断重提和反复刺激，会强行唤起幸存者的痛苦回忆，引发悲痛、恐惧、失眠等精神疾病[②]。

（四）追求新闻精彩，影响救援行动

有的记者为了捕捉"生动鲜活"的新闻现场，挖掘所谓的"人性化"感人瞬间，不仅影响到救援工作和幸存者，甚至表现出报道大于救援的倾向。

---

① 魏永征,张咏华,林琳.西方传媒的法制、管理和自律[M].北京:中国人民大学出版社,2003.
② 邓林奕.灾难新闻的心理学思考[J].新闻记者,2000(5):36-37.

例如汶川地震期间，央视某记者在未经允许的情况下闯进汶川战地医院的手术室，强行采访已消毒完毕、正准备进行手术的主刀医生，并不断追问躺在手术台上已麻醉好的病人的伤情，不仅将医生手术衣污染，还耽误了医生救治病人的宝贵时间。汶川地震期间还曝光过一位央视某女主持人的冲动行为。废墟中发现了一位中年妇女和一个老大爷，这时，一个救援人员挡住了摄像机镜头，这位女主持人对他说"你让让好不好，我们先拍"。大家都说还是救人要紧，而主持人坚持说"只要5分钟就好"。此时，幸存者身体上方正有一块残存的预制板，随时可能发生垮塌，救援人员要求先把它搬开再说，没想到主持人的回答竟然是"不用，就保持那样别动"。接着转过身来继续对着镜头播报。汶川地震中，在废墟下埋了三天三夜的陈坚，身体已经非常虚弱，在记者的启发下，又说了很多话，并做了现场直播电话连线，记者的煽情使陈坚的情绪一直处于非常激动的状态，但在满足受众的想象和新闻记录的需要的同时，他却体力消耗殆尽，永远地闭上了眼睛。我们不能肯定地说死亡与这次采访有关，但可以确定的是这种灾难腔式的采访，对于刚刚脱险的人来说是一种严重的生命消耗。

是新闻价值更高，还是生命至上，这是每个媒体人值得深思的问题。然而，有些媒体在面对这些带有灾难性质的突发公共事件时，为了得到所谓的"独家新闻"，为了追求所谓的镜头效果，肆无忌惮地抓拍受伤者悲痛欲绝的表情，不顾事件亲历者的感受刨根问底，漠视生还者对生命的渴望。事实上，这些带血的新闻报道绝对不是简单的新闻的职业冲动就能解释的，它反映的是部分媒体从业人员人文精神的沦丧和社会责任的淡忘。无论何种情况，人的生命高于一切，尤其高于记者从事的新闻报道本身，这是所有新闻工作者必须明确的原则[①]。

二、媒体报道"失度"

在突发公共事件的应对中，媒体常常因掌握不好分寸，出现报道数量"失度"和报道内容"失度"的现象。媒体报道数量上的"失度"主要指：突发公共事件发生后，几乎所有的媒体都"聚焦"于此，大量数据雷同、图片相似、内容类似的报道"铺天盖地"，完全占据了公众的信息空间，信息严重

---

① 陈力丹,王冠.汶川地震报道特点及对传媒未来的影响[J].当代传播,2008(4):41-44.

过量。媒体对突发公共事件不加节制、连篇累牍式地报道，结果反而过犹不及，引起公众更大的恐慌和混乱，导致媒体作为社会秩序的"稳压器"的角色错位①。在同一个角度、同一个层面对相同内容进行过度报道，信息过量导致的结果便是有用信息的遮蔽和湮没，而信息一旦超过了人们所能承受的负荷，超量部分就变成冗余信息，信息事实上成为噪音，信息污染也随之出现。读者得到的有效与实用信息相对有限，这同样不能说满足了公众的知情权。报道之所以在数量上"失度"，一方面固然是与事件本身的重要性有关，而对于立足于市场竞争的媒体来说，另一方面也是追求经济效益的需要。显然，媒体在竞争的压力下，往往容易在最见效果的数量上进行比拼，最终导致媒体在突发公共事件应对中的角色错位②。曾有研究者统计过汶川地震2008年5月13日至31日期间，《人民日报》、《四川日报》、《陕西日报》、《甘肃日报》四份党报针对汶川地震每日报道数量（篇数）分布情况。在地震发生后的第二天直到31日，四份党报每日报道数量基本在100篇以上，最高篇数达到160篇，最低篇数也有96篇。而这仅仅选取了四份重要的党报作为研究分析对象，若是把当时全国所有媒体每日报道数量做一个统计，恐怕这个数字会大得多。这种"狂轰滥炸"的报道方式，非但不是对公众知情权的合理满足，反而是对公众知情权的漠视和践踏。

媒体报道内容上的"失度"是指，媒体在突发公共事件的报道中，热衷于"正面宣传"，处处唱赞歌，而忽视了对事件本身的报道，造成正面信息报道与负面信息的披露严重失衡。突发公共事件带给人们的本来是一出悲剧，但有的媒体却硬把它谱成一曲"颂歌"，内容不外乎是领导紧急奔赴现场，如何指挥抢救，如何安抚受害者及其家属等，结果天灾人祸的背景却成了领导表现的舞台。部分媒体甚至为了追求所谓的"新闻效应"，忽视广大受众的心理承受力，使用一些不合时宜的图片、画面或一些夸大事实、过分渲染的词语。如在大连"五七"空难后，中国新闻网以《"五七"空难现场特写："我把黑匣子捞上来了！"》③为题的一则报道，配发一张打捞员捧出黑匣子时人们鼓掌的照片引起一片争议，这是一场造成一百多名同胞遇难的空难，当时

① 杨魁，刘晓程. 政府·媒体·公众：突发事件信息传播应急机制研究[M]. 北京：中国社会科学出版社，2010：136.

② 陆晓明. 危机管理中的媒体角色与功能初探[D]. 南宁：广西大学，2007：37.

③ 张召学，齐彬."五七"空难现场特写："我把黑匣子捞上来了！"[EB/OL]. (2002-05-14)[2015-09-13]. http://news.sohu.com/61/84/news200858461.shtml.2002-05-14.

甚至还有许多人的尸骨还未找到，这样的照片会让人感觉极为不舒服。另外，在突发公共事件后期的新闻报道中，"取得了胜利"、"打了胜仗"等字眼频繁出现，这在一定程度上违反了"人文关怀"的原则，因为在具有破坏性质的突发公共事件面前，是没有"胜利"和"胜仗"可言的。诚然，在突发公共事件中的正面报道具有稳定人心、鼓舞士气的作用，是非常必要且重要的，但是度的把握亦同样重要，不应过于悲观，也不能过于"东风压倒西风"①。

三、媒体角色越位的现象

媒体作为社会公器，代表着民主与正义，是舆论监督的利器。但是随着媒体社会影响力不断扩大的同时，其角色功能却产生了一定程度的异化，特别是在行使舆论监督权时，出现严重的越位现象②。这种媒体角色越位实质上是一种媒体权力的僭越，在突发公共事件应对中，表现为"媒体逼视"和"媒体审判"的现象③。

(一)"媒体逼视"

"媒体逼视"④这一概念最早由我国著名新闻学者陈力丹提出，主要指由于新闻媒体对私人领域的过度公开报道，使得属于私人情境下的各种信息成为社会公开环境下的信息，而对私人信息的公开放大，使得处于这个媒体创造的新信息情境下的被曝光者只能接受社会舆论无形压迫式的关注和期待，这对于被曝光者本人的隐私权是一种变相侵犯。

在一些具有破坏性质的突发公共事件发生后，社会各界纷纷施以援手，积极投入到浩大的慈善行动中。媒体也依托自身优势积极"号召"募捐，这一慈善行动本来是值得学习和赞扬的，可是部分媒体，尤其是网络媒体在突发公共事件的专题报道中列出"名人捐款排行榜"、"企业捐款排行榜"、"演艺圈捐款明细表"等的行为却引起了争议。诸如此类的排行榜或明细表表面上是对爱心企业或人士的褒奖和对慈善事业的宣传助推，实际上却将捐款数

① 林娜. 我国突发事件危机管理与媒体角色的转变[J]. 理论与改革,2009(4):91-93.
② 戴晓蓉. 媒体角色功能性错位——看愈演愈烈的"媒体审判"现象[J]. 新闻知识,2005(11):91-93.
③ 仇晶晶. 试论突发公共事件应对中媒体角色的实现[D]. 石家庄:河北经贸大学,2013:41.
④ 陈力丹. 近期我国新闻传播学研究的十大热点[J]. 新闻实践,2007(5):8-10.

额相对较少或未（暂未）捐款的企业或人士曝露在"众目睽睽"之下，接受众多不相干人的"道德拷问"，甚至还演变为"舆论绑架"，逼迫名人、名企捐款。例如在"5·12"汶川抗震救灾中，就出现了王石和万科集团"捐款门"事件，广大网友认为房地产巨头万科集团捐款200万与其企业利润严重不符，没有尽到企业应尽的社会责任，并将王石5月15日在博客中的个别言词进行炒作，展开谩骂攻击，各大媒体也迅速加入此事的报道中，一时间声讨王石和万科集团的文章连篇累牍。在强大的舆论压力下，王石和万科集团最终不得不向"民意"低头道歉，追加捐款。捐款本是一种自愿且私人的行为，一个人或一个企业，无论捐款与否，无论捐多与少，都是出于自愿，对于每一个捐款者，我们都应该心存感恩，我们都应该永远铭记。或许有人说"逼捐"是网络暴民造成的，但是不可否认，媒体对于捐款者的"逼视"，为网民的"逼捐"起了推波助澜的作用。媒体非理性化的宣传与配合，致使网络暴民的"逼捐"愈演愈烈，成为社会上的一种"歪风邪气"，可以说，"逼捐"是借着慈善的名义而进行赤裸裸的"威逼利诱"，是人性化观念下所产生的非人性化的结果①。

（二）"媒体审判"

"媒体审判"指在案件审理的过程中，媒体超越司法程序抢先对案情作出判断，对涉案人员作出定性、定罪、量刑以及胜诉或败诉等结论，干预、影响审判独立和公正的现象②。

从早期的"张金柱案"③、"刘涌案"④、"黄静案"⑤到近几年的"许霆案"⑥、"邓玉娇案"、"药家鑫案"⑦，尤其是一些有重大社会影响案件的审判，都是新闻媒体关注报道的热点。诚然司法的公平、正义、透明，离不开媒体的监督和舆论的指正，但如果媒体过度地干预、介入司法案件，就会妨

---

① 王彬.探讨我国媒体在重大突发事件中的报道策略——以拉萨"3·14"事件和"5·12"汶川地震为例[D].长春：东北师范大学,2009:12.
② 魏永征.新闻传播法教程[M].北京：中国人民大学出版社,2002:113-114.
③ 马守敏,徐鸿鸣.张金柱驾车撞人逃逸案,曾经的血案曾经的风波[EB/OL].(2007-10-29)[2017-03-02]. http://old.chinacourt.org/html/article/200710/29/271856.shtml.
④ 时代商报专题.刘涌案始末[EB/OL].(2003-12-23)[2017-03-02]. http://news.sina.com.cn/c/2003-12-23/020602440814.shtml.
⑤ 方常君.湖南女教师黄静案总结报告：年轻女教师的非正常死亡[N].南方周刊,2006-07-17(A1).
⑥ 余亚莲,李斯璐.专家研讨许霆取款案,许父称要上告到底[N].新快报,2007-12-22(A1).
⑦ 佚名.药家鑫当庭下跪,家属索赔[N].广州日报,2011-03-24(A10).

碍司法公正，违背司法独立的原则，甚至形成"媒体审判"。

可以说，"媒体审判"是媒体角色越位最突出、最典型的表现。在突发公共事件的应对中，媒体报道也常常造成一种"媒体审判"的效果。如2009年5月7日晚发生在杭州的飙车案，本是一起普通的交通肇事案，却因媒体的大量报道，受到公众极大的关注，上升为突发公共事件。媒体给肇事者胡斌贴上了"富二代"的标签，与受害者谭卓"上进青年"的身份形成强烈的对比，在新闻报道中使用《文二西路紫桂花园门口飙车夺命———帮富家子弟驾驶豪华跑车把城市道路当F1赛道》、《杭州富家子弟驾豪华跑车飙车撞死一男子》[①]等爱憎分明的标题，并在文中使用"富家子弟"、"豪华跑车"、"勾肩搭背"、"无辜路人"等明显带有主观感情色彩的词汇，严重违背了媒体客观公正的报道原则。在媒体的倾向性报道的影响下，社会舆论几乎一边倒地要求严惩肇事者，甚至认为应该以危害公共安全罪量刑且重判。任何人在法律作出判决之前都是无罪的，都有被当做无罪公民对待的权利，况且究竟是以"交通肇事罪"还是"危害公共安全罪"量刑，法律会作出公正判决，不是媒体说了算，也不是公众说了算。

随着新闻实践的不断丰富，新闻理论的不断深入，对于"媒体审判"这个概念的理解也变得更加宽泛，除了法律层面的"媒体审判"，在道德层面同样存在"媒体审判"现象，即媒体对未触及法律的事件用纯粹伦理道德观念进行是非评判。例如，2011年沸沸扬扬的"小悦悦"事件。2011年10月13日17点25分，在广东佛山五金城，两岁女童王悦（小悦悦）被一辆面包车撞倒并碾压，司机逃逸，随后被另一辆货车再碾压，根据监控录像显示，在之后近7分钟的时间里，有18位路人经过，却没有一个人援救或报警，直到第19个路人拾荒阿婆陈贤妹将其救起，但小悦悦最终因伤势过重，于21日凌晨离世[②]。随后，以南方经视《今日一线》的《佛山南海女童接连被撞，18路人默然走过》报道为开端，各大媒体对"小悦悦"事件展开了全面报道，舆论的焦点大多集中在谴责路人的冷漠和中国道德素质的整体滑坡上，并且使用了"冷漠"、"冷血"、"漠然"、"缺德"、"道德沦丧"等明显带有道德指向的词语。在事实真相远未明了之前，媒体甚至单单依据当时并不完整的录像，就

① 任烨. 杭州富家子弟驾豪华跑车飙车撞死一男子[EB/OL]. (2009-05-08)[2017-03-02]. http://www.360doc.com/content/09/0511/11/142_3455110.shtml.
② 黄晓晴. 肇事司机终审获刑2年半[N]. 羊城晚报, 2012-12-19(1).

给那18位路人统统贴上了"冷血"的标签，并对他们进行道德审判，判定他们"道德冷漠"、"见死不救"。同样，媒体对18位路人之一的陈升先生进行采访也是如此，记者把自己看成道德的法官，直接以责骂和训斥的口吻质问陈先生，"你为什么不去救人"，对采访对象进行了赤裸裸的道德审判。虽然这18位路人错过了将小悦悦18次从死神手里拉回来的机会，他们的"冷漠"确实令人深思，但是这件事所折射出的社会深层次原因并非这18位路人所能承担的，况且他们的"冷漠"是否有其他客观原因？视角盲区、光线昏暗等这些因素都不应被忽视①。

需要注意的是，无论是媒体司法审判还是媒体道德审判，都是媒体作为舆论监督者的一种角色越位，它并不具有法律意义上的审判效力，但其形成的舆论杀伤力并不比法庭差，有时候甚至更强②。

四、社会责任弱化

在"注意力经济"时代，媒介的竞争很大程度上就是吸引观众眼球的竞争。因此，有些新闻媒体过分追求新闻的商业价值，而放弃了新闻的社会效益。社会责任弱化，主要表现为灾难报道娱乐化和煽情化。

（一）"有偿不闻"

媒体舆论监督是一种非强制性的监督，它并不拥有有形的权力，但却可以形成举足轻重的社会影响力和强大的精神道德压力。在这种情况下，就出现了有些媒体利用舆论监督权力为自身谋私利的行为，在突发公共事件尤其是在安全事故灾难的应对中，主要表现为"封口费"的现象，即媒体从业人员以舆论监督的名义，主动或者被动、直接或者变相收受被监督对象的"贿赂"后，对被监督对象的一些负面新闻不再予以报道③。

2002年山西繁峙金矿爆炸事故中的金元宝事件，2005年河南汝州真假记者排队领取红包怪象，2008年河北蔚县"封口费"事件……虽然事后相关部门对这些事件一一进行查处，但是并没有起到"杀一儆百"的效果，"封口费"现象依然存在。部分媒体从业者在金钱的诱惑下，仍然不顾职业道德、

---

① 田一斐.发展利与弊,社会得与失——谈佛山"小悦悦事件"中的媒体担当[J].学理视审,2011(6):51-53.
② 仇晶晶.试论突发公共事件应对中媒体角色的实现[D].石家庄:河北经贸大学,2013:27.
③ 仇晶晶.试论突发公共事件应对中媒体角色的实现[D].石家庄:河北经贸大学,2013:26.

社会道德的约束，抛开信息发布者、不当行为监督者的角色，进行有选择地监督，这种做法不仅严重损害了公众知情权，更是对新闻客观、公正原则的践踏。

"封口费"现象实质上是一种钱权交易，其本质就是"有偿不闻"，即个别媒体及个别从业人员为了满足小团体或是个人的私欲，把监督权、发稿权作为交易的筹码，以监督的名义与被监督者进行利益交换，一旦获得利益就会相应地在某些问题上放弃舆论监督权①。这是媒体监督功能的丧失，是媒体作为不当行为监督者的角色缺位，同时也是一种典型的以公权力谋取私利的媒体腐败行为。"有偿不闻"的危害之大，在于它会从根本上动摇了新闻的生命，媒体一旦染上铜臭，本质就会发生异化，是非可以混淆，黑白可以不分，真假可以颠倒，正义的天平就会向物质利益倾斜，它的面目就会变得虚伪和可恶，它的客观、真实、公正就会丧失殆尽②。特别是对于突发公共事件，如果由于记者拿到所谓的"封口费"，放弃了对该事件的报道监督，那么危害更大。

（二）有偿新闻，商业新闻主要入侵

"有偿新闻"就是指某些企业单位、经营者个人为了宣传自己的产品或服务而想方设法在一些媒体上上镜头、占版面等，以新闻报道的形式给自己做广告，而给予记者或编辑以物质利益需求，或者是政府官员为了掩盖丑行而贿赂新闻人员以做出歪曲事实的报道的违法行为。

有偿新闻的存在和蔓延是新闻行业的耻辱，必须要坚决抵制和打击。新闻媒体在我国走的是市场化运作道路，管理方式为自主经营，处在市场激烈竞争的大环境中，必须要追求经济效益。面对自负盈亏的市场化运作，新闻媒体主要工作目标是为了追求商业利益，违反了新闻基本职业道德和新闻本质属性。媒体从业者既要坚守职业道德，又要追求经济利益，从而使商业新闻主义的思想和运作模式产生。广告软闻就是商业新闻的一种，其完美融合了新闻载体和内嵌式软性广告，是商业新闻主义成功尝试的一种形式。受众大多已习惯这种新闻。

---

① 王彬.探讨我国媒体在重大突发事件中的报道策略——以拉萨"3·14"事件和"5·12"汶川地震为例[D].长春:东北师范大学,2009:15.
② 王彬.探讨我国媒体在重大突发事件中的报道策略——以拉萨"3·14"事件和"5·12"汶川地震为例[D].长春:东北师范大学,2009:15.

我国媒体热衷于灾难报道中的赈灾主题，既能反映一方有难八方支援的人道主义精神，同时又能发挥积极的舆论引导作用，传递社会正能量。灾难报道中有企业或组织捐款捐物的新闻是平常不过的，但是值得关注的是企业或组织会和新闻媒体产生默契，利用赈灾之际去宣传企业或者产品。《中国青年报》于2013年4月24日05版上《长安汽车向雅安地震灾区捐赠600万元》的报道中，企业捐赠不是主要内容，与该篇报道相关的报道《长安汽车荣耀亮相2013年上海国际车展》，占了二分之一的版面，大量的篇幅在宣传企业形象和企业的产品，并且配有图片解释，图片中对企业产品来了一个大特写，着重显示企业的负责人。同时《长安汽车向雅安地震灾区捐赠600万元》这篇报道中，着重强调企业的名字，以及捐款的数量。这种灾难报道中的赈灾主题已偏离，重点放在了企业自身形象宣传上，忽视了企业的社会责任感，从新闻的画面和文字分析，这种新闻和商业软性广告是同类，产生的过程就可能等同于商业广告。

在灾难新闻报道中，大篇幅的展现捐款企业，这种隐性的商业广告与主题是相违背的。作为有责任感的企业，其动机一定要积极。赈灾这种行为体现了企业的责任感，但是如果借助赈灾的同时去宣传自己，那么这种行为动机就歪曲了。同样作为新闻媒体，带有商业性质的赈灾广告大篇幅的出现在灾难发生期间，这种宣传是不合时宜的，如果在这种情况下还考虑经济利益，那么新闻媒体的职业操守还有待于进一步提高，我们期待新闻媒体要更加注意行业规范[①]。

① 杨奇.《中国青年报》汶川地震和雅安地震报道研究[D].天津:天津师范大学,2014:39.

第七章　媒体应对突发公共事件报道的展望

第一节　树立正确观念，坚持推进信息公开

新闻传媒的产生源于社会对于信息传递的需要。人们接触新闻传媒是为了获取信息，及时了解外部世界的变化。作为社会分工的一个门类，以组织化的形式专门化地传播信息是新闻传媒能够为社会提供的最重要的服务[①]。当今世界正处于信息全球化时代，信息已成为推动经济社会变革的重要力量，并广泛地渗透并影响着人们的生活、学习和工作。因此，在灾难事件发生前后坚持信息公开，实现信息的自由流通，对整合社会资源、塑造政府的良好形象以及增强媒体自身公信力方面都具有重要意义。也就是说，我国信息公开的有效推行，需要政府、媒体与社会力量的共同参与。

一、坚持信息公开原则，增强责任意识

（一）坚持信息公开原则

通过分析改革开放后我国灾难新闻报道的转变与突破，我们发现最重要的进步就是信息的公开化程度越来越高了，坚定实施信息公开原则的作用是巨大的。首先，使广大人民群众在第一时间了解事件的真相、受灾情况和政府提供的救助措施，能够起到稳定人心、统一思想和动员行动的作用。其次，可以有效地指挥调动民众自救互救，通过传媒议程设置，正确引导舆论，也能更好地呼吁全社会乃至海外各国提供救助。再次，便于当事人、救灾人士和人民群众等宣泄情感，稳定情绪，防止在不知情的状态下扩大事

---

① 丁柏铨. 中国当代理论新闻学[M]. 上海：复旦大学出版社, 2002：106.

态，充分发挥传媒的"社会排气阀"作用，让公民自由表达情感。第四，新闻媒体通过强化自己的公信力、吸引力和影响力，公开披露，诚信待民，有助于减少甚至消除事件中的谣言所带来的不良影响。最后，人们对灾难新闻的关注度是极高的，也是十分敏感的，不仅会触及政治体制改革的神经，也会涉足新闻传播改革的深水区。因此，可以说信息公开可以提升改革的总体水平，增强民主政治和社会进步[①]。

（二）增强责任意识

媒体责任，是指媒体作为一种社会公共组织，对国家、社会和公众所应承担的基本义务。媒体作为交流、传播信息的工具，其责任由传播信息的各项活动所承载[②]。

突发公共事件作为一种社会事件，具有三个共同的特点，即"三公性"：一是公众性，面对社会公众的群体性活动空间；二是公共性，关涉社会公共利益，为公众普遍关心；三是公开性，向全体公民公开和开放。在开放性的社会条件下，人们对突发公共事件的信息需求，比以往任何时候都更强烈。因此，媒体作为党和政府重要信息的发布者，作为社会的"守望犬"，有责任及时、全面、客观、公正地向全社会公开突发公共事件各时间的各种信息，同时成为观点和思想流动的平台[③]。

美国著名报人约瑟夫·普利策指出：只有最高的理想、兢兢业业的行为、对于所涉及问题具备正确知识以及真诚的道德责任感，才能使报刊不屈从于商业利益，不寻求自私的目的，不反对公众的福利。新闻媒体之间的竞争异常激烈，每个新闻媒体都面临着生存或发展的巨大压力，商业化目标应该作为新闻媒体运作的一部分。但是，突发公共事件关乎国计民生，牵连甚广，在对其干预时，任何的马虎懈怠都有可能酿成无法弥补的错误，而且商业化目标很容易使新闻媒体偏离自己的职业责任[④]。在处理突发公共事件时，媒体应充分行使自己的职责。民众作为突发公共事件的受害者，新闻媒体应该将真实客观的消息及时地传达给民众，满足民众的知情权，消除突发公共事件造成的疑虑与恐惧，传授民众正确对待突发公共事件的方法，增加其克

---

① 刘欢. 改革开放后我国灾难新闻报道的转变与突破[D]. 呼和浩特：内蒙古大学，2010：31.
② 田华，何纯. 娱乐新闻中的媒体责任边缘化及其纠正[J]. 新闻界，2007(5)：83-84.
③ 赵士林. 突发事件与媒体报道[M]. 上海：复旦大学出版社，2006：88.
④ 宋鸽. 反思政府危机管理中新闻媒体的积极干预[J]. 行政与法，2004(6)：13-14.

服突发公共事件的信心，从而使整个社会在突发公共事件面前形成合力①。

媒体作为兼具社会公器的特殊产业，它所生产的信息产品非常特殊。在信息芜杂难辨、各种思潮混杂的状况下，媒体人要明辨是非，肩负社会责任，认清社会主流和社会发展方向，给受众提供具有前瞻意识、理性的并且经得起时间考验的新闻产品②。

二、第一时间作出正面回应，维护公众知情权

公民依法享有知情权、监督权、参与权以及表达权。知情权，又称为信息权或了解权，知情权作为政治民主化的一种必然要求和结果，1946年联合国第一次大会通过的第59号决议，将知情权列为基本人权之一。

1945年，时任美联社总经理肯特·库伯首次提出"公民知情权"的理论。从传播学的视角看，也可以称之为受众知情权。所谓受众知情权，是指受众享有通过新闻传媒了解其欲知、应知而未知事实的法定权利。在灾难新闻中，知情权主要有两方面的体现：一是受众作为信息接收的主体拥有对灾难相关情况了解的权利；二是灾难受害人及其遇难者亲属具有对事件全部真实情况和细节进行了解的权利③。在现代信息社会，公民的民主意识日益增强，加之信息公开制度的支持以及互联网的普及，使得信息的广泛共享成为了可能，民间草根的力量日益凸显。公众已经从昔日宣传的对象成为了今天社会生活的积极参与者和主体。重大突发性灾难事件以其巨大的破坏性和难以预测性，不可避免地让人们产生种种恐慌情绪，出于自我保护的需要，社会公众迫切需要及时获取相关信息，以对自己生存的内外部环境作出研判。

例如1986年4月26日，苏联切尔诺贝利核电站发生爆炸，导致大量放射性物质泄漏，给附近民众的生命安全造成了严重威胁。但苏联政府和官方媒体的迟缓反应和模棱两可的报道，致使大量民众未能及时真实地了解核辐射的严重危害性，时任苏联总书记戈尔巴乔夫也仅仅是通过瑞典科学家的监测报告才知道事情的严重性，从而延误了采取可能有效防护措施的时机，最后酿成了更大的社会悲剧。

---

① 王丹.突发公共事件中媒体的角色定位[D].上海:东华大学,2011:35.
② 毕媛方.我国突发公共卫生事件理性报道研究——以H7N9疫情为例[D].乌鲁木齐:新疆大学,2015:32.
③ 沈正赋.灾难新闻报道方法及其对受众知情权的影响——从我国传媒对美国"9·11"事件报道谈起[J].声屏世界,2002(5):4-7.

时效性原则是突发公共事件报道的价值所在和生命之源，也是衡量报道水平的重要标志。汶川地震发生后，一位中央台新闻记者迅速跑到公用电话亭发布地震消息。可见突发公共事件信息是否及时发送，是媒体竞争的主要手段。时效性，是要求新闻媒体在事件发生后要及时发声。作为党和国家的喉舌，媒体在公共事件突发之后，要及时告知民众，党和政府要及时作出反应以及要采取何种措施来应对危机。媒体工作人员要抢先占领舆论高地，对事件进行议程设置，化解危机，维护政府公信力。在网络媒体时代，人人都是传播者，在突发公共事件面前，各种信息漫天飞，若具有强大公信力的媒体不发声，很容易滋生谣言，使群众产生恐慌。因此，在面对重大突发公共事件时，力争第一时间、第一现场、第一手材料，这是一个主流媒体义不容辞的责任。

媒体及时发声，同时也可以提高媒体公信力，塑造自身品牌影响力。面对重大、突发的事件，第一家报道的媒体无疑也将自己对事件的认识、判断乃至自己的立场、主张渗透进了新闻作品中，这些认识、判断和观点会对新闻接收者产生"印遗现象"，从而产生先入为主、先声夺人的效果。而在注重新闻及时性的同时，要把握好新闻的时效性，即新闻在什么时间段发出才最大化地符合社会化效益，取得预期的传播效果。这就是经常提道的"压"新闻，有些新闻并不是发得越早越好，而是发的时间对就好。在把握新闻的及时性与时效性上，需要从业人员较高的业务素质及灵敏的政治敏感度。在突发公共事件发生之后，抢新闻的同时，媒体工作者还要记得自己肩负的社会责任[1]。

从某种程度上来讲，政府控制着大部分的社会信息资源，但在灾难性事件突然发生后，政府应该重视社情民意，主动对相关事件在第一时间作出正面回应，积极寻求并与可靠信源进行合作，加强与专家学者、地方官员以及相关领域的"意见领袖"的沟通。同时给予媒体更多的话语空间，联合发布权威性信息，实现媒体向公众的开放，全方位、多视角向社会公众传递灾情信息，及时为公众答疑解惑，并将公共权力机构的活动置于社会公众的广泛监督之下。我国政府和媒体在汶川、玉树地震报道中的良性互动便是维护广

---

① 毕媛方.我国突发公共卫生事件理性报道研究——以 H7N9 疫情为例[D].乌鲁木齐:新疆大学，2015:33.

大人民群众切身利益的最好证明①。

三、主动发布信息，及时遏制流言的传播

1974年，传播学家E.卡兹在《个人对大众传播的使用》一文中提出了"使用与满足"过程的基本模式，将人们的媒介接触行为概括为"社会因素+心理因素→媒介接触→需求满足"的因果连锁过程，并指出人们接触传媒的目的是为了满足他们的特定需求，这些需求具有一定的社会和个人心理起源②。

火灾、地震等灾难性事件发生后，由于外部环境的突发变化，个人与群体之间信息互动的频率加快，人们总会自觉不自觉地产生某种反常的集合行为，并常常以群集、流言、骚动的形态出现，这些不正常的行为往往会造成信息传播系统的紊乱，从而对正常的社会秩序造成冲击和破坏。

例如2008年拉萨"3·14"事件，国外媒体对事件的种种歪曲和对我国的丑化报道，都与传播渠道的不畅以及对灾难信息价值的重视与深度开发不够有着一定关系。

流言是没有确切来源的在公众中流传的消息③。根据沙莲香和西布塔尼的观点：产生流言有四种情况，其中第三种情况较多，即人们的信息需求大于体制性渠道的消息供给，或者为适应环境必须了解的信息无法及时获得。较多的流言和流言较大范围的传播，对于社会的稳定是不利的，而一旦引起流言的因素消失，流言也会较快地消退。如果在这个方面，大众媒介能够及时、充分地满足公众的需求，同时给予公众感到满意的引导，消解流言相对于引导其他信息形态的舆论，是较为容易的④。

汶川地震后，我国对外开放了关于地震的采访报道，100多家境外媒体的300多名记者涌进灾区，他们通过利用自身掌握的各种资源，任意采集新闻，让世界更多地了解中国的抗震救灾工作。四川政府和国务院新闻办每天举行新闻发布会，通报最新情况和救灾中遇到的困难和问题，并毫无保留地回答中外记者提问。信息发布如此开放、公开、透明，是前所未有的。在抗震救

　　① 李政.我国灾难报道研究——以通海、唐山与汶川、玉树四次地震报道为例[D].西安:陕西师范大学,2012:46.
　　② 贺文发.突发事件与对外报道[M].北京:中国传媒大学出版社,2008:11.
　　③ 陈力丹.舆论学——舆论导向研究[M].北京:中国广播电视出版社,1999:102-104.
　　④ 陈力丹.舆论学——舆论导向研究[M].北京:中国广播电视出版社,1999:102-104.

灾中，政府信息公开透明，媒体积极跟进，国外的评价非常高，极大地提升了党和政府以及国家的形象。覆盖全球8亿观众的东方卫视是我国目前辐射最广的省级卫星频道，在抗震救灾工作的国际传播中发挥了积极作用。东方卫视在海外版播出版面里，与国内版同步推出大板块、大容量的"聚焦四川汶川地震"特别报道，满足了海外华人社区对灾区新闻的渴求①。而且，还先后为美国CNN、日本BS放送以及马来西亚、印度尼西亚、韩国、新加坡等国电视机构提供新闻报道资源。

在汶川、玉树地震以及之后发生的一系列群体性事件中，我国政府和媒体充分的信息公开以及对后续信息的及时跟进，有效避免了信息传播的畸变，还原了事实真相。事实证明，谣言止于真相，真实、权威的信息发布比刻意回避更能赢得社会公众和国际社会的理解和信任；而信息传播渠道的阻塞与紊乱，则会带来比灾难事件本身更为严重的后果。

为此，大众传媒应该诉诸理性，及时进行相关事件的后续报道，使"新闻图层"更具扩张力和延伸性，为公众提供全面、完整的知识信息；同时要对公众进行情绪疏导，端正视听，正确引导公众行动的方向，帮助他们独立地进行思考判断，以至获取更大的满足空间，这对于有效遏制虚假信息的传播、维护媒体的公信力和稳定整个社会都具有重要意义②。

第二节　构建突发公共事件快速反应与舆论引导联动机制

一、提高预判力，增强预警能力

"凡事预则立，不预则废"，对突发公共事件的新闻报道也是如此。要想把"第一时间报道突发公共事件"落到实处，新闻媒体就应该建立完善的突发公共事件快速反应机制。

拉斯韦尔在《社会传播的结构与功能》一书中提出了大众传播的三项社会功能，环境监视功能作为其中一条，在时下被越来越多地引申为"预警"。人类文明的高度发展和城市化进程，使得社会进入了高风险的轨道，加之

---

① 赵忠.重大突发事件新闻报道研究[D].青岛：中国海洋大学,2011：39.
② 李政.我国灾难报道研究——以通海、唐山与汶川、玉树四次地震报道为例[D].西安：陕西师范大学,2012：45.

"蝴蝶效应"的影响，在极短时间内就能演变成全国甚至全世界关注和媒体追逐的焦点。作为社会守望者的新闻媒体若不能及时对危机进行预警，即通过自身的报道引起社会公众的注意并采取有效的措施，就有可能引起人们的种种误解，造成危机的扩散，威胁社会稳定。对此，大众传媒必须履行起社会守望者的职责，对风险进行预测和警示。

2011年3月11日，在日本里氏9.0级大地震发生之前的数十秒，日本放送协会（简称NHK）电视台和日本气象厅等主流媒体和机构就联合发布灾难预警信息，及时告知民众如何规避风险，保护自身安全。在随后的报道中，日本媒体还对海啸和福岛核电站泄露可能引发的危机进行深入评估，向国民普及地震科学知识，引导公众的行动方向。在成熟的运作机制下，日本媒体始终坚持理性和冷静的报道，使得日本社会井然有序[①]。

风险社会理论的代表人物乌尔里希·贝克认为，工业社会是一个追求财富生长的简单现代社会，生产财富的同时承担着未来社会的风险，它隐藏于环境与生态物当中[②]。环境新闻不同于传统新闻的核心新闻价值在于它要突出风险[③]。风险理论在西方早已被学界、业界所熟知，但我国环境新闻的写作目前尚缺乏风险理论的指导。

《纽约时报》在对突发环境事件的报道中更注重预警和抗风险，具体表现在：例如在对日本地震的报道中出现了以"反思美国国内核工程安全隐患"为议题的报道，由日本地震引发的核危机联系到尚未出现危险却"漏洞百出"的美国本土核设施，通过媒介聚焦舆论关注，从而影响政府议程，在核安全问题上防微杜渐[④]。

而我国媒体的突发公共事件报道，大部分是"就事论事"，且重在事后报道。因此，新闻媒体在灾难事件中的职责却不可缺失。重大灾难性事件发生之前或前期，新闻媒体就应该承担起监测社会环境、危机预警的职责和功能，对于事件的苗头和各种舆情，以及后续可能产生的社会影响，积极进行

---

① 李政.我国灾难报道研究——以通海、唐山与汶川、玉树四次地震报道为例[D].西安:陕西师范大学,2012:48.

② 王积龙.从汶川地震报道看中国环境新闻理念的嬗变[J].西南民族大学学报(人文社科版),2009(5):123-125.

③ 王积龙.西方环境新闻的风险写作[J].社会科学研究,2009(1):190-196.

④ 范旸.中美主流报纸突发环境事件报道比较研究——以《人民日报》和《纽约时报》为例[D].南京:南京大学,2012:64.

研判和评估，促使相关部门提高警惕，以防患于未然①。

未来的媒体竞争主要是在对新闻事件的报道速度上，在突发公共事件的报道中，加强对事件发展趋势的理性判断，不仅能够准确把握报道方向，更能够在报道速度方面赢得时间上的主动权。

二、构建快速反应的应急机制

为了能够更加科学、合理地应对和处置这些突如其来的公共事件，我国一直十分重视突发公共事件应急机制建设，成功应对了很多次突发公共事件，并积累了许多有效应对突发公共事件的经验。尤其在2003年"非典"以后，我国在建立应对突发公共事件的体制、机制、法制、预案等方面，都进行了积极探索，并且已经取得初步成效。

比如中央电视台通过设立信息员报题制度、24小时新闻监检制度等强化各部门之间、与全国省市台之间的资源共享。同时与国家安全生产监督管理局、国家防总等部委建立了突发公共事件的快速反应机制，一旦突发公共事件发生，这些部门会在第一时间通知央视的有关联络人，央视的前期采访部门也会在第一时间以字幕或电话连线方式将其播出。随后联系其他相关媒体，以做到对突发性事件的及时监控和快速反应②。2008年5月12日汶川地震发生后，国家广电总局按照党中央、国务院要求，立即行动，七次发出紧急通知、通报、电报，周密部署广播电视开展抗震救灾宣传报道工作，要求所有电台、电视台立即对所有节目做出调整，明确要求停播所有娱乐性节目和喜庆类影视剧，将重点立即转到抗震救灾宣传上来。国内各省级广电媒体在得知地震发生的第一时间，迅速辨明形势，积极启动应急报道机制，纷纷形成了高密度、大容量的宣传报道态势③。

但这并不意味着我国突发公共事件应急机制已经完善和成熟。其中，我国有关媒体应对突发公共事件的应急机制的建设就相对薄弱滞后，且大多停留在突发公共事件发生后信息传播应急机制的构建，然而，在如今突发公共事件频发的背景下，突发公共事件已成为媒体常态化的报道内容，媒体更要

---

① 李政.我国灾难报道研究——以通海、唐山与汶川、玉树四次地震报道为例[D].西安:陕西师范大学,2012:48.

② 肖振生,张蕊.资源整合与记者动态管理机制——央视新闻频道建立起快速反应机制[J].中国记者,2004(9):8-10.

③ 赵忠.重大突发事件新闻报道研究[D].青岛:中国海洋大学,2011:36.

时刻处于"战斗准备"状态，因此，常态下媒体突发公共事件应急机制的建立已经刻不容缓。常态下媒体突发公共事件应急机制是为媒体突发公共事件信息传播机制打好基础和做好准备的重要环节，也是真正保证媒体突发公共事件信息传播应急机制能够得以落实的长效机制，它的建立有着非比寻常的现实意义①。

尽管突发公共事件具有突发性，但我们完全可以总结和借鉴国内外成功应对突发公共事件的有益经验，进一步研究和探索这些突发公共事件的规律，建立突发公共事件应急机制。

比如日本由于地理位置的原因，是一个地震、海啸等自然灾害多发国，日本的新闻媒体为此建立了一套完整的突发公共事件报道机制。以电视报道为例，日本各家电视台均以NHK的自然灾害报道机制为蓝本，建立了紧急特别报道机制。NHK作为政府指定的唯一公共放送机关，在其《日本放送协会防灾业务计划》中，就灾害报道的诸多事项制定了极其周密的实施细则。这个紧急特别报道机制包括"放送机关的特殊运作"和"节目编成"两大部分。所谓"放送机关的特殊运作"是指以NHK会长为首设立"灾害对策总部"，采取紧急措施（制作播出设备的调配、通信系统保障等），恢复制作和收看常态对策等。而"节目编成"则是指发出紧急预报信息、制作播出相关新闻、解析防灾政策、安定民心教育和娱乐节目制作播出等。近年，NHK利用高科技不断完善紧急特别报道机制，使突发灾害报道从"结果型"转变为"预报重视型"，减少了灾害造成的损失②。

在国外，像英国广播公司（简称BBC）这些大型媒体机构，都会给工作人员配发应急工作指南，以保证特殊时期的工作紧张有序③。美国的突发公共事件应对体系向来为世人瞩目，其公共应急法制堪称现代国家应急法制的范本，经过长期发展已经形成了一个比较完善的紧急状态法律体系。除此之外美国还有处置突发公共事件的专门机构，美国总统可以在紧急状态下行使特别权力颁布一些法规来控制突发公共事件，以此来补充在紧急状态下的征收征用和救济补偿等法律。俄罗斯的应急法律体系也相当完善，以宪法和紧急状态法为基础，制定了100余部配套联邦法律、法规和大量总统令、政府令④。

---

① 仇晶晶.试论突发公共事件应对中媒体角色的实现[D].石家庄:河北经贸大学,2013:41.
② 张晓春.灾难新闻呼唤人文主义关怀[J].兰州学刊,2005(1):272–273.
③ 李倩.央视近十年公共突发事件报道研究[D].太原:山西大学,2010:32.
④ 王丹.突发公共事件中媒体的角色定位[D].上海:东华大学,2011:8.

　　这些有关突发公共事件应对方面的法律，都是可借鉴的成功经验，对我国突发公共事件报道机制的建立与完善具有重要的参考价值。

　　杨魁、刘晓程在《政府·媒体·公众：突发事件信息传播应急机制研究》一书中就构建了常态下媒体突发公共事件应急准备机制。如图2，该机制主要由信息预警机制、内部保障机制和外部协调机制三部分构成，较为详细、完善，有很大的借鉴意义[①]。

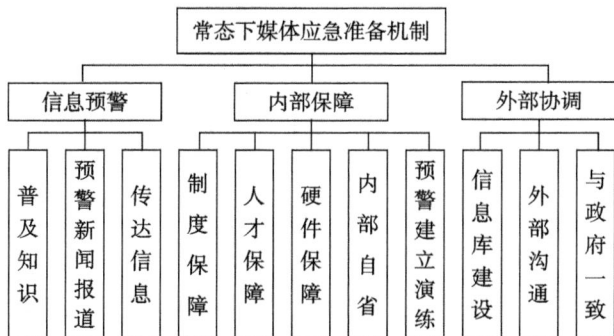

图2　常态下媒体应急准备机制[②]

　　当突发公共事件发生后，相关部门就可以立即调集人手、设置方案，采取行动报道突发公共事件。就媒体自身而言，各部门之间应当建立协作机制，以协调采编部门和其他部门的关系，调集力量、提供便利；协调编辑与记者的关系，记者采访了解事件的过程和趋势，编辑了解事件的背景和宏观局势，使报道井然有序。此外，一套完善的突发公共事件报道机制还应该注意平时对参与报道突发公共事件的新闻工作者进行培训，包括政治素质、身体素质以及业务素质（如对新机器设备的使用）等，以便在突发公共事件发生时刻能够迅速开展报道工作。我国目前的突发公共事件报道机制在突发公共事件发生时起到了非常积极的作用，但还有待进一步完善[③]。

　　当然，应急机制的建立不是一蹴而就的，它需要在不断的实践中慢慢摸索，也需要根据科技和社会的发展与时俱进，因地制宜，这样才可以算是成功的应急机制。

---

　　①杨魁,刘晓程.政府·媒体·公众:突发事件信息传播应急机制研究[M].北京:中国社会科学出版社,2010:239.

　　②仇晶晶.试论突发公共事件应对中媒体角色的实现[D].石家庄:河北经贸大学,2013:38.

　　③王丹.突发公共事件中媒体的角色定位[D].上海:东华大学,2011:40.

三、强化信息共享，形成互动协同的媒体报道网络

（一）实现传统媒体与新媒体的协作

根据中国互联网络信息中心发布的第39次《中国互联网络发展状况统计报告》，截至2016年12月，我国网民规模达7.31亿，全年共计新增网民4 299万人，互联网普及率为53.2%，较2015年年底提升了2.9个百分点。中国网民规模已经相当于欧洲人口总量。截至2016年12月，我国手机网民规模达6.95亿，较2015年年底增加7 550万人。网民中使用手机上网人群的占比由2015年的90.1%提升至95.1%，提升了5个百分点，网民手机上网比例在高基数基础上进一步攀升。微信朋友圈、QQ空间作为即时通信工具所衍生出来的社交服务，用户使用率分别为85.8%和67.8%。

新媒体，即在新的技术支撑体系下出现的媒体形态，如网络、数字杂志、数字报纸、数字广播、手机短信、移动电视、数字电视、数字电影、触摸媒体等[①]。目前，中国社会的舆论形态进入了一个前所未有的时代，媒体报道方式多种多样，有人将其称为"公民记者"时代，或者"人人都是报道者"的时代。如今，手机以及网络的运用已经普及开来，微博、微信、QQ等社交软件的运用，让人与人之间，以及人与外部世界之间的沟通畅通无阻。新媒体已经改变人们接收信息的方式。同时，新媒体的运用也在改变如今的传播格局。

当前，随着互联网技术和新媒体的迅速发展，传播媒介形态日趋多元化，媒介信息呈现出一种开放、互动的态势，传统的信息传播格局已经发生了重大变革，单一的传统媒体已经无法掌握充足的社会信息资源，而网络舆论则由虚拟的空间转变成现实生活中行为抗争的显性行为。社会公共事件一旦发生后，往往会在网络上迅速形成舆论热点，再经过传统媒体和网络媒体的交织报道，成为社会公众关注的重大事件，最终引起政府部门的重视甚至介入[②]。

以互联网为代表的新媒体具有很多传播优势：第一，大容量。网络容量

---

① 徐迅.将事实与观点分开[J].新闻三昧.2003(3):4.
② 李政.我国灾难报道研究——以通海、唐山与汶川、玉树四次地震报道为例[D].西安:陕西师范大学,2012:49.

之大，任何其他媒介都无可企及。第二，高速度。网络新闻的更新周期是以分钟甚至秒来计算的，尤其在对突发公共事件的报道中，网络新闻的时效性更为突出。第三，立体型。这种立体型首先体现在，网络新闻集报纸、广播、电视三者之长于一体，是兼具数据、文本、图形、图像、声音的超文本、多媒体结构，实现了文字、图片、声音、图像等报道手段的有机结合，因而是立体的、网状的、多维的，有声有色，图文并茂，亦动亦静。第四，互动性。网络新闻可以实现传播者和接收者之间的双向互动传播，如现在很多新闻网站均在每则新闻之后设置"发表评论"的链接，给公众提供一个交换批评和评论的场所。第五，选择性。新闻传播的接收者可以根据自己的喜好，通过网络搜寻自己喜欢的新闻信息源、新闻信息内容、新闻信息表现形式，也可以通过资料搜索功能查找以前的新闻，便于下载、存储、加工和利用新闻信息。第六，全球性。网络新闻的发行是全球性的，其受众可能遍及世界各地[①]。

但新媒体的缺陷也非常明显。第一，由于网络的开放性以及把关的宽松，为虚假新闻的传播打开了方便之门。第二，新媒体中，"信息垃圾"大量存在，新闻传播呈碎片化，同质化信息过多，缺乏深度报道，只能让受众"知其然"，而难解"其所以然"。

基于新媒体不可逆转的发展趋势，传统媒体应发挥自身优势的同时，应在新技术环境下，传统的广播、电视、平面媒体与网络等新媒体通过合作的方式，密切互动，促进双方的资源整合、产业共荣，形成集约化、集团式的管理运营模式，从而获得社会效益和经济效益的最大化[②]。传统媒体与新媒体的合作已成为发展趋势。在突发事件面前，传统媒体与新媒体应建立合作关系，利用自身的优势，共同化解危机，引导舆论朝向积极方向发展。一方面，传统媒体可以深度挖掘网络媒体的海量信息，寻找自身可利用的新闻源，对其进行加工报道。另一方面，基于新媒体快速的传播速度，传统媒体可将新媒体作为自身新闻发布的一个平台，通过新媒体来抢先占领舆论高地[③]。

① 陈霖. 新闻学概论[M]. 苏州：苏州大学出版社，2007：132-134.
② 刘亦凡. 可预知事件网络新闻专题去同质化策略探究——以三大网站"天宫神九对接"专题为例[J]. 今传媒，2013（9）：108-109.
③ 毕媛方. 我国突发公共卫生事件理性报道研究——以H7N9疫情为例[D]. 乌鲁木齐：新疆大学，2015：42.

现如今传统媒体与新媒体已经开始朝向全媒体融合。首先，传统媒体开始重视网络的便捷性，搭建自身的新闻网络平台。比如，《中国青年报》的网络平台是中青网，中央电视台的网络平台是央视网。传统媒体开始主动运营官方自媒体，官方微博、官方微信公众平台、APP客户端等的运用，均契合了信息化时代网络受众的需求点。同时，传统媒体在与新媒体协作的过程中，在报道方式以及遣词造句上，开始改变播报方式，采用亲民化的语言习惯，让受众乐于接受①。

（二）实现媒体间的联动效应

广播、电视、报纸、网络、微博等媒体在突发公共事件报道时，由于技术层面的原因，都各自在反应速度、报道内容、报道倾向等层面存在着差异，这不是报道者主观的原因，也不是受众的原因，而是由媒体自身的特点决定的。

广播，以声音作为载体，通过对灾难现场的报道向听众传达来自灾难现场的声音和受难者的情况。虽然不如电视直观，但可以发挥音响效果的作用，让听众有身临其境之感。比如说遇难者的哭声、建筑物的坍塌声和救援人员的指挥声，都能传达给听众。电视，以其直观的影像效果，真实地再现灾难现场，极强的感染力能够激发受众抵抗灾难的意志。报纸，由于纸媒需要时间完成制作，所以在时效上不及电子媒体，因此，报纸便需在突发公共事件报道的深度和广度上下工夫。网络，以其迅速快捷的反应，不断扩大的用户群，在新媒体的竞争中，显示了自身的优势。微博，以手机为载体，突破时空的限制，能更快更有效地传递信息②。

因此，面对灾难，发挥媒体间的联动效应，互补互助，对于灾难新闻的全方位报道、政府职能部门的指挥调动、呼吁社会各界的积极救助，以及树立民众抵抗战胜灾难的决心都是十分重要的。

四、把握好政策性，注重舆论引导

由于突发公共事件本身具有很强的社会冲击力，而且大多表现为负面影

---

① 毕媛方.我国突发公共卫生事件理性报道研究——以H7N9疫情为例[D].乌鲁木齐:新疆大学，2015:44.
② 刘欢.改革开放后我国灾难新闻报道的转变与突破[D].呼和浩特:内蒙古大学，2010:33.

响，一旦舆论引导有失偏颇，往往会危及社会稳定，甚至演变成一场国际事件。因此，媒体在新闻报道中必须注意方法策略，严格遵守国家的相关法律法规，特别是对于涉及民族和宗教政策的突发公共事件，必须从大局出发，以宣传引导和稳定民心为己任，把握好报道分寸，积极维护国家安全和社会稳定。

（一）增强舆论主导权，积极预防失语现象

舆论学认为：信息与其说是旨在储藏，不如说旨在流通。在一个国家里，如果信息和科学的状况适应于国家的种种需要，则它就会得到最大的安全。20世纪八九十年代的重大突发公共事件报道，我国媒体基本处于压制新闻发布的状态之下，致使谣言不胫而走，媒体丢失了舆论的主导权，使得"真相跑不过谣言"。

例如，在2003年"非典"期间，最初央视的失语，使央视处于很大的被动和民众强烈的谴责之中。而在汶川地震的报道中，央视真正把握住了舆论的主导权，及时地把真实的灾情报道给境外媒体，在国外同行中提高了自身的地位，也为国家赢得了荣誉[①]。

（二）把握好政策性，注重正面引导

2010年9月7日，一艘中国渔船与日本巡逻船在钓鱼岛附近海域发生碰撞，中国船长詹其雄无故遭日方逮捕、扣押，引发了中日双方的一场外交风波，在中国互联网上出现了大量谴责日本的偏激声音。事件发生后，《人民日报》、新华网等我国主流媒体言辞稳妥，有理、有节、准确、机智地进行新闻报道，理性引导社会舆论。《人民日报》更以"钟声"的名义对日本发出"中国维护领土主权的意志不容试探"的郑重警告，给日本政府施加了强大的压力，最终促使我国船长詹其雄顺利回国。相反，在2010年的"马尼拉人质事件"中，一些媒体对整个事件进展的疯狂追逐和不加约束的现场直播，让劫匪通过车载电视掌握了实时全面的信息，严重干扰了警方的救援行动。

可见，新闻媒体在突发公共事件中的职责就是报道事实，但盲目、不合

---

① 李倩. 央视近十年公共突发事件报道研究[D]. 太原：山西大学，2010：32.

理的报道方式反而会加剧事态的严重性，这对我国媒体无疑也具有重要的启迪。特别是遇到类似拉萨"3·14"事件等这样的突发性事件时，更应该进行自我约束，理性报道，树立为大局服务的意识[①]。

（三）多个视角，注重平衡

在我国，新闻媒体是党和政府的耳目喉舌，它的主要任务是宣传党和政府的方针政策，曾经这种宣传模式造成西方媒体对中国媒介产生偏见，西方媒体认为在面对突发公共事件时，中国媒体只有宣传，没有报道，且"新闻报道"基于既定的"宣传口径"而传播，而不是"客观事实"[②]。因此，面对重大突发公共事件的报道，应注重国际、国内多个媒体的多种视角，协调平衡多方舆论。

五、法律和制度保证

2003年的"非典"事件是中国突发公共事件报道的一个重要转折点。此后，重大突发公共事件成为社会舆论关注的焦点和热点，我国也陆续颁布了一系列法规条例，明确了政府部门在应对突发公共事件中的职责，也为媒体的新闻报道指明了方向并提供了法律上的保障。

（一）法律支持

法律是现代法治社会最高也是最基本的行为规范，法律的强制性可以为媒体在突发公共事件中的传播提供法律保障。

目前，我国各级政府针对各类突发公共事件特别是突发公共卫生事件和事故灾难事件出台了大量的预案和条例，如《国家突发公共事件总体应急预案》、《中华人民共和国突发公共卫生事件应急条例》等。但由于这些预案和条例只是由政府颁布，在政府体系内部自上而下的监督执行，远远还没有上升到法律层次，这也就解释了为什么在大量的预案和条例制约下，仍然出现诸多不按法理"出牌"的行为和方式，显然"有法可依"也并不必然等于"有法必依"了。这些预案和条例制定的再合理、完善，如果没有行政执行机

---

① 李政. 我国灾难报道研究——以通海、唐山与汶川、玉树四次地震报道为例[D]. 西安：陕西师范大学，2012：50.
② 李倩. 央视近十年公共突发事件报道研究[D]. 太原：山西大学，2010：30.

关的落实，离开了司法机关的监督，恐怕终究也只能是摆设而已①。

2007年8月30日，《突发事件应对法》的通过，一定程度上弥补了突发公共事件在法律层面的空白，为媒体应对突发公共事件提供了相应的法律依据。但参与《突发事件应对法》起草的中国人民大学莫于川教授介绍，立法过程中为争取尽早出台，很多内容一再精减，很多程序性规定也被减去，造成法律本身的操作性差，亟须加强配套措施和细则的制定。

当前对于媒体主要是以行政管理为主，依据为政府文件、部门规则以及行业协会的相关规定，这些规制虽然说有一定的约束力，但并不具有法律强制性，不能起到应有的强制性效果。因此，有关新闻立法问题一直是近年来新闻界和法律界的热点问题之一。虽然我国早在1982年就酝酿起草《新闻法》，但至今仍未出台。这样不但为在突发公共事件应对过程中的媒体"逼视"、媒体"审判"、"有偿不闻"等角色失调现象滋生提供了土壤，同时也缺乏相应的法律依据以遏制这些违法、违规行为。另外，新媒体面临的采访权困境，也是我国新闻业亟待解决的问题。采访权是媒体最基本的权利，是媒体进行新闻报道的第一个环节。以网络媒体为代表的新媒体出现已有十多年，没有独立的采访权。而新媒体采访权的缺位，不仅使其准媒体的身份陷入尴尬，同时也是对新媒体积极参与突发公共事件报道的一种不公平待遇。从长远角度来看，只有赋予新媒体独立的采访报道权，才能使新媒体更好地参与新闻传播的竞争，更好地应对未来的突发公共事件②。

因此，加快新闻立法，不仅能使媒体在行使媒体权利时有法可依，同时也能规范媒体操守，监督媒体行为，尽早促成新闻人治到新闻法治的根本性转变。

（二）制度保障

政府及其相关机构是当今社会各种信息资源的主要拥有者，因此，政府信息公开制度对于大众传媒有着至关重要的意义。在突发公共事件的应对中，媒体可能因为无法及时从政府部门获得权威信息而不能扮演好环境预警者、信息发布者、不当行为监督者等角色，不能发挥好解疑释惑、安抚公

① 贺文发,李烨辉.突发事件与信息公开——危机传播中的政府、媒体与公众[M].北京:中国传媒大学出版社,2010:3.

② 仇晶晶.试论突发公共事件应对中媒体角色的实现[D].石家庄:河北经贸大学,2013:36.

众、稳定社会等功能，更不能保障公众知情权的实现。知情权是公众的一项基本权利，神圣而不可侵犯。对于公众而言，突发公共事件信息知情权的享有和实现有多种形式和渠道，而新闻媒体则是其中最主要的渠道，通过媒体了解政府权威信息也是最主要、最方便、最快捷的方式。因此，在突发公共事件的应对中，想要改变当前信息分配的状况，就要为突发公共事件的信息公开立法，建立突发公共事件信息公开制度，保证政府信息公开范围的最大化，保障媒体公开报道权利的自由化①。

突发公共事件信息公开制度的建立，既是政府危机管理的透明度和民主性的体现，也是对公众知情权和参与权的尊重，同时也对媒体在突发公共事件中的媒体角色实现形成了有力的保障。一方面，政府官员不能以任何借口拒绝和搪塞采访；另一方面，突发公共事件信息公开从制度上扫清了媒体接触、获取政府信息的障碍，同时也降低了媒体采访的难度和成本。

2008年5月1日，《政府信息公开条例》的正式实施，为信息公开提供了法律上的支持和保障，对于突发公共事件信息公开制度的建立具有里程碑式的意义。虽然该条例也同时适用于突发公共事件中的信息公开，但它只是一个宏观上的总体性规定，对此并没有详细明确的规定。同样，国务院针对突发公共事件应对制定的《国家突发公共事件总体应急预案》、《突发事件应对法》等，虽都对政府信息公开做出了规定，但仍存在规定不细致、操作性不强等不足。由此可见，当前我国突发公共事件信息公开制度仍然不够健全、完善，致使有些政府部门及其工作人员以种种借口拖延、拒绝、阻挠媒体采访，给媒体应对突发公共事件带来了阻力。所以，只有通过立法，建立全面完善专门的突发公共事件信息公开制度，使突发公共事件的信息公开成为政府的法定责任和义务，并对以种种借口拒绝、推脱公开相关信息的政府及其工作人员追究其法律责任，才能保证突发公共事件信息公开形成制度和规范，才能保障突发公共事件应对中媒体角色的实现②。

---

① 仇晶晶. 试论突发公共事件应对中媒体角色的实现[D]. 石家庄:河北经贸大学,2013:36.
② 仇晶晶. 试论突发公共事件应对中媒体角色的实现[D]. 石家庄:河北经贸大学,2013:37.

第三节 强化责任意识，改进突发公共事件传播策略

一、强化社会责任，恪守真实、全面、客观、公正的报道原则

我们可以把这种社会责任归结为媒体的几种具体社会功能，一是，媒体的安抚作用。突发公共事件中媒体的安抚功能相当强大，人们正是从新闻媒体中得知灾情和政府的处置举措，从而安定人心，抚慰受伤者的心灵，政府这时的呼吁和指令只有通过媒体才能最大限度地传播开来。二是，媒体的鼓舞作用。当灾难降临的时候，受灾群众最需要的是战胜灾难的勇气和信心，以及自救、他救和战胜困难的方法。媒体多种文体和表现手法的综合运用，将会创造出神奇的力量，鼓舞人们奋勇向前。三是，媒体的引导作用。随着抗灾的步步演进，人们的思绪会不断地转换，同时，身处灾难中的人群最容易受伤、最容易激动、也最容易意气用事地将责任归于一方而不及其余，这时的舆论引导就显得相当的重要，需要慎重把握和必要控制[1]。在群众情绪容易失控的情况下，任何的风吹草动都可能酿成巨大的灾祸，而这无异于雪上加霜。我们最希望做到的是，无论是政府及其宣传主管部门，还是我们的媒体和受众，面对突发公共事件时，都能做到认真面对，积极处理，妥善实施，让新闻报道成为善后工作的动力机、防患未然的播种机、社会和政府各项工作的助推器。

由于长期受到"报喜不报忧"、"家丑不可外扬"等传统新闻观念的束缚，我国媒体以往以"稳定压倒一切"为指导方针，对国内发生的灾难事件要么是轻描淡写，要么是宣传社会主义可以战胜一切艰难困苦的优越性，而对于国外特别是西方国家发生的灾难性事件的报道则不够深入，甚至缺乏理性的分析。然而，一些西方媒体在涉及中国有关重大事件的新闻报道中，也常常标榜自己的新闻价值观，善于捕捉"奇闻异事"，带着有色眼镜看待中国[2]。

在突发公共事件的报道中，新闻媒体应该是公众的代言人以及社会良知

---

① 赵忠.重大突发事件新闻报道研究[D].青岛：中国海洋大学,2011：45.
② 李政.我国灾难报道研究——以通海、唐山与汶川、玉树四次地震报道为例[D].西安：陕西师范大学,2012：50.

的守护者。我国舆论环境日益宽松，新媒体时代的各种信息真假难辨，因此，新闻媒体人才更要以新闻专业主义精神，始终坚持真实、全面、及时、客观地报道，做到用事实说话。

（一）真实

真实性是新闻的生命，也是新闻的最基本的属性。新闻真实的最基本要求是，构成新闻所报道的事件的所有具体事实，必须实有其事，而不能捏造、夸大、歪曲；新闻报道对事实的反映必须如其所是——是什么样子就是什么样子[①]。这就要求记者在采访时必须实事求是，努力获取第一手材料，对第二、第三手材料应该进行仔细审慎的核实，以确保事实的真实性。

而突发公共事件的发生，不是一蹴而就，也不是一成不变的。因此，事实的发生和演变本身就是一个过程，人对事实的认识也是一个过程，而新闻传播具有较强的时效性要求，这样就必然和新闻的真实产生冲突[②]。所以，新闻的真实不仅体现在单个事件的报道之中，而且应体现于报道的连续性上[③]。在这样的矛盾下，对事件进行跟踪报道，将其发展脉络实时跟进，是对事件整个发展脉络的真实再现。

突发公共事件发生时，事件原因复杂，各种情况不明朗，这时候采访可能看到的只是片面和局部现象，对新闻事件进行表面真实报道或者是本质真实的报道，需考验媒体工作人员对新闻本质的真实的把握能力，而现象可能是虚假的，只有本质是真实的。事物的本质和它的主流是一致的，报道了主流即报道了事物的本质[④]。媒体工作人员在突发公共事件面前，把握事件的主流，即把握事件的本质，此报道才属真实报道。

（二）全面

突发公共事件报道要真实，同时也需要全面进行报道。我国传统的面对突发公共事件的报道模式曾经是"灾难不是新闻，抗灾救灾才是新闻"。虽然说，在面对灾害时，政府以及相关部门如何领导大家众志成城地克服困难、

---

① 陈霖.新闻学概论[M].苏州：苏州大学出版社，2007：24.
② 陈力丹.新闻真实，一个并不复杂的职业要求[J].新闻记者，2011(3)：26-28.
③ 陈霖.新闻学概论[M].苏州：苏州大学出版社，2007：24.
④ 胡正强.客观·公正·全面·平衡——论新闻真实性原则的具体化[J].新闻爱好者，2003(7)：11-12.

化解灾难，确实也应是新闻报道的重要内容，但如果只关注这些，就有失偏颇了。

具体到突发公共事件的报道上，第一，媒体工作人员采编新闻时，要突显政府部门对事件的处置态度以及采取的相关策略，让民众知道政府在干什么；同时媒体人作为独立的第三方，要以中肯的态度报道出政府在处置过程中有什么方面需要改善。第二，媒体不能对危害的阴暗面进行过度报道，以免在群众中产生恐慌，造成精神压力，但可以把灾难面前人们的互助精神、奉献精神等让人感动的事件进行综合平衡报道。因此，媒体既要报道灾难不好的一面，同时还要兼顾灾难面前让人鼓舞的事件，然后疏导群众心理，引导舆论朝积极方向发展[①]。

（三）客观

真实是新闻的生命，客观是新闻的原则。重大突发公共事件中，对事件概况的说明、对事件信息的描述，都要求媒体适用客观真实的原则。新闻的客观性原则是指新闻传播者在新闻传播活动中，要尊重不以人的意志为转移的事实世界的外部实在性，竭力按照事物本来的面目进行报道，避免在新闻报道中直接、公开地表达新闻传播者自身的观点和倾向[②]。因为新闻既然是公开传播的新近变动事实的信息，那么新闻接收者所求于新闻的首先是对事实信息的了解。至于新闻传播者的主观意愿和意见，则并不是接收者主要关心的，即使是想了解新闻传播者的意愿和意见，也要能做到事实和意见分开，泾渭分明。

客观报道在操作层面上要求传播者做到：只需客观叙述事实，不要管个人感情与偏见；尽量使用直接引语，提供新闻事件有关当事人和知情者的原话；交代事实出处和消息来源；言论和消息分开；涉及矛盾双方或多方正义的问题宜搞平衡报道，要注意引用相反消息来源提供的消息[③]。

当然，在充分肯定新闻的客观性时，也应反对"不偏不倚，超阶级、超集团、超党派"的纯客观态度。正如美国学者梅尔文·门彻所指出的，虽然记者希望就新闻做出的决定是客观的、非个人化的，但大量新闻仍然建立在

---

① 毕媛方.我国突发公共卫生事件理性报道研究——以H7N9疫情为例[D].乌鲁木齐:新疆大学，2015:34.
② 陈霖.新闻学概论[M].苏州:苏州大学出版社，2007:76.
③ 陈霖.新闻学概论[M].苏州:苏州大学出版社，2007:84.

选择的基础上，而选择是一件相当个人化的事情。选择源于记者的专业背景，他或她所受的教育，及来自家庭、朋友、同事的无形影响①。

二、遵循传播规律，改进突发公共事件的传播策略

（一）讲求报道时机

报道的时机也讲求技巧，根据2002年诺贝尔经济学奖获得者——心理学家卡尼曼的前景理论推理可得：如果有几个坏消息，媒体应该把它们放在一起报道，因为两个坏消息加起来所带来的痛苦要小于分别经历这两次坏消息所带来的痛苦之和；如果有一个大的坏消息和一个小的好消息，媒体应该给以分别报道，因为这样的话，好消息所带来的快乐不至于被坏消息所带来的痛苦淹没，人们还可以感受到好消息所带来的安慰和鼓励；如果有一个大的好消息和一个小的坏消息，媒体应该给以同时报道，因为坏消息所带来的痛苦会被好消息所带来的安慰和快乐冲淡，坏消息的负面效应就小得多②。

（二）寻求舆论引导的科学途径

受众接收新闻信息一般不是单一行为，而是带有连贯性的，甚至形成一定的接收习惯，以便通过连续的接收而减少对于自身环境不确定性的认识。这就要求新闻信息的出现必须前后衔接，既不能中断，更不能前后矛盾。因此，对于新闻媒体来说，采集和提供充足、连续的信息，让受众以正确的思想认识所处的新环境及其行为规范，这本身即是一种很重要的舆论引导③。

美国传播学家M.E.麦库姆斯和D.L.肖在1972年发表的《大众传播的议程设置功能》一文中描述说：大量不容忽视的证据已经逐步表明，在编辑和广播员们每天选放新闻时，他们在塑造我们的社会现实中起着主要的作用。简言之，大众媒介在教导我们怎样思考上可能并不成功，但在告诉我们思考的内容上惊人的成功④。

在突发性和灾难性事件发生之初，社会为此付出的代价是有限的，媒介如

---

① 梅尔文·门彻. 新闻报道与写作[M]. 展江，译. 北京：华夏出版社，2004：97.
② 蒋晓丽，王东，孙勇. 从公共危机事件传播透视传媒公信——"非典型肺炎"报道个案解读[J]. 西华师范大学学报(哲社版)，2003(5)：153-156.
③ 陈力丹. 舆论学——舆论导向研究[M]. 北京：中国广播电视出版社，1999：66.
④ 斯蒂文·小约翰. 传播理论[M]. 陈德民，叶晓辉，廖文艳，译. 北京：中国社会科学出版社，1999：36.

能在此时介入报道，警醒各方，畅通信息，往往就能对其危害性的扩散和发展进行有效遏制。相反，一旦问题成堆，各种矛盾错综复杂、盘根错节时，舆论引导的力量就极为有限。纵然动用数倍于以前的力量和资源，媒体的力量场——对受众的态度及其行为层面的影响，也必然难以发挥应有的作用[①]。

要注意舆论的"首因效应"。美国的传播学者在对相互冲突信息的不同呈现顺序的研究中发现，当受众面对两种冲突的信息时，两种信息的不同呈现顺序会影响受众对信息的接收。即当先呈现信息A，紧接着呈现信息B，且在信息呈现后延长一段时间再测试态度的改变，受众就会倾向于接收信息A，这就是所谓"首因效应"的一种表现形式。在突发公共事件刚爆发的时候，往往是人们对信息的需求最大的时候，如果这时主流媒体上没有声音，那么各式流言通过各种非正式传播渠道就会大行其道，而当流言先于主流媒体的声音进入公众的认知领域之后，那以后再纠正就是一件事倍功半的工作了[②]。

（三）做好突发公共事件信息的平衡

所谓"突发公共事件信息的平衡"，一方面，是指突发公共事件时期的报道不仅要关注突发公共事件本身，而且还要关注与突发公共事件有关的其他方面的信息；另一方面，是指突发公共事件信息应为公众所共有。不论是政府人员还是普通公众，都有享有突发公共事件信息的权利[③]。

比如"非典"时期，媒体从集体失语导致流言满天飞、公众恐慌，到后来长篇累牍的报道，不但没有缓解公众的恐慌情绪，反而将公众从一种恐慌带入了另外一种恐慌。对于媒体在"非典"时期这种过度报道炒作的做法，有专家撰文指出，媒体已经把人们对这场突发公共卫生事件的恐惧推向了前所未有的高度，现代媒体对病毒危险的扭曲型放大，致使恐惧本身成了另一种公害。究竟是什么东西引起"非典"恐慌的？是"非典"本身，还是充斥媒体的戴口罩的人？"非典"时期的媒体在向公众出售科学还是恐惧？

因此，新闻媒体应从大局出发，保证信息及时报道的同时，需要把握报道的整体平衡。美国的《纽约时报》以"刊载一切适合刊载的新闻"作为自己的报道理念，即使是在二战和越南战争这样的非常时期，《纽约时报》也没

①　蒋晓丽,王东,孙勇. 从公共危机事件传播透视传媒公信——"非典型肺炎"报道个案解读[J]. 西华师范大学学报(哲社版),2003(5):153—156.
②　王丹. 突发公共事件中媒体的角色定位[D]. 上海:东华大学,2011:37.
③　王丹. 突发公共事件中媒体的角色定位[D]. 上海:东华大学,2011:38.

有放弃对国内劳工问题、基金交易黑幕问题的调查。这也是《纽约时报》始终成为全世界主流报纸的典范的重要原因。新闻媒体要有长远的眼光，在突发公共事件时期尤其要坚持平衡报道的原则。

三、加强专业学习，提高新闻从业人员的职业素养

突发公共事件发生后，记者在突发公共事件报道中的责任和力量是毋庸置疑的。记者新闻素养水平的高低，往往决定着一场突发公共事件的新闻报道能否成功，甚至会影响事件发展的走向。因此，提高媒体人的新闻素养，对突发公共事件的新闻报道至关重要。

要提高媒体从业人员的素质，尤其是应对突发公共事件的专业素质。对于媒体从业人员来说，角色学习重要且必要。只有通过角色学习，提高他们的专业素质，提高他们角色扮演的技能，更重要的是让角色期待内化为他们实践时的重要准则，才能逐渐缩短与理想角色之间的差距[①]。

当前，我国的舆论环境日益宽松，新媒体时代各种信息参差不齐，记者面对这样的外部环境变化必须保持清醒的头脑，合理践行新闻专业主义精神，始终坚持真实、客观、公正的报道原则，在突发事件报道中，既不主观夸大，也不轻描淡写，做到用事实说话。面对突发性事件，媒体从业人员要有效掌握相关信息，提高新闻素材的收集整理和分析判断能力，捕捉带有倾向性、潜在性的公共危机问题，制订具有可行性的新闻报道方案，遵循"第一时间原则"，立即启动相关新闻处置应急预案，向公众发出权威的声音，控制舆论制高点[②]。

至于如何提高媒体从业人员的素质，仇晶晶在论文《试论突发公共事件应对中媒体角色的实现》中作了明确的论述：在突发公共事件应对中，不仅要求媒体从业人员提高专业素质，能及时、客观、公正地向公众提供相关信息，避免各类违规行为，还要求提高媒体人应对突发公共事件的专业能力，尤其是实战能力，要求招之即来，来之能战，战之能胜[③]。

首先，媒体从业人员通过学习要掌握扎实的新闻采、写、编、评等业务素质和熟练使用照相机、摄像机、录音设备、电脑等业务设备的技能，并能

① 何伸.媒介权力和利益下的媒介形象塑造研究[D].大连:大连理工大学,2008:33.
② 赵云霞.电视媒体报道突发事件研究——以云南电视台为例[D].昆明:云南大学,2013:35.
③ 仇晶晶.试论突发公共事件应对中媒体角色的实现[D].石家庄:河北经贸大学,2013:41.

与时俱进地更新知识和技能。另外，加强对突发状态下的采编技能、应急安全技能、心理素质的学习和培训，提高他们面对突发公共事件的应急能力，才能在面对突发公共事件时临危不乱，高效有序地采写并报道新闻。

其次，媒体从业人员要有"杂"而"专"的知识体系，包括对有关新闻学、传播学相关专业知识的掌握以及对文学、史学、哲学、社会学、政府学、经济学、伦理学等与新闻传播工作密切相关学科的了解。另外，还要加强对媒体从业者有关突发公共事件相关知识、政策法规的学习，以便当突发公共事件发生时，能综合各学科知识，对新闻事件作出判断和分析。

最后，媒体从业者须恪守职业准则和职业道德，并将其内化为行为准则，时刻规范自身行为，决不能允许突破道德底线的行为出现。总之，媒体从业人员的角色学习是一个系统的、持续的过程，必须持之以恒。

第四节　遵循新闻伦理，注重人文关怀

"人文关怀"脱胎于欧洲文艺复兴时期的"人文主义"，强调以人为本，也称"人本主义"。从哲学层面讲，主要是指对人在生存和发展过程中遇到问题的关注、探索和解答，它是与科学理性相对应的一个概念；从伦理学角度来看，主要是指对人的价值、人的人性、人的尊严、人的地位、人的发展与人的自由的关心和尊重[①]。

阿伦·布洛克在《西方人文主义传统》一书中指出，人文主义始终坚持的两个核心：一是以人和人的经验为关注对象，二是尊重人的尊严、权利和价值。人文主义关怀的最高境界是尊重人、理解人、关心人，重视人的生命状态，抚慰人的精神，唤起人们珍惜生命，热爱生活。因此，在突发公共事件传播过程中，新闻传媒应强调"以人为本"，即关注"人"这一主体，关注人的生存状态，同情被报道者的遭遇和命运，主张社会公正与平等，维护和尊重每一个人，尤其是弱势群体的权利与尊严[②]。在我国，自20世纪90年代开始，"人文关怀"逐渐进入大众传播的视野。在传播过程中，新闻传媒所倡导的也是对人的生存状态的关注，倡导社会公正与平等，维护和尊重每一个

---

① 范旸.中美主流报纸突发环境事件报道比较研究——以《人民日报》和《纽约时报》为例[D].南京:南京大学,2012:64.
② 王丹.突发公共事件中媒体的角色定位[D].上海:东华大学,2011:41.

人的权利和尊严，尤其是弱势群体的权益。

人文关怀体现在新闻报道中，主要是保证新闻的真实、客观，尊重受众知情权，尊重他人名誉和隐私，杜绝诽谤和恶意中伤，尊重民族风俗和社会公德，注意保护易受伤害的特殊人群等。注重人文关怀就必须尊重受众的审美心理和接收习惯，杜绝感官刺激和恶意炒作，让人们从新闻悲剧的报道中去思索，去认识真理，珍惜美的事物，赞美美的品格，崇尚美的行为，这才是悲剧报道的主旨所在[①]。人文关怀报道具体来说主要做到以下几个方面：

一、要树立正确的新闻价值观

从我国的新闻实践中可以看出，人文关怀是新闻媒体适应时代发展的必然选择，也是新闻传播未来的发展趋势。在党的十六大以后，党中央就明确提出了以人为本，全面、协调、可持续的科学发展观。以人为本的"人"不同于以往总是强调大写的、集体的人，而是具体的、实在的人。人的生存和发展被提到一个新的高度，媒体只有充分认识到人的主体地位，自觉维护和尊重每个人的权利和尊严，将人的需求与发展作为传播重心，才能坚定地和受众站在一起，才能具备与时俱进的精神品格[②]。

从媒体方面来讲，要加强新闻从业人员的道德建设。新闻从业人员是新闻作品的"生产者"，受众看到怎样的突发公共事件在一定程度上由新闻从业人员的报道角度和报道方式决定。所以，规避突发公共事件中有违新闻伦理道德的行为，根本上要从新闻从业人员抓起，加强新闻从业人员的道德建设[③]。

能否处理好追求新闻价值与遵循伦理道德和人文关怀之间的关系，是一个媒体文明与成熟的重要标志之一。记者必须首先是个大写的人，真正做到"以人为本"，然后才是新闻的忠实记录者[④]。

巨大的灾难也是对新闻记者良心和职业道德的考验。记者不能成为只想着完成报道任务的一个旁观者，也应该成为救援队伍中的一员。只不过，他的救援方式很特殊，要靠手中的笔、镜头和话筒来传递坚强，传递爱心，传递力量[⑤]。

---

① 盛忠娜.从"唐山"到"汶川"：中国灾难报道变迁研究[D].郑州：郑州大学，2009：48.
② 范旸.中美主流报纸突发环境事件报道比较研究——以《人民日报》和《纽约时报》为例[D].南京：南京大学，2012：65.
③ 盛忠娜.从"唐山"到"汶川"：中国灾难报道变迁研究[D].郑州：郑州大学，2009：48.
④ 盛忠娜.从"唐山"到"汶川"：中国灾难报道变迁研究[D].郑州：郑州大学，2009：49.
⑤ 赵忠.重大突发事件新闻报道研究[D].青岛：中国海洋大学，2011：42.

二、选取恰当的报道角度

报道灾难新闻的目的主要是为了传播信息、公布事实、澄清视听、释疑解惑、总结经验教训以及警戒后人，而非耸人听闻、揭人隐私或伤疤。新闻媒体必须以此为出发点，把公众利益、受害者利益和社会效果放在首位，坚持以稳定大局为重，形成正确舆论导向，选择灾难新闻报道的角度①。

要少用以及不用血腥与暴力的画面，要采用温和舒缓的方式安抚人们对事件的恐惧，同时，要向受众传递在灾难面前发生的正能量事件，引导受众朝积极有序方向发展。在新闻图片以及版面语言的编排上也要讲究技巧，避免挑战受众的心理极限。新闻图片语言能让受众更直观地感受到事件的危害，但一味地讲究视觉冲击力，把各种惨绝人寰的画面呈献给受众，传播效果无疑会适得其反，甚至会引发受众一系列的负面行为。同时，人文关怀的体现还表现在版面语言的运用上，重大灾难面前，媒体的娱乐新闻以及消费资讯类新闻暂停播报，也会体现出对人生命的尊重，对灾难的重视②。

媒体在报道方式上，需要贴近人的心理，采用人性化报道方式。那么，如何选取恰当的报道角度呢？

（一）珍视人的生命和尊严

在这"没有画面便没有电视新闻"、"没有图片便称不上好新闻"的时代，对记者提出了更高的要求。记者要做到既保证图片的冲击力，又不失其中的人文关怀，这考量的是媒体专业素养，以及世事敏锐捕捉力和人性深刻洞察力兼具的能力。在报道时，"以人为本"必须成为公认的职业理念，体现生命的价值，决不能以牺牲媒体的社会责任来吸引受众的眼球。

在2004年印度海啸中，我国大部分媒体没有对遇难者遭遇不幸的悲惨细节过多地提及，也没有对血腥场面进行描述，而是对他们表达了同情和哀思，同时把目光更多地投向幸存者。如《北京晚报》2005年1月3日发表一篇题为《印度孕妇惊涛骇浪中产下一子，新生儿取名叫海啸》的消息。通过对"小海啸"诞生过程的描述，歌颂了人的生命力的顽强③。

① 栾轶玫.关于灾难新闻报道的角度选择[J].中国广播电视学刊,1997(12):63-64.
② 毕媛方.我国突发公共卫生事件理性报道研究——以H7N9疫情为例[D].乌鲁木齐:新疆大学,2015:37.
③ 宋晓阳.日本电视新闻报道机制[J].电视研究,2004(7):75-76.

（二）弘扬灾难中的人间真情

灾难中人的生命和尊严可能会受到极大摧残，但人的求生本能、人与人之间的亲情关爱等，都会在灾难发生的刹那间闪光。灾难新闻报道不能仅限于直面悲剧，更应该直面人生，从人性角度审视灾难，进一步发掘灾难中蕴含着的更新鲜、更美好的主题，去唤醒人类的良知与道德，批判卑琐、残酷和冷漠①。

（三）坚持正确的舆论导向

在汶川地震报道中，有少数记者受到质疑。人们不能接受这些记者的原因有很多，有些不顾采访对象身体虚弱依然问个不停；有些则为了更多吸引眼球，讲述超出人们心理承受能力的灾区故事；有些置生命的尊严于不顾，让人感觉冷漠、没有人情味……不管是什么情况，这样的记者不仅没有很好地诠释他所承担的社会责任，反而亵渎了这份责任②。

三、把握好突发公共事件报道的"度"

对于突发公共事件的报道，不仅是要本着真实客观的原则，还要做到量和度的适当，这是对记者和媒体本身提出的更高要求。

（一）把握分寸，尊重受难者隐私

在突发公共事件尤其是灾难事件的报道中，受难者及其亲属也有维护个人隐私及消除或减轻痛苦的权利，他们最不愿提及、最不堪回首的就是自己或亲人遭遇不幸的过程和悲惨的细节，因此灾难报道要考虑到事发当事人及受众的感觉，尽量避免给受害者及其亲属带来"第二次伤害"。韩国的《新闻伦理实践纲要》中规定：记者在采访灾害或事故时不得损害人的尊严，或者妨碍受害者的治疗，对受害者、牺牲者及其家属应保持适当的礼仪③。

面对灾难，媒体对事件当事人的采访是重要的一个环节，而缺乏职业素养的记者，会不顾当事人的意愿，强行进行采访，给当事人带来"第二次伤

---

① 沈正赋. 灾难新闻报道中的人文主义关怀[J]. 声屏世界，2002(9)：10-12.
② 赵忠. 重大突发事件新闻报道研究[D]. 青岛：中国海洋大学，2011：42.
③ 张晓春. 灾难新闻呼唤人文主义关怀[J]. 兰州学刊，2005(1)：272-273.

害"。新闻从业人员固有"无冕之王"的称谓，自身具有优越感，在话语权的掌握上优于一般民众。但是在报道突发公共事件时，要放低自己的姿态，不能采取自上而下命令式的采访，更要尊重当事人的意愿，以同理心报道事件中的受害者。同时，面对突发公共事件，人们对新闻人物及新闻内容的每个细节都想了然于胸。但在灾难事件面前，如若涉及儿童及未成年人，要注重保护他们的隐私权，对名字、图像、社会关系等涉及个人隐私的内容进行特殊化处理，以免在其以后成长过程中被人指认出来，给其生活带来负面影响[①]。

（二）掌握煽情尺度，不进行过度渲染

突发公共事件本身除了会对人们的生命财产造成损失之外，还会给人的心理带来极大的冲击，甚至会产生一些严重的心灵创伤，由此积累的消极情绪也会严重干扰人们的正常生活。因此，及时进行情绪疏导，彰显人文情怀，帮助受害者和社会公众尽快走出灾难的阴霾，也成为灾难新闻报道的另一项重要任务。作为信息传播的重要载体，新闻媒体不仅承担着传递信息、舆论引导等重要职责，而且在一定程度上会对受众的心理和价值观产生潜移默化的影响。其中，对灾民的不幸遭遇进行报道，虽然能唤起社会公众的关爱和同情，给社会以强烈的警示，但过度地悲情渲染，只考虑挖掘新闻价值以吸引受众眼球而不顾及受害者感情的做法，不仅会给当事人及其家属带来更大的心灵折磨，也有悖于灾难报道中的科学规律和伦理道德。

突发公共事件报道在我国是一个比较新的领域，虽然正常的社会气候逐步形成，但新闻媒体及其从业人员并没有太多的经验积累。以中央电视台的汶川地震报道为例：观众在新闻节目中看到的是大量令人悲痛心碎和感动的特写镜头，比如灾区满目疮痍的场景、对灾区人民接受采访声泪俱下的画面以及救援人员奔赴灾区进行抢险救灾的画面等。这些令人感动的画面将观众带入地震现场，深深触及观众的心灵。在播放灾区画面的同时，中央电视台还为画面进行了配乐，比如救援部队紧急奔赴灾区的画面就配上了比较紧张、激烈的"进行曲"类音乐效果，而在播放灾区受灾情况的画面时，则多配以悲伤的、具有安抚效果的轻柔音乐。把地震中最为人性、最为震撼的画面和动人的音乐结合在一起，也起到了渲染情绪、表达情感和调节节奏的作

---

① 毕媛方.我国突发公共卫生事件理性报道研究——以H7N9疫情为例[D].乌鲁木齐：新疆大学，2015：36.

用，起到了在地震初期迅速安定人心、振奋斗志、提振民众情绪和坚定群众对党和政府的信心等重要作用[①]。

而在2011年3月日本大地震发生后，日本NHK等主流媒体报道灾难却不煽情，灾难报道的主角不是政府、领导、军队以及救援人员，而是普通民众，电视画面也从来不会播放"血腥场景"，这让我国公众见证了真实而专业的灾难报道。

因此，采用间歇性、缓冲式的播报形式，对灾难事件进行适当、科学的报道，降低媒体对受害者和特殊人群的心理刺激；丰富报道内容，避免信息同质化；寻找受众知情权与人性之间的平衡，切实扮演好"把关人"角色，才是我国媒体的发展方向。当然，通过新闻立法对媒体人员进行约束也是当务之急[②]。

（三）采访形式应该更人性化

在汶川地震报道中，三岁的"敬礼娃娃"小郎铮被从废墟里营救出来后向解放军官兵敬礼的新闻照片，经由媒体的广泛传播，感动了中国，也感动了全世界。但全国各大媒体随后接连不断地"探访"，让这个只有三岁的幼童承受了巨大的心理压力，一度情绪不稳，心理恐慌，他的妈妈无奈对媒体发出了"给孩子一个安静、稳定的治疗环境"的请求。汶川地震中，凤凰卫视"冷暖人间"播出的一集报道《陈坚，最后79小时》引发网友争论。报道记录了陈坚被抢救出来的前后79个小时，然而他虽被抢救出来了，却没能坚持住，最终停止了呼吸。不少网友认为，陈坚本来就很虚弱，但记者一直在采访他，让他说话，这种节目非常不人道。而与此形成鲜明对比的是四川电视台一位记者的提问方式，在医院采访伤员的时候，他首先提问的是"我们这样采访会不会影响你休息和康复"，伤员回答说"不影响"，记者这才开始采访。所以，记者必须意识到，在关注度极高的重大突发公共事件报道中，记者的画面传递新闻，记者的表情传递新闻，甚至记者的举手投足也传递新闻，所以，"以人为本"的理念要体现在记者采访报道的整个过程中[③]。

---

① 龙韬.中日重大突发事件报道的比较研究——以中国"5·12"汶川地震和日本"3·11"地震为例[J].声屏世界,2011(9):63-65.
② 李政.我国灾难报道研究——以通海、唐山与汶川、玉树四次地震报道为例[D].西安:陕西师范大学,2012:52.
③ 赵忠.重大突发事件新闻报道研究[D].青岛:中国海洋大学,2011:43.

第八章　马克思主义新闻观视域下的突发公共事件报道

第一节　新中国成立后马克思主义新闻观的发展

新中国成立后，党和国家的主要领导人都有关于新闻舆论方面的论述，我们将其进行了梳理，以展现马克思主义新闻舆论观在新的历史时期的发展脉络。

一、毛泽东的新闻舆论观

毛泽东的《在〈解放日报〉改版座谈会上的讲话》阐述了党报的"四性"，即党性、群众性、战斗性、组织性。1948年4月，毛泽东发表《对晋绥日报编辑人员的谈话》，他言简意赅地总结了党报思想，他说："报纸的作用和力量，就在它能使党的纲领路线、方针政策、工作任务和工作方法，最迅速最广泛地同群众见面。"新中国成立后，毛泽东又提出了"政治家办报"的思想，认为新闻工作者需要懂政治、懂策略、懂理论，才可能及时、准确地宣传到位。

二、邓小平的新闻舆论观

1979年，邓小平考察了人民日报社之后，强调指出："为了实现安定团结，宣传、教育、理论、文艺部门的同志们，要从各方面来共同努力。……要使我们党的报刊成为全国安定团结的思想上的中心。报刊、广播、电视都要把促进安定团结，提高青年的社会主义觉悟，作为自己的一项经常性的、基本的任务。"邓小平新闻观的要义，就是传媒要为经济建设创造良好的安定团结的舆论环境。

三、江泽民的新闻舆论观

江泽民关于新闻宣传工作的一个要点就是强调舆论导向。1994年，江泽民在全国宣传思想工作会议上指出："坚持正确的舆论导向，就是要造成有利于进一步改革开放、建立社会主义市场经济体制、发展社会生产力的舆论；有利于加强社会主义精神文明建设和民主法制建设的舆论；有利于鼓舞和激励人们为国家富强、人民幸福和社会进步而艰苦创业、开拓创新的舆论；有利于人们分清是非、坚持真善美、抵制假恶丑的舆论；有利于国家统一、民族团结、人民心情舒畅、社会政治稳定的舆论。"进而提出了"四以"方针，即"以科学的理论武装人，以正确的舆论引导人，以高尚的精神塑造人，以优秀的作品鼓舞人"。1996年，江泽民在视察人民日报社时更是把舆论导向问题提到一个新的理论和认识的高度来强调。他深刻地指出："舆论导向正确，是党和人民之福；舆论导向错误，是党和人民之祸。"

四、胡锦涛的新闻舆论观

胡锦涛也曾说过："正确的舆论导向，利党利国利民；错误的舆论导向，误党误国误民。"这一论断以鲜明简洁的语言，深刻地阐述了舆论导向与党和人民利益的密切关系，指明了新闻舆论工作要服从、服务于全党全国工作的大局。"以正确的舆论引导人"是媒体人的光荣使命和艰巨任务。

胡锦涛对于舆论导向的论述重点不在于强调舆论引导如何重要，而重点阐述了引导的实际成效。2006年，他在视察解放军报社时说："要提高新闻宣传的吸引力、感召力、战斗力。""战斗力"是传播的目的，但为了达到这个目的，首先要有吸引公众的能力，即"感召力"。他曾强调，"讲究舆论宣传的艺术，不断提高舆论引导的水平和效果"，"使宣传教育工作做到形式多样，生动活泼，为群众所乐于接受，能够回答群众中存在的思想认识问题"。

2004年，他主持通过的《中共中央关于加强党的执政能力建设的决定》确认了以下任务："高度重视互联网等新型传媒对社会舆论的影响，加快建立法律规范、行政监督、行业自律、技术保障相结合的管理体制，加强互联网宣传队伍建设，形成网上正面舆论的强势。"2008年6月20日，胡锦涛在视察人民日报社时说："通过互联网了解民情、汇聚民智，也是一个重要的渠道。"可以看见的是，在网络传播的条件下，传播内涵已经发生了重大变化。

第二节 马克思主义新闻观视域下 突发公共事件报道的舆论引导

马克思主义新闻观,是马克思主义对于世界观和方法论在新闻领域的反映,是马克思主义对于新闻传播业的性质、地位、作用、意义、原则、方法、衡量标准和价值实现途径的总的看法[①]。马克思主义新闻观这一思想体系内涵丰富、外延广泛,不仅包括马克思主义经典作家对新闻、宣传、舆论等相关问题的精辟论述,而且包括中国共产党历代领导人在继承和发展马克思主义新闻观过程中所提供的思想成果和理论成果。中国共产党的新闻思想,是马克思主义新闻观的重要组成部分,是在新的历史条件下和新的舆论格局中进行深入思考和实践创新的智慧结晶[②]。

马克思主义新闻观,是一个不断充实、完善、创新和发展的过程,也是一个与时俱进的开放体系,还是新闻工作者的立身之本和从业之基。反映舆情、引导舆论是新闻媒体五大功能中的一项基础功能。舆论作为公开的社会评价,它所实现的社会功能是以公开表达的集合式的公众意见直接或间接干预社会生活[③]。

舆论是社会控制的有力形式之一,它的控制作用表现在两方面:对国家政权、政府行为的监督和制约;对公众行为的鼓舞或约束。思想的分裂会造成国家的分裂,执政者为了维系国家的存在,维护现行的社会秩序,都必须要对社会成员进行思想教育[④]。"舆论导向"又称舆论引导,是一种运用舆论引导人们的意识,把这种倾向性的意见和言论调控到积极的范围,使他们按照社会管理者制定的路线、方针、规章从事社会活动的传播行为。

一、新时期马克思主义新闻舆论观的继承

党的十八大以来,习近平结合中国国情对新闻宣传工作做了一系列重要论述,为我国新闻传播业科学地制定了一系列方针政策。习近平关于新闻舆论工作系列讲话精神对马克思主义新闻观的继承主要表现在以下三个方面。

① 丁法章.马克思主义新闻观的中国化及其运用[J].新闻记者,2007(2):3-9.
② 丁柏铨.当今中国的舆论引导与马克思主义新闻观[J].当代传播,2014(6):11-14.
③ 李良荣.新闻学概论[M].上海:复旦大学出版社,2004:50-53.
④ 刘建明.当代新闻学原理[M].北京:清华大学出版社,2005.

（一）党的新闻舆论工作是党的一项重要工作，是治国理政、定国安邦的大事

对于社会的整体稳定，健康发展的舆论是不可或缺的重要力量。马克思把舆论看作是一种普遍的、隐蔽的和强制的力量。

习近平多次强调要坚持正面宣传为主，坚持巩固壮大主流思想舆论阵地。2016年2月19日，习近平在党的新闻舆论工作座谈会上（简称"2·19"讲话）指出："党的新闻舆论工作是党的一项重要工作，是治国理政、定国安邦的大事。做好党的新闻舆论工作，事关旗帜和道路，事关贯彻落实党的理论和路线方针政策，事关顺利推进党和国家各项事业，事关全党全国各族人民凝聚力和向心力，事关党和国家前途命运。"这一论断以鲜明简洁的语言，深刻地阐述了舆论导向与党和人民利益的密切关系，将新闻舆论工作提到新的高度。

在"2·19"讲话中，习近平明确指出，在新的时代条件下，党的新闻舆论工作的职责和使命是："高举旗帜、引领导向，围绕中心、服务大局，团结人民、鼓舞士气，成风化人、凝心聚力，澄清谬误、明辨是非，联接中外、沟通世界。"这48个字，高屋建瓴，言简意赅，概括并提炼了新时期中国新闻舆论工作的价值取向与时代责任，体现了党中央对新闻舆论工作的基本定位和明确要求，为新闻舆论战线不负重托、履职尽责指明了努力方向。

（二）党的新闻舆论工作须牢牢坚持正确舆论导向

习近平在"2·19"讲话中强调："在新的时代条件下，党的新闻舆论工作必须把政治方向摆在第一位，牢牢坚持党性原则，牢牢坚持马克思主义新闻观，牢牢坚持正确舆论导向，牢牢坚持正面宣传为主。"这指明了新闻舆论工作要服从、服务于全党全国工作的大局，肩负"以正确的舆论引导人"的光荣使命和艰巨任务。

（三）党的新闻舆论工作要遵循新闻传播规律和新兴媒体发展规律

马克思主义新闻观的要义之一是尊重新闻传播规律。新闻传播是由传播主体、受众、传播媒介和传播内容四大要素构成。新闻传播规律存在于、作

用于所有的新闻传播活动和新闻传播过程中。习近平在2009年中央党校春季开学典礼上指出："要提高同媒体打交道的能力，尊重新闻舆论的传播规律，正确引导社会舆论，要与媒体保持密切联系，自觉接受舆论监督。"2014年8月18日，习近平在中央全面深化改革领导小组第四次会议上，进一步提出："要遵循新闻传播规律和新兴媒体发展规律，强化互联网思维，坚持传统媒体和新兴媒体优势互补、一体发展"，"推动传统媒体和新兴媒体在内容、渠道、平台、经营、管理等方面的深度融合"，"形成立体多样、融合发展的现代传播体系"。这是在新的媒体环境下，对新闻传播规律认识的深化，并指出了媒体融合的发展之路。关于新型媒体的传播规律，习近平在2014年2月27日主持召开的中央网络安全和信息化领导小组第一次会议上就谈到，"网上舆论工作是一项长期任务，要创新改进网上宣传，运用网络传播规律"，"大力培育和践行社会主义核心价值观，使网络空间清朗起来"，并明确指出了网络传播规律问题。

二、新时期马克思主义新闻舆论观的发展

习近平在继承前人思想的基础上，进一步丰富和发展了马克思主义新闻观关于舆论导向的内涵。

（一）新闻宣传的"时、度、效"，正确引导舆论

针对新闻舆论工作，习近平曾多次提出要把握新闻宣传的"时、度、效"问题。2013年8月19日，习近平在全国宣传思想工作会议上（简称"8·19"讲话）指出："关键是要提高质量和水平，把握好时、度、效，增强吸引力和感染力。"在"2·19"讲话中，他再次强调，"要抓住时机、把握节奏、讲究策略，从时度效着力，体现时度效要求"。这对新媒体时代的新闻舆论工作提出了新标准新要求，也对媒体人的政治素质、大局意识、业务水平提出了新课题。

习近平指出了舆论导向的重要性要更进一步，同时从引导舆论的方法上做了阐述，即把握新闻和宣传的时机、分寸和效果。时，是指时机、时效。在信息同步传播的网络时代，信息传播只有先声夺人，才能抢占舆论制高点。度，是指把握好分寸。这不仅需要熟悉法律法规和工作纪律，还需要全面了解情况、全面观察事态、把握公众接受心理，更为重要的是要有大局意

识。效，是指有效传播。这是对"时"、"度"的把握是否得当的最终检验①。

（二）宣传思想工作要胸怀大局，顺势而为

强调宣传工作一定要胸怀大局、把握大势，做到顺势而为。马克思主义新闻观强调，无产阶级新闻事业是党的重要思想武器和政治阵地，是党存在和发展的标志，必须遵守和阐述党的纲领和策略，按党的精神进行编辑工作。党性原则是无产阶级新闻事业的根本原则，党性原则作为一个概念，最早见于列宁的论述，党的几代领导都把是否具有党性观念和政治意识作为考察新闻工作者素质要求的基本条件。

习近平在"2·19"讲话中强调，"党的新闻舆论工作坚持党性原则，最根本的是坚持党对新闻舆论工作的领导"。党和政府主办的媒体是党和政府的宣传阵地。他曾在"8·19"讲话中指出："坚持党性，核心就是坚持正确的政治方向，站稳政治立场，坚定宣传党的理论和路线方针政策，坚定宣传中央重大工作部署，坚定宣传中央关于形势的重大分析判断，坚决同党中央保持高度一致，坚决维护中央权威，要旗帜鲜明坚持党性原则。"并强调："宣传思想工作一定要把围绕中心、服务大局作为基本职责，胸怀大局、把握大势、着眼大事，找准工作切入点和着力点，做到因势而谋、应势而动、顺势而为。"这是对新媒体时代的新闻舆论工作提出的新标准，也是对媒体人的政治素质、大局意识提出的新课题。在新的历史条件下，面对复杂多变的国际国内环境，若要在多元诉求中实现舆论引导，就需要高瞻远瞩的眼光和随机应变的智慧，缺少思想政治素质、大局意识、判断能力、业务水平是无法科学稳妥地把握的。

（三）抓好"九个创新"，改进宣传工作

习近平在"8·19"讲话中指出："宣传思想工作创新，重点要抓好理念创新、手段创新、基层工作创新，努力以思想认识新飞跃打开工作新局面，积极探索有利于破解工作难题的新举措新办法，把创新的中心放在基层一线。"他还引证了《盐铁论》中的"明者因时而变，知者随时而制"，讲的是宣传的内容和方式要与时俱进，摒弃不合时宜的旧观念。在"2·19"讲话

---

① 编写组.实践中的马克思主义新闻观[M].北京:高等教育出版社,2015:351.

中，习近平将"理念创新、手段创新、基层工作创新"的"三个创新"提升为"理念、内容、体裁、形式、方法、手段、业态、体制、机制"的"九个创新"，"适应分众化、差异化传播趋势，加快构建舆论引导新格局"，推进新闻舆论工作多层次全领域全方位创新，从而提高新闻舆论的传播力、引导力、影响力、公信力。

2006年1月26日，习近平在看望人民日报社和新华社驻浙江编辑记者时的谈话中，具体讲了新闻宣传如何创新的问题："新闻宣传是否善于创新，是否能够做到常做常新，是其发展壮大、保持强大生命力的关键。新闻宣传创新，不能仅仅停留在一般的喊口号上，要体现在具体文稿的撰写、修改和具体事件的宣传、报道上，要体现在如何拓宽工作思路，更新办报理念，丰富办报手段，突出办报特色，增强发展活力，提高新闻宣传的吸引力、感召力、战斗力上。"

习近平关于不断推动新闻舆论工作创新的思维和要求，适应和把握社会信息化持续推进时代背景下的新挑战新情况，积极探索破解舆论传播工作难题的新举措新办法，具有十分重要的现实指导意义。做好新形势下的正面宣传，还要根据传播规律、讲究宣传艺术。舆论引导要力戒居高临下、照搬照套，只有深入实际，多用群众喜闻乐见的通俗易懂的方式讲道理，在改进创新中增强吸引力和感染力，才能使正面宣传既跟上时代步伐又满足群众需求，让群众产生共鸣，发挥正面宣传的作用。

（四）弘扬主旋律，传播正能量

习近平多次强调要坚持正面宣传为主，坚持巩固壮大主流思想舆论阵地，弘扬主旋律，传播正能量。

1989年5月，习近平在福建宁德地区新闻工作会议上的讲话中指出，"舆论引导就是通过新闻报道，弘扬社会正气"，"这就要求每个新闻工作者坚持正面宣传为主，把握新闻宣传的基调"。他还说，"我国十年改革取得巨大成绩，这是我们工作的主流，是全世界公认的。新闻宣传，要有求实的精神，理直气壮地宣传成绩，增强党的凝聚力和政府的权威"。

在"8·19"讲话中，他又提出："坚持团结稳定鼓劲、正面宣传为主，是宣传思想工作必须遵循的重要方针。我们正在进行具有许多新的历史特点的伟大斗争，面临的挑战和困难前所未有，必须坚持巩固壮大主流思想舆论，弘扬主旋律，传播正能量，激发全社会团结奋进的强大力量。"

在"2·19"讲话中，他再次强调，"团结稳定鼓劲、正面宣传为主，是党的新闻舆论工作必须遵循的基本方针"，"必须从党的工作全局出发把握党的新闻舆论工作，做到思想上高度重视、工作上精准有力"。他还强调，新闻宣传工作顾大局，"最重要的就是要把握好事物发展的主流，以此来确定宣传的重点，解决好'边界'问题"。

坚持正面宣传为主，关键是要提高宣传质量和水平，要多挖掘那些富有时代气息、代表社会主流、具有广泛认同的人和事，让这样的人和事成为社会的广泛共识，成为社会发展的动力源。

综上所述：新中国成立后，党和国家领导人都高度重视新闻舆论工作，都认为大众传媒是党的宣传思想工作的组成部分，是党密切联系群众的桥梁和纽带，是组织群众、宣传群众、动员群众的工具，必须旗帜鲜明地把正确引导社会舆论作为自己的一项基本任务。团结稳定鼓劲、正面宣传为主，是党宣传思想工作一直强调遵循的重要方针。在新的历史时期，习近平从实现正确引导舆论的方法上做了阐述，即把握新闻和宣传的时机、分寸和效果，在吸引力和感染力上做文章，引导广大群众多看主流，不受支流支配，不受阴暗面影响。在此基础上延伸出的弘扬主旋律，传播正能量，增强主动性、抓好创新、运用网络传播规律等提法和阐述，体现了与时俱进的思想品质，是马克思主义新闻观的继承和发展。

三、马克思主义新闻观指导下的突发公共事件报道

马克思主义新闻观具有经典性和实践性，无论历史和实践发生何种变化，始终都具有指导实践的生命力。因此，在突发公共事件报道中，要全面、准确地理解和领会马克思主义新闻观的精髓，并以此为依据来引导舆论。

突发公共事件报道特别是灾难性事件报道，由于涉及群众广泛、利益多元，因此敏感性强、难度大，如在新闻的导向上把握不好容易产生负面影响，甚至对社会稳定造成危害。主流媒体更应以国家和人民利益为重，坚持正确的舆论导向。

（一）时：掌握舆论话语权、主动权

掌握舆论主导权、话语主动权，新闻媒体是最为关键的力量。重大突发

公共事件的报道既要实现信息公开，又要防范干扰后续工作；既要揭露事件真相，又要避免扩大打击范围、诱发新的矛盾发生；既要倡导悲悯情怀，又要防范感情用事①。

在网络时代，人人都有"麦克风"，要做到万众一心，舆论一律，是非常困难的。如果没有非常特殊的情况，总是公开比不公开好，早公开比晚公开好，主动公开比被动公开好，用事实说话的方式公开比用观念说话的方式公开好②。

在突发公共事件的报道中，坚持新闻报道的"第一时间"原则，是掌握话语主动权的关键。坚持用事实说话是取信公众的根本保证。新闻的真实不仅体现在单个事件的报道之中，而且应体现于报道的连续性中。在突发性灾难事件中，很多新闻事实在第一时间很难确定，而且可能存在由于对速度的追求，在第一时间的报道中出现模糊、笼统甚至错误，这除了媒体的纠错机制外，还有赖于报道的连续性，即在后续报道中对此前的报道予以纠正和进一步完善，从而确保新闻报道的真实性③。密切关注事件的最新进展，可以形成舆论的主导力量。如玉树地震后，《人民日报》多方位、多侧面对地震进行了报道，内容翔实，细节详尽，时刻关注抗震救灾的进展。一时间，"与时间赛跑，与生命接力"、"抗震救灾，众志成城"、"一方有难，八方支援"等成了舆论的主导力量④。

主流媒体在众声喧哗中要有大局意识，要"快说"、"会说"，坚持"早讲事实、重讲态度、慎讲原因"。比如对于昆明"3·1"暴恐案的价值引导，重心在于引导公众正确地认识和判断事件的实质，维护安定团结的政治局面。暴恐事件后，一些不利于民族团结的言论在互联网上出现，如果任由这种不信任、甚至仇视的言论蔓延发酵，后果不堪设想。例如，人民日报评论《像石榴籽那样紧紧抱在一起》主要针对民间的不良情绪，突出表达了广大维吾尔族群众渴望祥和、热爱团结的拳拳之心。

① 编写组.实践中的马克思主义新闻观[M].北京:高等教育出版社,2015:211.

② 丁柏铨.执政党与大众传媒[M].南京:江苏人民出版社,2010:379.

③ 陈霖.新闻学概论[M].苏州:苏州大学出版社,2007:24.

④ 赵丽娜.从《人民日报》玉树地震报道看灾难新闻的舆论引导[J].新闻世界,2010(7):182-183.

（二）度：把握大局，弘扬主旋律

1. 以党性原则为核心

突发公共事件报道特别是灾难性事件报道，由于涉及群众广泛、利益多元，因此敏感性强、难度大，如在新闻的导向上把握不好容易产生负面影响，甚至对社会稳定造成危害。主流媒体更应以国家和人民利益为重，从政治上总揽全局。

"如何坚持党性原则"的内涵十分丰富：既包括新闻工作者的理论修养、品质修养问题，也包括新闻工作者的业务能力培养和工作作风锻炼问题。新闻工作者必须从以下几个方面努力：一是讲政治、讲党性，提高政治素养；二是保持清醒头脑，冷静处理问题；三是突出宣传重点，把握政治方向；四是增强全局观念，加强宏观意识；五是讲究宣传艺术，提高引导水平。

在报道中尤其需要正确理解和把握客观报道原则。客观报道是一种新闻报道的方式，形成于19世纪50年代。它的特点是：首先要求新闻实事求是。其次将消息和意见分开，不能造成直接或间接指挥受众的印象。再次用客观叙述事实的方式来体现和表达报道者的主观意图和观点，倾向的流露隐蔽、自然。我国新闻研究界经常用恩格斯的一段话解释这一报道方式，即"完全立足于事实，只引用事实和直接以事实为根据的判断，由这样的判断进一步得出的结论本身仍然是明显的事实"。客观报道的原则一向为新闻界推崇并普遍运用，在新闻写作领域具有不可动摇的地位。

马克思曾谈及新闻工作"惯例"，其中就包涵了客观报道的内容。刘少奇也曾向新华社提出新闻报道要"客观、真实、公正、全面"，但是，"同时必须是有立场的"。他还认为，我们如果不敢强调客观的、真实的报道，只强调立场，那么我们的报道就有主观主义，有片面性[①]。

客观报道，是与主观主义报道相对的概念，是避免了片面性的报道。但是，目前新闻队伍中存在过度"客观主义"的倾向，甚至有的观点认为应该抛开一切感情和偏见搞"纯客观报道"，应该完全忽略新闻报道的倾向和立场，这致使出现了一些看似客观却歪曲了事实本质的新闻报道，起到误导舆论的负面作用。实际上，新闻都必然带有倾向性。何谓新闻的倾向性？指的

---

① 中国社会科学院新闻研究所. 中国共产党新闻工作文献汇编（下卷）[M]. 北京：新华出版社，1980：361.

是新闻传播者在采集和传递新闻的过程中，通过各种手段用新闻来体现自己的好恶褒贬或政治观点和态度①。

每个新闻报道者对社会生活的感知、观察、认识和评价都会不同，所以即使报道同一新闻事实也会出现不同的报道；另外每一个社会人都有一定的政治面貌，新闻工作者也不例外，而且世界上所有的新闻事业都隶属于一定的阶级、一定的政党或一定的社会集团，于是，新闻事业会不可避免地被这些力量控制而产生倾向性。所以，认为新闻报道需要纯客观而没有任何倾向性，其本身就是不客观的。

2. 坚持舆论导向和新闻价值统一论

新闻价值是指新近发生变动的事实对新闻传播者传播新的信息之需要的满足。具体体现为这些因素：重要性、显著性、接近性、趣味性、时间性、新鲜性等。

舆论导向和新闻价值是新闻的内在本质要求，两者是对立统一的关系。说对立，是因为舆论导向是自上而下的，即媒体希望受众接受自己传播的观点、倾向；而新闻价值是自下而上的，即受众希望媒体提供对自己有价值的信息。新闻传播是信息的双向流通，既离不开传播者，也离不开受众，两者缺一不可。实际工作中，媒体的意图和受众的愿望经常发生矛盾，但它们又是统一的，因为舆论导向以新闻价值为基础，新闻的首要属性应是"信息"，也就是要能够消除受众的某些不确定性。因此，首先需要具有新闻价值才谈得上舆论引导。而新闻价值又包含着指导性原则和政治标准，它们都统一于新闻事实之中。

重大突发公共事件大多表现为灾难性事件或危机事件，直接威胁着国家安全和社会稳定，与民众的根本利益息息相关，媒体对重大突发公共事件的新闻报道必须考虑舆论导向的正确，尽力让报道为危机的解决"帮忙不添乱"，最大限度地减少危机事件造成的损失。

突发公共事件因其突发性且关注度高而具有很高的新闻价值。因此，当突发公共事件发生后，一些媒体和记者片面追求所谓的事件的新闻价值，而不能正确把握新闻报道的时机、视角、态度和传播程度，从而误导了公众，同时给管理部门应对危机造成困难。所以，要注意把握"度"。比如，遵循新

---

① 黄旦. 新闻传播学[M]. 杭州:浙江大学出版社,1997:255.

闻伦理道德，根据事实描写事实而不是根据希望描写事实，不夸大其词，也不隐瞒真相；遵守报道纪律，对特殊的突发公共事件，一时不能报道的不强行报道，避免干扰司法、公安的正常的工作秩序①。

在重大突发公共事件的报道中，应该把坚持正确的导向和追求新闻价值有机地结合起来，并始终把坚持正确的导向放到第一位。但舆论引导也必须建立在新闻价值的基础上，寻求两者的结合，选择那些有传播价值并且为广大受众所关注的新闻事实，根据他们的接受能力和思维习惯确定有效的传播方式，润物无声、潜移默化地影响社会公众，否则，只能是事倍功半。同样，以"新闻价值"排斥舆论导向，就很可能在量变过程中突破"度"的限制，进而发生质变，使有益的传播变为无益甚至有害的传播②。

（三）效：有效传播

传播效果分为三个层面：认知层面、心理和态度层面、行动层面。从认知到态度再到行动，是一个效果的积累、深化和夸大的过程。

大众传播的社会效果的三个层面是：一是环境认知效果。大众传媒制约着我们观察社会和世界的视野。二是价值形成与维护效果。大众传媒在报道的新闻和传达的信息中，通常包含着是与非、善与恶、美与丑、进步与落后的价值判断。大众传媒提倡什么、反对什么，客观上起着形成与维护社会规范和价值体系的作用。这种作用是通过传媒的舆论导向功能发挥出来的，它通过舆论引导形成新的规范和价值，又可以通过舆论监督来维护既有的规范和价值。三是社会行为示范效果。大众传媒还通过向社会提示具体的行为或行为模式来直接、间接地影响人们的行动③。

那么如何去加强传播效果？

1. 舆论引导要因地制宜，加强针对性

舆论引导时应该"明示结论"还是"用事实说话"，两者也是各有利弊。一般认为，"明示结论"观点明确，受众容易理解传播者的意图和立场，但同时容易使文章生硬且容易引起受众反感。而"用事实说话"则是只提供引导性的材料，将观点寓于材料之中，让受众通过材料自己得出结论，但是这种

---

① 张芹,刘茂华.突发事件报道案例教程[M].上海:上海交通大学出版社,2013:37.
② 周跃敏.舆论导向与新闻价值[J].传媒观察,1999(5):10–12.
③ 郭庆光.传播学教程[M].北京:中国人民大学出版社,1999:188.

方法容易使主旨变得隐晦、模糊，增加理解的困难。

根据传播学者的研究结果，可以得出结论：（1）在论题和论旨比较复杂的场合，明示结论比不下结论效果好；（2）在说服对象的文化水平和理解能力较低的场合，应该明示结论；（3）让说服对象自己得出结论的方法，用于论题简单、论旨明确或对象文化水平较高时为宜①。

如成都"6·5"公交车燃烧事故发生后，一方面，政府及时公布最新消息，有效地引导舆论向积极的方向发展；另一方面，主流媒体纷纷开设评论专栏或专题，深度介入舆论引导，使政府主导的舆论不断得到加强。而民间舆论场纷纷转载官方言论，使得民间舆论场的意见表达渐趋理性，与官方舆论场逐渐对接。这为今后我国应对类似突发公共事件树立了舆论引导的成功范例。

2. 舆论引导要两面提示

传播技巧中的内容提示法认为：对某些存在对立因素的问题进行说服或宣传之际，通常会有两种方法。一种是仅向说服对象提示自己一方的观点或于己有利的判断材料，称为"一面提示"；另一种是在提示己方观点或有利材料的同时，也以某种方式提示对立一方的观点或不利于自己的材料，称为"两面提示"。两种方法各有利弊。一般来说，"一面提示"能够对己方观点做集中阐述，论旨明快，简洁易懂，但同时也会给人一种"咄咄逼人"的印象，使说服对象产生心理抵抗。另一方面，"两面提示"由于给对立观点以发言机会，给人一种"公平"感，可以消除说服对象的心理方案，但由于同时提示对立双方的观点，论旨变得比较复杂，理解的难度增加②。

尽管从单纯提交来看两者的效果并无优势强弱之分，但从传播学者做的"反宣传"测验显示：原先接受"一面提示"实验的人几乎都受到了相反观点的影响，而那些原先接受"两面提示"实验的人的态度却没有发生明显的变化。实验显示了"两面提示"在说服效果的持续性和稳定性方面的绝对优势。

在舆论引导时，传播者就要将正面观点和反面观点、利与弊坦陈于他们面前，并讲明道理，晓以利害，要充分相信他们的鉴别能力。如果回避反面观点，那么就可能降低可信度，甚至造成逆反心理。2014年，杭州处理富春江水污染事件中的舆论引导，是个成功的范例。从事故突发，到消息传遍网

---

① 郭庆光.传播学教程[M].北京:中国人民大学出版社,1999:188.
② 郭庆光.传播学教程[M].北京:中国人民大学出版社,1999:188.

络，再到宣布平安无事，官方轮番轰炸式的一条条直播处置消息，就像一次次精准的安民告示投放，有人将其归结为"真相跑在了谣言的前面"。在报道中，事故的原因、危害与进展占据了各路传播管道。来自专家的数据分析，危险性讲充分了；来自职能部门的行动表态，安全性全兜底了。下游的居民用不用抢水、要不要恐慌，都在官方畅通并且轮番传递的权威信息中，能够自行作出判断。

3. 舆论引导要优化议程设置

传播学家 M.E.麦库姆斯和 D.L.肖认为，新闻媒介具有一种为受众设置"议事日程"的功能，新闻媒介作为"大事"加以报道的内容，同样也作为"大事"反映在受众的意识当中。传媒的新闻报道以赋予各种"议题"不同程度的显著性的方式，影响着人们对周围世界的"大事"及其重要性的判断①。

大众媒体往往被视作在信息传播的过程中充当"舆论领袖"的角色，媒体的"声音"常常影响着公众所议论的话题。议题设置理论主要强调的是媒体的社会影响。一般把话题或议题分为媒体、公众和政府三部分，特别强调媒体的话题设计对于公众的影响。在突发公共事件报道中，大众媒介应该通过议题设置来巧妙地引导舆论，它选择并突出报道具有积极意义和符合主流价值观的具有舆论引导价值的问题，使这些问题成为公众议论的焦点，并形成媒介所预期的舆论或社会情绪，让政府和媒体的主流意见在公众中占支配地位，使突发公共事件朝着有利的方向发展。

发生重大突发灾难后，此时，媒介议程设置有着多方面的意义：其一，在灾难报道中合理的媒介议程设置可以对社会舆论进行积极引导，避免恐慌和不安；其二，在灾难报道中合理的媒介议程设置能够对信息进行有序梳理和统筹，避免信息拥堵和资源浪费；其三，在灾难报道中合理的媒介议程设置可以有效避免谣言产生和传播；其四，媒体可以通过议题设置提升或降低议题在公众议程上的地位，达到营造良好救灾环境和舆论氛围的目的②。

如何在突发公共事件后优化媒体的议程设置？首先，应该明确媒体的目标受众。若缺乏明确的受众定位，媒体的议题可能会指向不明，单纯的事件动态更新将难以提高信息的有效传播率。其次，应注意议题的精准。事件发生初期，要注重事件报道的及时，力争在第一时间传播真相，满足公众知情

① 郭庆光.传播学教程[M].北京:中国人民大学出版社,1999:188.
② 杨燕礼.地震后72小时内灾难报道的分众化议程设置研究[D].重庆:重庆大学,2014:5.

权，消除不确定性，排除谣言和流言。事件发酵期，视角要平衡和全面，给群众信心。事件发展后期，除了关注事件的影响，还要注重反思，树立媒体公信力。

4. 舆论引导要动之以情与晓之以理相结合

在引导舆论之际，以什么方式来打动受众也是影响传播效果的重要因素。理性诉求的方式是通过冷静的富有逻辑的摆事实讲道理来达到说服目的；感性诉求的方式则是通过渲染情感，以带有强烈情感色彩的言辞来感染对方，从而起到说服效果。如在马航事件的媒体报道中，舆论就出现了煽情一面倒的缺陷。新闻媒体在对灾难性事件的报道中，为了争取读者的注意力倾向于跟随舆论意见而非对舆论进行引导，不论是传统媒体平台上抑或是新媒体平台上，各种抚慰心灵的言论开始泛滥。其中一部分原因是媒体企图契合受众的心理，从而使受众产生心理认同感。在重大突发公共事件发生后，可能会出现一些错误舆论，对此，媒体不能听之任之，这样可能会导致错误舆论泛滥，应该以积极的姿态去"摆事实讲道理"，及时地对群众的诉求和情绪进行权威的解释和引导，做到动之以情与晓之以理相结合，这样才能真正地"化干戈为玉帛"。

当前，中国正处在改革、发展的关键历史时期，国际社会也日益关注中国。习近平强调，要深入开展马克思主义新闻观教育，引导广大新闻舆论工作者做党的政策主张的传播者、时代风云的记录者、社会进步的推动者、公平正义的守望者，这是对广大新闻舆论者提出的明确要求。在突发公共事件报道中，只有牢固树立马克思主义新闻观，自觉抵制西方所谓"独立媒体"、"新闻绝对自由"等错误观点，才能不辜负党和人民的重托，有效发挥引领社会、凝聚人心、推动发展的作用，为党和国家全局工作的顺利推进，为实现中华民族伟大复兴的中国梦营造良好舆论环境。

第三节　马克思主义新闻观视域下突发公共事件报道的人文关怀

在新的历史条件下，习近平创造性地发展了马克思主义新闻观，他的新闻思想丰富和发展了马克思主义新闻观关于人民性原则的观点。

社会主义新闻事业既是党的耳目喉舌，也是人民的耳目喉舌。全心全意为人民服务是我们党和国家工作的根本宗旨，也是我国新闻事业的根本宗旨。马克思曾提出"人民报刊"的概念，他认为，人民报刊是人民日常思想和情感的表达者。而群众性原则，一直是社会主义新闻事业坚持为人民服务宗旨的基本依据。

习近平关于新闻舆论工作的一个重要思想，就体现在对党性和人民性这一重大问题的新论断和新表述上。他还指出：把党性和人民性割裂开来、对立起来、搞碎片化，在理论上是错误的，在实践上也是有害的。

2013年，习近平在"8·19"讲话中明确指出：党性和人民性从来都是一致的、统一的。新闻宣传必须坚持党性原则，同时也要坚持人民性，贯彻以人为本理念。

此处人民性原则的内涵主要包括以下两个方面：第一，从理论层面，"是把最广大人民根本利益作为出发点和落脚点，坚持以民为本。要树立以人民为中心的工作导向，把服务群众同教育引导群众结合起来"；第二，从实践层面，应是"多宣传报道人民群众的伟大奋斗和火热生活，多宣传报道人民群众中涌现出来的先进典型和感人事迹，丰富人民精神世界，增强人民精神力量，满足人民精神需求"。

2016年，习近平在"2·19"讲话中强调，"新闻工作者应该更多地起到渠道和桥梁的作用，向人民宣传党的路线、方针、政策，解释党对事物的主张和看法，让人民了解党和国家的大事，使党的主张化为人民群众自觉的行动"。

这些观点重申了坚持党性和人民性相统一的原则，为宣传思想工作在新的舆论格局中更好地体现党的主张、更好地反映人民心声指明了方向。因此，马克思主义新闻观，是指导新闻实践的思想武器。在突发公共事件报道中要准确地理解马克思主义新闻观的精髓，并以此来指导实践。

突发公共事件报道特别是灾难性事件报道，由于涉及群众广泛、利益多元，因此敏感性强，主流媒体确实应以国家和人民利益为重，从政治上总揽全局，坚持党性。但也应以为人民服务为宗旨，在突发公共事件报道中坚持实事求是，注重人文关怀。所谓人文关怀就是以人为本，将人作为考查一切事物的中心的价值取向。在突发公共事件报道中，践行人文关怀理念至关重要，应从以下几方面着手。

一、关注受众的知情权

突发公共事件的报道中，新闻媒体对于受众的人文关怀主要表现在尊重他们的知情权。国际记者行为准则宣言中规定：尊重真理及尊重公众获得真实的权利，是新闻记者的首要责任。在现代社会，人们越来越倚重新闻传媒机构提供的新闻，只有媒体当好"社会媒介"的角色，才是实现公民知情权的必要条件。信息公开是和谐社会的重要指标，获取信息是现代公民的权利。突发公共事件的社会关注度高，客观全面的信息对于引导舆论方向、稳定社会情绪有着十分重要的影响。以前对待突发公共事件，我们总是习惯性淡化处理，生怕影响社会稳定。在网络社会，人们获得信息的渠道多元化，实行信息封锁不仅无助于危机的解决，而且还可能导致公众对政府的信任危机[①]。

如果公众能从正常渠道了解事实真相，流言就会自然消退。媒体让受众及时了解突发公共事件发生的程度和发展的趋势，有助于受众明了真相、沉着应对，也体现了当下新闻传媒对受众的人文关怀精神。例如昆明"3·1"暴恐案发生后，新闻媒体迅速作出反应，以官方微博信息、消息、评论、特写、专题等多种形式，让公众在第一时间了解事件的经过、真相、政府的处置措施，减少甚至消除了谣言、流言等干扰因素的影响，起到了安定人心的作用。

二、关注平民视角

平民视角和人情味易于使受众接受新闻信息。在突发公共事件报道中，从平民视角出发、富于人情味的新闻报道往往具有亲和力，能减轻受众的紧张情绪，吸引受众自愿接受。"感人心者，莫先乎情"，平民视角和人情味让新闻报道内容具有很大的感染力量。若让受众心灵为报道所吸引和震动，必然要依靠情感的灌注。有人情味的新闻报道由于巧妙地运用了与受众在心理上的接近性，容易引起受众的共鸣，展现灾难中的人性光辉。

突发公共事件发生时，为了提高新闻媒体的传播效果，要注意报道的形式，发掘受众的心理感受，以平民化的视角关注新闻事件。如汶川地震发生

---

① 陈力丹.舆论学——舆论导向研究[M].北京：中国广播电视出版社,1999:103-104.

后，媒体以积极、客观的态度，及时、准确地对这一灾难进行了全程报道。新闻专业网站都设立了相关专题，高密度、全方位、多角度地报道此次事件，为人类战胜这场灾难提供了丰富信息和良好社会心理等方面的准备，体现了浓厚的人文关怀，让公众真切感受到幸存者生存的艰难。

三、关注灾难中的真、善、美

灾难性突发公共事件报道，对于新闻媒体来说，关键在于如何去进一步发掘灾难事件中所蕴含着的更新鲜、更美好的主题。从而让健在的人们体会到人性的温暖、人的崇高与尊严，唤醒人类的良知与道德，从而对卑琐、残酷、冷漠的人性以批判，使人类始终面对自己，保持自己人性中"善"的一面。

因此，人文关怀精神要求灾难新闻报道不能仅限于直面悲剧，还应该直面人生，从人性角度审视灾难，进一步发掘灾难中蕴含着的更新鲜、更美好的主题，去唤醒人类的良知与道德，批判卑琐、残酷和冷漠①。

2013年芦山地震后，各大媒体对人们生死相依、舍己为人的事迹大力报道，对政府、个人等对灾区的援助报道，对救灾队员舍弃所有奔赴灾区的高尚情怀的报道，等等，这一切报道人情味十足，让人感受到人性的温暖②。这正是人文关怀理念对灾难报道的要求，是媒体人文关怀的最好证明。

马克思主义新闻观是指导新闻工作实践的精神指南，因此，媒体在进行突发公共事件报道时必须以马克思主义新闻观为指导，在遵循党性原则的同时，必须注重报道的人民性，使报道具有人文关怀，这样才能真正发挥媒体的宣传整合社会的功能。

第四节　马克思主义新闻观指导下突发公共事件的对外传播

党的十八大以来，习近平针对中国的新闻宣传工作做了一系列重要论述，对于指导我国的新闻宣传工作、加强对外传播无疑具有十分重要的理论和实践意义。习近平的新闻观进一步丰富发展了马克思主义新闻观关于对外传播体系的思想，对做好对外宣传和有效传播中国声音，提出了一系列新思

---

① 沈正赋. 灾难新闻报道中的人文主义关怀[J]. 声屏世界，2002(9)：10–12.
② 余祥鹏. 从四川汶川大地震看网络媒体的人文关怀[J]. 新闻与写作，2008(7)：61.

路和新办法。其在对外传播方面的思想主要体现在以下几个方面。

一、对外传播是宣传思想部门的重要职责

习近平在2013年"8·19"讲话中强调："在全面对外开放的条件下做宣传思想工作，一项重要任务是引导人们更加全面客观地认识当代中国、看待外部世界。"关于我国的对外宣传，他要求，宣传思想部门承担着十分重要的职责，必须守土有责[1]。

多年来，国外对中国的发展，关注与猜疑并存，"中国威胁论"等言论从未停止，中国融入世界的过程并不轻松，唯一的办法只能是加强对外传播，增进对中国的理解，让世界了解真实的中国。应该说，近年来中国对外传播水平有很大提升，并助推中国形象大幅提升，但与中国作为大国的实际状况和客观需要相比还有一定差距。学者刘小燕认为，国家形象的构成要素大致包括国家的社会制度、民族文化、综合国力、政治局势、国际关系、领袖风范、公民素质、社会文明等，每一项要素在一定情况下都反映或代表国家的整体形象，任何一个方面不完善都将对国家形象产生不良影响[2]。同时，她还强调了国家美誉度对国家形象的重要性。因此，中国的新闻传播业还必须加强对外传播，从而让世界客观地认识当代中国。

二、对外传播要创新方式，着力打造融通中外的新概念新范畴新表述

习近平强调：精心做好对外宣传工作，创新对外宣传方式，着力打造融通中外的新概念新范畴新表述，讲好中国故事，传播好中国声音[3]。时代迫切需要中国进一步加强对外传播能力建设，进一步创新传播理念、传播方式。正是因为如此，2013年12月30日，他在主持第十八届中央政治局第十二次集体学习时的讲话时说："提高国家文化软实力，要努力传播当代中国价值观念。"他还强调："要加强国际传播能力建设，精心构建对外话语体系，发挥好新兴媒体作用，增强对外话语的创造力、感召力、公信力，讲好中国故

---

① 倪光辉.胸怀大局把握大势着眼大事,努力把宣传思想工作做得更好[N].人民日报,2013-08-21(1).

② 刘小燕.关于传媒塑造国家形象的思考[J].国际新闻界,2002(2):61-66.

③ 倪光辉.胸怀大局把握大势着眼大事,努力把宣传思想工作做得更好[N].人民日报,2013-08-21(1).

事，传播好中国声音，阐释好中国特色。"

习近平在2016年的"2·19"讲话中强调，要遵循新闻传播规律，创新方法手段，建立对外传播话语体系，加强国际传播能力建设，增强国际话语权。集中讲好中国故事，同时优化战略布局，着力打造具有较强国际影响的外宣旗舰媒体。这里为什么要提倡讲述好故事呢？因为故事让受众最真实可感，入脑入心。

三、对外传播中要用中国理论解释中国实践，用中国实践升华中国理论

新闻工作者该怎样讲故事？习近平强调：讲好中国故事，就是要用中国理论解释中国实践，用中国实践升华中国理论，更加鲜明地展示中国思想，更加响亮地提出中国主张。同时，讲好中国故事，还要创新对外话语表达方式，研究国外不同受众的习惯和特点，采用融通中外的概念、范畴、表述，把我们想讲的和国外受众想听的结合起来，把"陈情"和"说理"结合起来，把"自己讲"和"别人讲"结合起来，使故事更为国际社会和海外受众所认同。也就是说，"用海外读者乐于接受的方式、易于理解的语言"传播好中国声音。这些论述将外宣工作思路提升到一个前所未有的新高度，更是中国新闻舆论战线的光荣职责和使命。

那么如何在马克思主义新闻观指导下，在突发公共事件的跨文化传播中讲好中国故事呢？

（一）建立及时准确公开透明的信息公开制度，在国家形象的构建和传播中抢占舆论的制高点

传媒是国际话语权的重要工具，而国际话语权又是一个国家"软实力"的一部分。在信息全球化时代，不论是美国高度商业化的传媒，还是英国BBC的公共电视体制，在发挥传播信息、监督社会和教育娱乐等传媒功能的同时，都在对外传播中发出承载着国家利益和民族文化的声音[①]。事实表明，媒介事件不仅有利于提高国家的知名度，更重要的是，大多数的媒介事件本身所呈现的意义能够有力地塑造理想的国家形象[②]。

---

① 玉海. 西方传媒对外报道策略[M]. 北京：中国传媒大学出版社，2009：1.
② 张昆. 国家形象传播[M]. 上海：复旦大学出版社，2005：201–205.

传播学中有这样一个定律：首先进入人们记忆的信息具有先导性和稳定性，后来要改变这个信息，需花费7倍的功率。这个定律显示了新闻传播时效的重要性。新华社总编辑南振中曾说：从维护国家形象和新闻媒体的公信力的角度来看，政府和媒体均应及时、准确地发布公共事件信息，以满足全社会对重大突发公共事件的新闻信息需求。在突发公共事件的报道中，媒体应该掌握新闻报道的主动权和主导权，抢占舆论阵地。

对于重大的突发性事件，如果政府不能做到公开透明，媒体不能做到迅速及时、全面准确地予以报道，这不仅损害了公众的知情权，而且可能造成谣言四起，也给国际社会造成神秘和难以信任的印象，使国家形象大打折扣。

1976年，唐山大地震发生后，虽然当时我国的中央媒体对国内抗震救灾进行了大量报道，但对于"多少人在地震中失去了生命"这一国内外最关心的话题讳莫如深，从而导致境外媒体纷纷猜测，有的传言死了60万人，有的甚至报道死了70万人。三年后，《人民日报》才对外公布死亡24万多人的准确数字。这个例子被美国传媒界和一些大学新闻系课程当做"共产党国家"和"迟到的新闻"封锁新闻的典型在新闻传播活动中到处引用①。中国媒体的缺失，不仅使我国在当时的国际舆论战中处于被动的处境，也让西方媒体以"无视人权"、"缺乏新闻自由"为借口肆意攻击中国，给我们的国家形象造成了严重的损害。

又比如汶川地震报道时，地震发生后，国内主流媒体纷纷在第一时间发布地震消息，跑在了国外媒体和谣言的前面，及时公开地告知地震受灾真相，高密度、立体化的信息传播缓解了社会恐慌情绪，同时为国外媒体的报道提供信息源，发挥了舆论先导的作用，向国际公众展示了正面积极的国家形象。对于这次汶川地震报道，境外广电媒体的节目信息来源多来自我国主流媒体，过去在重大突发公共事件中一些被争相收看的境外媒体，这次也明显大大低于我国主流媒体的收视率②。

（二）注重"文化移情"，在寻找共同的心理特征中彰显共同价值

媒体报道及时和反应迅速使受众满意，并不意味着受众就会认可并接受

①　薛巧珍．新的媒介环境下提高电视媒体应对突发事件能力的思考[J].中国广播电视学刊,2009(3):75~76.

②　胡占凡.认真学习胡锦涛总书记重要讲话,努力提高广播电视舆论引导能力[J].中国广播电视学刊,2008(8):6~8.

所报道的内容和形式，也不意味着受众进一步受到媒体的引导，而应该要做的是媒体在报道中所体现的价值观能够得到受众的认同，这首先就是人本主义价值观，即尊重每个个体的生命及生存价值①。受众在高度不明确的情况下，总是希望寻找多层次多角度的丰富信息来消除这种不确定性，使自己感到信息上的安全。以具体的故事为立足点，以富有人情味的方式表述，在符合西方新闻叙事框架的同时，增强了新闻报道的亲和力、吸引力和感染力，使国家形象构建和传播的过程中更加可感、可信。

比如汶川地震报道打破了固定模式，尊重新闻的规律，不统发稿件，让各家媒体独立进行报道，形成了立体化的报道。"人道主义"价值观是中西方道德价值产生的交集，在此基础上，中西方媒体达成了共识，西方媒体对于中国政府公开透明的新闻原则刮目相看。

（三）加强对不利于国家形象的外来信息的反传播能力，打造有利于国家形象构建的大格局

针对突发公共事件，应学会借事成势。突发公共事件作为一般带有负面信息的新闻，其媒介事件特点更是突出，受关注程度更高。因此，学会利用突发公共事件发生的契机，变劣势为优势，变危机为转机，成为塑造良好国家形象的重要节点②。重大突发公共事件发生时，主管部门要赋予媒体自主权，在宏观上进行调控，具体事务上放权给媒体，让媒体按照新闻规律来报道。在重大事件发生后，中国媒体必须争夺新闻首发权。只有这样，有效传播中国国家形象才指日可待。

自2003年"非典"事件以来，中国接连发生了多起引起世界高度关注的重大突发公共事件，如西藏"3·14"事件、南方雪灾，新疆"7·5"事件、汶川、玉树地震，以及甘肃舟曲"8·7"特大泥石流事件等，由于这些事件具有突发性和灾难性等特点，具有独特的新闻价值，会迅速产生巨大的冲击力和震撼力，往往在极短时间内向全球扩散，成为社会舆论关注的焦点和热点。因此，中国越来越重视对这类事件的话语权的争夺。但就目前来看，中国在国际话语权方面的弱势地位并未从根本上扭转，在争取正当而强劲的国际话语权方面还存在着不少困境。虽然中国是发展中国家，但是改革

---

① 张欣.论汶川抗震救灾电视报道中体现的传媒价值观[J].电视研究,2008(8):26—27.
② 李君.网络媒体突发事件报道视域下的中国国家形象研究[D].武汉:湖北大学,2011:34.

开放后我国政治、经济各方面都已经取得了明显的进步和发展，在国际上的影响力也大大提升。相对于当前我国在国际上的影响力而言，我国传媒的传播力和竞争力与国家地位极不相称。我国的中新社和新华社在国际上的影响力，远远不及西方四大主流通讯社，即美联社、法新社、路透社和合众国际社。

一般而言，国际一流媒体有三个标准：一是强大的国际影响力，包括品牌影响力、话语权、舆论引导力等；二是强大的运营能力，指媒体的经济收入水平、创收能力以及产业效益等经济财务指标；三是雄厚的基础规模，包括媒体的整体规模水平、国际覆盖能力、制作播出能力等。目前，美国拥有遍布世界各地的新闻传播网络，控制了全球90%的新闻和75%的电视节目的生产和制作，为其话语霸权的建构提供了坚实的物质基础，而许多第三世界国家的电视节目有60%~80%的栏目内容来自美国[①]。

再如昆明"3·1"事件发生后，有些西方媒体不顾事实真相，混淆黑白，并别有用心地称此类持刀袭击并非第一次，更有甚者，如美联社在选择性引用某受访者的话时，竟声称"应让维吾尔人独立"，毫不掩饰地挑拨中国民族关系，引起中国群众的同仇敌忾。《人民日报》针对这一现象发表评论《十足的虚伪与冷酷》，就此予以坚决驳斥，一针见血地指出了西方所谓"人权"的虚伪，认为偏见早已成为美国某些人观察中国新疆问题的痼疾，总结出美国的逻辑是，只要这些人不祸害美国，他们就不是美国人眼中的"恐怖分子"。在这次事件中，《人民日报》对内坚持正确的舆论导向，对外树立良好的国际形象，代表了社会舆论的主旋律。

对外传播技巧也不容忽视。荷兰符号学家托伊恩·A.梵·迪克曾指出：新闻修辞不仅仅局限于常用的修辞方法，它还包括使用的一系列策略性手段，从而增加新闻报道的真实性、精确性、合理性和可信度[②]。为此，我们在突发公共事件对外报道中要善于挖掘事件的新视角、新主题，巧妙设置议题，防止授人以柄，引导他国主流社重新认识和评价中国。

我国正处于社会转型期，只有坚持马克思主义新闻观的指导，在突发公共事件报道中加强对外宣传，增强我国主流媒体建构国家形象的影响力，才能在国际社会构建良好的国家形象。

① 张芹,刘茂华.突发事件报道案例教程[M].上海:上海交通大学出版社,2013:368.
② 曹碧波.媒体如何利用突发事件报道塑造国家形象[J].中国出版,2010(5):31-33.

附：突发公共事件报道个案研究

新闻专业网站灾难性突发公共事件报道模式研究
——以人民网汶川地震报道为例

一、汶川地震报道概述

（一）汶川地震期间媒体报道综述

2008年5月12日，四川省汶川县发生了8.0级强烈地震。而此次汶川地震报道却有着一个不同的背景，那就是《政府信息公开条例》的实施。2007年4月公布的《政府信息公开条例》于2008年5月1日开始实施，要重点公开"突发公共事件的应急预案、预警信息及应对情况"以及"抢险救灾、优抚、救济、社会捐助等款物的管理、使用和分配情况"，同时要求"行政机关应当将主动公开的政府信息，通过政府公报、政府网站、新闻发布会以及报刊、广播、电视等便于公众知晓的方式公开"。实际上，政府部门也采取了与以往不同的态度，公开透明地发布信息。正是在这样的背景下，汶川地震报道才突破了以往国内媒体"灾难不是新闻，抗灾救灾才是新闻"的报道模式。

在如此重大的灾难性突发公共事件面前，各类媒体迅速行动，通过文字、图片、视频等表现手段，多角度、全方位地向受众展示着地震的巨大危害：被夷为平地的县城，垮塌的校舍，痛失亲人的悲怆表情……这一切在满足受众对信息极度渴求的同时，也让每个人感受到了巨大的心灵震撼。在汶川地震报道中，媒体速度之快，报道之全面，内容之深刻，也是历次灾难报道中没有过的。

2008年5月12日下午14：46：29，即震后18分钟，新华网发布消息《四川汶川发生7.6级强烈地震，北京通州发生3.9级地震》。在汶川大地震发生32

分钟后，中央电视台24小时全天候报道了史无前例的重大灾难。接着，新华社、《人民日报》及四川电视台、北京电视台、美联社等一大批中外记者同时或陆续赶赴灾区，记者亲临抗震抢险前线，以目击、高效、透明的报道告诉全国和世界人民，获得全国和世界人民的高度赞誉。与此同时，以人民网、天涯网等为代表的各大网站、论坛和腾讯QQ、MSN、手机短信等各种媒介也在迅速传播汶川地震的抗震救灾信息。

汶川地震中的我国媒介报道是集各种媒体为一体的盛宴，是一场多种媒体的联合作战，电视、通讯社、报纸和网络几乎在同一时间聚焦这一重大突发公共事件。各类媒体以各自的视角、独特的手段和新闻形式再现了中国人民抗震救灾的大无畏精神。这些信息媒介、思想媒介和情感媒介相互融合，在这次大震中，捕捉到灾区的一切信息和真实的感奋。特别是电视和网络的"滚动报道"，即时更新信息，展现了抢险救灾的逼真进程。

四川汶川大地震新闻报道的丰富性、多样性、及时性、准确性，在中国新闻史上，具有里程碑的重大历史意义。它必将以标志性的经典之作，载入国史[①]！

（二）汶川地震报道的时代意义

抗震救灾报道让中华民族空前凝聚，也让世界重新认识中国。普通网友留言：汶川，挺住！中国，加油！海外华人寄语：我为有这样的祖国而骄傲！外国媒体评价：这场地震让世界看到一个有爱心的中国，一个有竞争力的中国，一个真实可敬的中国。

汶川地震报道的时代意义总结有如下几点。

1. 公民社会初见雏形

公民社会的最根本特征，就是突出每一位作为个体的公民作用的民主社会，每位公民的权益、需求、意愿与价值都得到前所未有的尊重。在此次汶川地震的报道中，网络媒体异军突起，一方面是公民对于自身知情权与参与意识的维护，另一方面也形成了一种有效的监督机制，使官方政府和媒体在应对灾害时，尊重每一位公民的自主意志，尊重自由的价值。由于非官方力量与官方力量的监督与控制，一张一弛，所形成的合力推动了当前社会向公

[①] 尹韵公. 汶川大地震新闻报道必将载入国史![J]. 新闻与写作,2008(6):12-13.

民社会的演进。公民社会里，倡导公民的参与和责任并重的意识。当地震爆发时，媒介通过公众来搜集有关地震的信息，就是一种倡导公民参与意识的行为，而网络媒体在面对重大突发性灾难事件所展现出的责任意识，也体现了公民社会的演进。

2. 媒体形象的扭转

在西方媒体对汶川地震的报道中，我们看到他们最先发出的报道几乎都是转引自中国媒体。而且一直认为"中国媒体不可信"的西方媒体，比如CNN、BBC等，在地震报道中都大量使用了中国媒体的电视画面和文字报道，这十分少见。尽管很多国家的地震监测站都监测到了地震的信号，并于第一时间发出信息，尽管也有一些西方媒体迅速地向灾区派出了记者，但毫无疑问的是，中国媒体的报道最迅速、最权威、最全面，也最具可信度。

3. 国家形象的重塑

及时、准确地传播信息，是国家形象塑造的必要条件。一般情况下，当与一国相关的重大事件发生时，如果传播主体能够及时、准确地发布信息，并以此建立信誉，就会引导舆论朝着对国家有利的方向发展，而不致陷于被动。

对人的尊重和对生命的关爱成为此次报道的核心主题。西方媒体普遍认为，中国政府在救灾中的表现，体现出了对生命的尊重和人道主义精神。通过举国协作救灾的良性互动，中国政府和民众表现出新的民族精神；通过抗震救灾，中国政府奉行的"以人为本"理念得到大力弘扬。中国政府和民众的此次抗震救灾行动获得了空前的认可，包括美联社、路透社、《纽约时报》、CNN在内的国外主要媒体在报道灾区状态的同时，并没有吝惜对中国的赞美，"快速"、"敏锐"、"成熟"、"异常公开"、"了不起"这样的字眼随着这次地震一起被附加在中国国家形象之上。《洛杉矶时报》甚至用了"Exemplary Response"（堪称楷模的反应）这样的字眼来高度评价中国政府的作为。一向苛刻的德国媒体也称赞中国"展现了感情"、"抗灾体现了透明和效益"、"政府救灾受国际肯定"。

从西方媒体对我国抗震救灾的溢美之词中，我们看到并且也相信，中国政府在未来的公共事务管理和危机处理上将继续保持高透明度。只要保持开放姿态，西方媒体的歪曲报道就很难有市场，世界上其他国家的人民才会有更多的机会看到真实的中国，从而了解中国①。

4. 重构主流价值体系

《南方周末》2008年5月29日报道的《捐款门始末》，主要报道在汶川大地震发生后，许多外资企业的品牌形象也发生了"大地震"。一些没有及时捐款的外企遭到网络舆论的强烈抨击，它们的产品遭到了消费者的抵制。

在汶川地震这个巨大灾难发生之后，儒家文化中重义轻利的价值观念得以彰显，中国本土企业纷纷以巨额捐助践行"兼济天下"的传统观念，全中国上下表现出中国传统文化的"劫富济贫"、"重义轻利"观念。王石于2008年5月15日的博客引起轩然大波，由此他的形象和万科的形象如同汶川地震中的房屋一样倒塌过半，遭到广大网友的炮轰。网友提醒王石应该重视道义，并写道：国难当头，石前发冷言于公众，后谋私利于暗室，不亦鄙乎？道义不存而富，是为为富不仁也。

另一个典型媒介事件代表是众所周知的"范跑跑"事件。很多媒体对此事展开了追踪报道，如《中国青年报》的文章《教师跑不对，不让跑也不对？》，《东方早报》的文章《地震时，我曾先跑》，《羊城晚报》的文章《"范跑跑"是道德意义上的芙蓉姐姐》。媒介纷纷就"范跑跑"的行为有没有触犯道德底线展开讨论。在这场争论中，中国传统文化的孝道和师德成为衡量的主要标准。

在构建和谐社会主义价值观方面，各大媒体号召全民捐血捐款，弘扬团结互助、集体主义精神，同时塑造了一批典型形象，如优秀教师、军人、志愿者等；并通过一些议程设置，把全国人民紧急调动起来，全国哀悼、抗震救灾，对外也展示坚强不息的中华民族精神。抗震救灾斗争展现的巨大爱国热情、伟大民族精神、高尚道德情操，极大地丰富了社会主义核心价值体系的时代内涵。

在汶川地震媒介报道中，中国传统文化得以彰显，对传统文化的认同和文化归属感成为舆论的主流，成为抗震救灾群众团结互助、共渡难关的精神纽带②。

汶川大地震突如其来，它是偶然的。怎样作汶川大地震的报道，显然不存在预案。但是，就是在没有预案这样一种情况下，可以让我们更加清晰地

---

① 胡雯. 从汶川地震报道看非官方报道力量的崛起[J]. 青年记者, 2008(8): 63-64.
② 张娅玲. 对汶川地震中媒介报道的解读[J]. 科教文汇, 2008(11): 277.

看到汶川大地震引发的新闻传播变革的意义。

改革开放以来，我国的民主政治健康发展，信息公开成为制度，满足公众知情权提上议事日程，显然这是新闻能够做到公开透明报道的大前提。当然，这个前提为新闻的变革提供了空间。在改革开放的推动下，新闻的"三贴近"（即贴近实际、贴近生活、贴近群众）已深入人心，"三贴近"的实践，锻炼和提高了新闻人。媒体和新闻人在改革开放的大潮中受到锤炼，面对大地震的突然发生，各媒体"不约而同"，在中央的支持下，新闻变革也就成了必然。

二、新闻专业网站中汶川地震报道的整体格局

（一）网络媒体日益主流化

国务院新闻办公室网络局副局长彭波在2008年新媒体高峰论坛上称，对汶川地震的报道，标志着网络媒体正成为中国社会的主流媒体。

面对重大突发（灾难）事件，过去人们获取信息的方式是一听广播、二看电视、三读报纸。可以说在以往重大突发公共事件中，广播、电视、报纸等传统媒体的一家独大地位可谓"岿然不动"。反观这次汶川地震报道，以互联网为代表的媒体可谓占尽先机，"风光无限"。

四川汶川发生8.0级强烈地震后半个小时内，新华网就连续两次发表了有关地震的简讯，而央视第一次播报是在30多分钟以后。2008年5月12日14时35分，在地震发生仅仅6分钟后，就有百度贴吧的一个网友发出了一篇题为《地震了》的帖子。在随后1小时内，来自震区四川以及周边地区的网友就发表了近千篇描述地震情况的博客文章。可以说，在汶川通信、交通等基本设施条件几近中断的情况下，在全球这个互联网和手机用户数最多的国家，由于各地网民的快速反应，许多人通过博客、网络即时聊天室、视频、论坛、手机短信等发布信息，让大家在地震刚刚发生十几分钟后就意识到，这是一次影响大半个中国、破坏性很强的地震，

截至5月19日晚10点，人民网、新华网、央视网、中华网共发布抗震救灾新闻（含图片文字、音视频）约123 000条，新浪、搜狐、网易、腾讯发布新闻133 000条。新媒体起到了一个以最快的速度汇集各地灾情的作用。尽管这种汇集是散点的，但是网民的真切记录在相当程度上构成了头两天尤其

"首个24小时"地震信息传播第一波主要的信息源。诚如新浪执行副总裁、新浪网总编辑陈彤在接受《新闻周刊》专访时所言："如果说以前新媒体更多处于从属地位，那么'5·12'汶川地震标志着它已经开始步入当今中国社会的主流媒体阵容。这是新媒体第一次发生极端重要的作用。"

清华大学媒介调查实验室的《媒体抗震救灾报道满意度调研报告》显示：对于了解地震相关信息主要渠道，36%的受访者选择网络媒体，34%的受访者选择电视，20%的受访者选择报纸。而选择广播与杂志期刊的受访者，仅占4%和1%。互联网与电视成为民众获取地震相关信息的最主要渠道，超过传统的平面媒体，而互联网的权重还要略高于电视媒体。

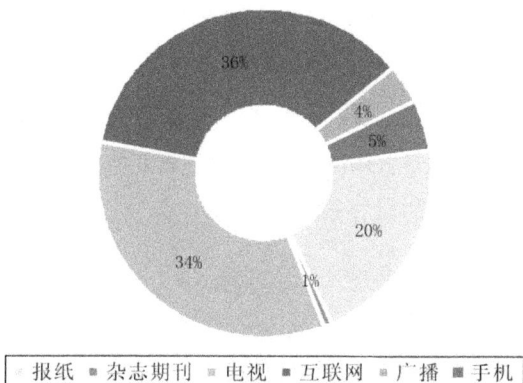

图3　民众了解汶川地震相关信息的主要媒体渠道占比图①

在灾难中，我们看到了爱心与理智兼具的网民。在网络这个"意见的自由市场"中，每个网民都可借助虚拟身份畅所欲言，其中既有理性的、建设性的看法和观点，也有一些非理智的个人情感宣泄，但是主流却是富有爱心和非常理智的。网民们，那一个个源于真情的祈愿帖子、一双双凝聚真爱的热情双手、一笔笔数额不等的赈灾善款、一件件救灾应急的捐赠物品、一篇篇饱含深情流行网络的诗文……让我们深切地感受到了爱心在2亿多网民之间发生着同频共振。当地震发生后，网民们自发以捐款捐物、献血或直奔一线救灾等多种形式表达自己的爱心；当外国媒体、外国企业或外国人发表辱华言论时，网民们抑制不住内心的爱国冲动，针锋相对，直到他们道歉为止。在突发公共事件面前，网民们变得更加友善，更加爱国，更加团结，也变得更加理智。在国际反华势力"妖魔化中国"面前，

---

① 样本描述：N=523，2008年6月1日清华大学媒介调查实验室通过NetTouch调研系统获得数据。

表现得不是一种狭隘的民族主义和爱国主义，而是以大局为重，不是盲目地排外和偏执，而使系列抗争活动变得更加有序、有理、有节。在震灾面前，网民们积极为抗震救灾建言献策。中央电视台春节联欢晚会增加赈灾节目、设立国家哀悼日、建立地震博物馆、加大赈灾款物透明度等措施的实施，无不与无数网民的吁请有关。更重要的是，在经历了几次灾难后，网民在大地震爆发后表现得尤为理智，与政府配合默契，一些不合时宜的问责被淹没在主流声音中，这为政府抗震救灾提供了良好的舆论环境。中国网民在这次大灾害中完成了自我的救赎①。

震惊世界的汶川大地震，使中国网媒承担起了更多的社会责任。在围绕抗震救灾开展的海量网络报道和遍布全国的网络救援活动中，网媒从网络虚拟世界走进现实社会，展开了一场自网络诞生以来史无前例的网上抗震救灾大战役，引起全社会的广泛关注，显示出网媒空前的主流影响力。网媒的权威性、信誉度以及在公众中的影响力，与传统主流媒体并驾齐驱，令国内外舆论对我国的网媒公信力刮目相视。

（二）汶川地震报道的媒介生态概述

"媒介生态"一词最早是由加拿大媒介理论家和哲学家马歇尔·麦克卢汉在20世纪60年代提出的。20世纪60年代，当尼尔·M. 波兹曼在纽约大学拓展媒介研究课程时采用"媒介生态"这一术语后，它才正式转变为学术领域的专有名词。对媒介生态的解释有很多种，但灵魂是一致的，那就是强调媒介是与其生存的社会大环境紧密联系在一起的。媒介生态包含诸多因素，主要是一定时代的政治文化氛围、经济发展水平、社会生活形态和媒介本身的属性、话语立场、人文精神以及受众的教育水平、文化境界、身份背景等。完整的媒介生态系统包括两方面的因素，即媒介因素（报刊、广播电视、电影、出版、音乐制作等）和环境因素（政治、经济、文化教育、自然资源、技术等）。媒介生态系统的基本构成要素是媒介系统、社会系统和人群，以及这三者之间的相互关系和相互作用。媒介是活的生物，生存在适合其生存、发展、繁衍的生态环境之中。而造就出汶川地震报道的媒介生态有如下三个特点。

---

① 腾讯科技.方家平：灾难是重新审视网络力量的契机[EB/OL].(2008-06-06)[2017-03-08].
http://www.cnetnews.com.cn/2008/0606/913551.shtml.

1. 意识形态化的消解与人本主义

新中国成立以来，从1958年"大跃进"运动一直到"文革"十年结束，由于我党在执政方针方面出现了严重的错误，所以这一阶段的新闻报道基本上被一种僵化的"正面报道"所主导。唐山大地震时的中国已近"文革"尾声，这一时期主导新闻的思想即"事实为政治服务"。与这一时期所有的新闻传播活动一样，关于这次地震的报道也被罩上了沉重的意识形态化外衣。1976年7月29日，《人民日报》在头版转发了新华社第一条有关地震的消息，题为《河北省唐山、丰南一带发生强烈地震，灾区人民在毛主席革命路线指引下发扬人定胜天的革命精神抗震救灾》，关于地震本身的描述仅限于时间、地点、震级和一句"震中地区遭到不同程度的损失"。此后的几乎所有关于地震的新闻报道都被进行了意识形态化和政治化的处理。在这些报道中，看不到个体的痛苦，只见"人定胜天"、"试看天下谁能敌"这样的口号和数不清的"英雄事迹"，灾难的现场被新闻媒体重新构建为"发挥社会主义优越性"的"主战场"。缺失了受难者个体形象，一场抗震救灾仿佛成了与空气的博弈①。

而在汶川地震报道中，从新闻媒体进驻的那一刹那起，一个个遇难者、抗争者、救护者真实而生动的个体形象就通过文字、图片、声音、影像的形式，在各种媒体上源源不断地传播出来，真实的现场得到了最大程度的还原。同样是《人民日报》，在这一次的报道中我们几乎寻不见"路线"、"指导思想"这样的字眼，而是代之以切切实实的救援进展和灾区全貌。"生命"这一词语成了新闻报道的关键词和高频词，如《目击生命争夺战》、《面对生命的呼唤》、《"赶快救人！"》、《全力挺进震中，打通生命之路》、《搜寻每一丝生命气息》这样的新闻报道，还有《人民生命高于一切》、《与时间和生命赛跑》等这样的重磅评论，以及"我给遗体三鞠躬"、"只要有一线希望，我们就要尽全部力量救人"这样的领导人的话语，共同将一个国家和民族对个体生命和尊严的珍视表达得淋漓尽致。至2008年5月19日，随着全国哀悼日的设立，这种对生命的尊重达到了高潮。

这正是中国新闻改革中呼唤了多年的新闻"以人为本"的精神。2008年6月20日，胡锦涛在人民日报社考察工作时对这一精神作出了这样的概括："以

---

① 甘险峰. 中国新闻改革在路上——汶川地震新闻报道探析[J]. 文史哲,2008(5):32-35.

人为本，增强新闻报道的亲和力、吸引力、感染力。"

2. 新闻管理方式的突破

我国《政府信息公开条例》自2008年5月1日开始实施。面对汶川大地震这一重大灾难，媒体报道第一次有了有关信息公开的法规的支持。这与以往有很大不同，20世纪90年代我国对国内灾难事件的报道采取了比较严格的管理，以及送审、"宁慢勿抢、准确第一"、报道内外有别等原则，使得灾难报道谨慎有余而透明不足①。《政府信息公开条例》的实施，推动自中央到地方的媒体进行一番信息公开的大提速和大提升。直接体现在媒体报道中，首先最引人注目的就是对灾情、特别是对遇难人数的第一时间发布。其次是对震级、救灾动向、灾民安置等信息的及时跟进。对此，业界人士称赞说：汶川地震，这次真相跑在了谣言前面。信息公开，让新闻传播从源头上获得了很大程度上的解放。在20世纪80年代前的中国新闻报道中，灾难报道长期被视为禁区，自然灾害的程度和损害的相关数字信息甚至长期以来被视为"国家机密"。其原因，不外乎是想当然地认为客观报道灾害会影响国家形象、政府形象。这种以牺牲受众知情权为特征的习惯性新闻控制，受到来自各方尤其是西方的指责与诟病，也使得中国在国际话语权上处于被动地位。唐山大地震发生时，这种新闻控制达到了极致。地震中最为人所关心的伤亡数字，直到三年后的1979年11月22日才公之于众。

在这次汶川大地震的新闻报道中，新闻管理部门特别是新闻的高层管理部门，表现了极高的智慧和驾驭全局的能力，完全按新闻规律办事，放手让各新闻机构全面、快速报道地震灾区的新闻，充分展现了广大新闻工作者的能力和责任。而这样的新闻报道也表现出巨大的、正面的力量，起到了鼓舞正气、凝聚人心的作用②。

此次汶川地震，中国政府却做到了最大程度的公开、透明。政府实行信息公开，把政府行为放在公共视野中，及时公布信息，欢迎舆论监督，积极处理存在问题，使主流声音覆盖了抗震救灾的各个方面和每个细节，各种媒体密切配合，准确传达民情民意，牢牢把握正确的舆论导向，凝聚了人心，发挥了群体优势。在地震发生后不到半个小时，新华社就播发了第一条简讯，央视、四川卫视、陕西卫视等随即中断了正常的节目播放，开始了对此

---

① 刘一平. 试论九十年代中国灾难报道机制[J]. 新闻大学, 2001(1): 45-47.
② 赵宗符. 汶川大地震新闻报道的五大突破[J]. 青年记者, 2008(7): 52-53.

次地震的跟踪直播，地震的伤亡数字即时更新，公众的知情权得到了最大程度的尊重和满足。国外记者也被允许入驻灾区进行新闻报道，时任国务院总理温家宝更是在现场回答中外记者的提问，亲口向外界公布地震伤亡数字和中国政府的援助办法及遇到的困难。

3. 新闻价值的回归

真实性、时效性、显著性、重要性等传统的新闻价值要素同样是灾难新闻最应珍视的。对于自然灾害的报道，有这样一些要素，如灾难的性质、伤亡人数、时间地点、灾难程度、紧急状态、救援行动等，而"真正的灾难报道应当关注人的因素——遇难的人、被救出的人、救助他们的人、无家可归的人、被迫迁移的人。灾难报道最主要的要素之一就是要突出表现人，表现他们的生活因巨灾而发生的剧烈变化，要充满人情味"。对比唐山大地震时期的报道，呈现给受众的只是"人定胜天"的抗震救灾，而不是真实的灾害本身。就时效性而言，唐山大地震于1976年7月28日凌晨3时42分发生，时隔近3个小时后，新华社才播发了地震发生的消息。考虑到当时的技术条件限制，这样的表现也算差强人意。然而将地震的伤亡数字封锁了三年之久，震区的真实景象要等到多年后才可以在报告文学中觅得踪迹，这是不折不扣地将"新闻"变成了"旧闻"。只要"文化大革命"的革命需要，什么"事实"都可以编造，任何"典型"都可以出笼。在这样的新闻观指导下的媒体只能算作特殊时期愚昧公众的工具，媒介形象、公信力不过是一纸空谈。

在这次汶川地震报道中，这些传统的新闻价值都得到了最大可能的彰显，全景式实时播报和报纸、电视、广播、网络、手机等多种传媒形态的共同介入，宣传禁区的基本消解，为媒体创造了一个提升媒介形象的机遇。清华大学媒介调查实验室的《媒体抗震救灾报道满意度调研报告》显示，民众对媒体抗震救灾报道的总体满意度在"比较满意"以上的达到了93%（见图4），而在此前复旦大学学者主持的《中国大陆传媒公信力的实证研究》表明，中国受众对大众传媒公信力的整体评价不高，电视、广播和报纸的公信力水平都没有达到"良好"[①]。

---

① 廖圣清,李晓静,张国良.中国大陆大众传媒公信力的实证研究[J].新闻大学,2005(1):19-27.

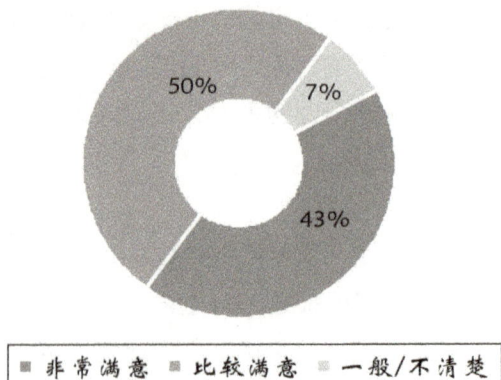

图4　民众对媒体抗震救灾报道的总体满意度占比图①

（三）网络媒体的自身属性与突发公共事件的报道要求

网络以其全新的技术手段，展现出全新的面貌。用全新的方法服务着网民，冲击着当今迅速发展的世界，其优势是显而易见的。新媒体的即时、互动、短时间聚合人气、形成舆论的能力，在这几起突发公共事件中都得以很好体现。新媒体自身的属性与突发公共事件对传媒的需求，两者也很好地结合了起来。

1. 传播超越时空化

传播的范围常常受限于地域，是传统媒体的一大困惑。而网络媒体的出现，则彻底改变了这一切。网络媒体传播不受地域限制，受众遍及世界各地（当然，一些国家由于政治等原因除外）。而在时效性上，网络媒体是全天候新闻报道，这也令传播时段固定的传统媒体望洋兴叹。

突发公共事件中，民众对信息的知晓欲往往有很强的时效需求，新媒体即时性这一优势在突发公共事件的信息披露方面独占先机。

2. 传播互动化

相对于传统媒体的"一言堂"，网络媒体能够实现传者与受者之间的互动。它使话语权不再是某个机构或个人的特权，而是将其外延扩大到了大众。任何一个网络受众都可以成为信息发布者，改变了传统媒体你说我听的方式。网民在网络新闻和网络聊天室有很大的言论自由度，不仅可以参加讨论，而且也可自己发布新闻。信息传播能在传者和受者之间呈现交替互动的

① 样本描述：N=523，2008年6月1日清华大学媒介调查实验室通过NetTouch调研系统获得数据。

形式。

在突发公共事件中,群体心理的形成与突发公共事件的走向息息相关,互动功能能很好地感知并引导群体心理走向。

3. 信息汇聚多元化

网络具有汇聚超大量信息的能力。各家网站信息量庞大的数据库以及新闻文献仓库,为人们寻找全面翔实的资料提供了很大的帮助,具有重要的现实意义。并且,网络中功能强大的超链接将无限丰富的相关资料向受众立体式地发布,单单这一点就让传统媒体只能望其项背。

新媒体具有反馈功能,数据库功能。这些功能都能使突发公共事件被更有效地置于"传受双向空间"与"历史纵深空间"中,一方面有利于全方位地解读与阐释突发公共事件,另一方面也能为事件的解决提供来自受众与历史的参考。

4. 传播手段表现立体化

多媒体的传播手段,是网络媒体的一大表现特点。网络媒体不仅能够显示文本信息,而且能够显示图形、图像和声音等多媒体信息,使得网络媒体的表现形态走向立体式。

(四)Web2.0时代为灾难性突发公共事件报道提供新平台

Web2.0是相对Web1.0(2003年以前的互联网模式)的新的一类互联网应用的统称,是一次从核心内容到外部应用的进步。Web1.0是单纯通过网络浏览器浏览html网页模式,而Web2.0则是内容更丰富、联系性更强、工具性更强的互联网模式。

在中国,Web2.0的概念在2005年得到广泛普及。2006年2月,中国互联网协会发布了《中国Web2.0发展现状与趋势调查报告》。这份报告在对Web2.0概念进行定义时指出:互联网2.0(Web2.0)是互联网的一次理念和思想体系的升级换代,由原来的自上而下的由少数资源控制者集中控制主导的互联网体系转变为自下而上的由广大用户集体智慧和力量主导的互联网体系。

中国近年来兴起的Web2.0网站,大致可以分为以下六种类型:博客、播客、维客、互动多媒体网络杂志、新型虚拟社区、社区搜索聚合。

传播途径和手段多元化,全球互联网已进入Web2.0阶段,网站提供给网民发布信息的渠道越来越多,已形成了多种渠道共生合力的新型业态。抗震救灾信息的许多接收者同时也是信息的发布者，且信息发布更及时、实时。千千万万网民通过网站的论坛、贴吧、新闻留言、博客、播客、掘客、豆客、网络杂志、即时通信工具、手机上网等途径，成为"自媒体"、"私媒体"的拥有者和"草根新闻"、"公民新闻"的发布者。面对空前惨烈的地震灾害，许多网民迸发出报道热情，扮演着新闻线人和民间通讯社的角色，手机、DV、录音笔等都是记录的载体。许多网民通过多元化的网络信息交流发布平台，及时发布了自己在地震灾区所见所闻的图片、文字或音视频，进一步扩大了网媒的信息量。一些对灾情进行人文关注、呼吁捐赠救助的博客热点文章，单篇点击量从几十万到上千万次，跟帖由几千条到几万条。新浪、搜狐和网易三大门户网站关于抗震救灾的博客文章总数超过233万篇，点击量超过23亿次。人民网的"抗震救灾官网"，包括新闻区、救助互动区、公益服务区、资料知识区四大版块，开设《实时报道》、《救援行动》、《抗灾英雄谱》、《第一现场》、《网友寄语》、《网上求助》、《救援手册》、《手机传爱心》、《强国博客》等30多个子栏目。

1. 博客

博客指（Blog/Weblog）张贴以日期顺序倒排的网络日志的个人主页或者撰写网络日志的个人或群体。

目前，我国博客已突破4 000万，平均每天有30.5万博客文章被上传到网上。随着使用人数的增多及其巨大的影响力，博客已经成为一种新型的公共空间。在汶川地震中，我国的博客们也在书写着这场没有硝烟的战争。博客上关于地震的故事、评论也在不断地展开和演进，对地震的细节性描写和刻画以及地震中需要思考的问题加以传播。同时，网络博客和网络论坛对于地震的信息报道更加全面和深入，成为了非官方报道中的重要力量。人民网的"抗震救灾官网"为此专门设置了《强国博客》栏目。在网络上不仅可以看到前方记者发回的报道，还可以看到志愿者、灾区幸存人员的亲历报道。人民网的《强国博客》，从内容主题来说，可分为《我在现场》、《博客连线》、《图片报道》、《博客互助》等子栏目，记录了灾区群众地震发生时的记忆和他们的震后生活。人民网还做了一系列诸如"博客联盟响应中国红十字会呼吁，向广大网友发出捐款倡议"等专题策划，地震后大批救援人员进入震区，他们的经历通过抗震救灾一线的医护手记、媒体人博客推荐的栏目反映出来。

如何在重灾后重建是救援过后震区面临的另一个重要课题，人民网"抗震救灾官网"为此举办了"汶川地震，我感受的抗震精神"博客征文活动以及抗震救灾感人瞬间征集活动等，集思广益，收集着点点滴滴的感动与震撼。

2. 播客

播客指（Podcasting）通过互联网发布或订阅视频、音频文件的传播方式或者使用这一传播方式的人。

人民网对地震的视频报道，根据来源的不同，可分为职业新闻工作者制作的电视新闻和个人制作的短片。近两年，数码照相机和摄像机走入寻常百姓家，普通人可以用自己的视角记录日常生活。个人制作的视频短片虽然在拍摄的质量方面赶不上职业新闻工作者，但是这些短片往往能真实记录突发公共事件发生的瞬间，弥补突发公共事件因为记者不到场而留下的空白。汶川地震时，秘鲁游客正在青城山，他用手中的DV记录了地震发生时的场面。北川县地震瞬间最详尽的录像是北川县广播电视局的一名工作人员拍摄的。

3. 新型虚拟社区

中国人喜欢聚在一起讨论问题，作为社区就是网络讨论聚集地，通过不同网站的BBS、群组、贴吧、圈子等方式，人们传递着这次事件的信息、交流着对地震发生的应变，这些天涯上的帖子消除了很多人之前不正确的看法。这说明很多人缺乏灾害知识、灾害意识、理性而正确看待问题的能力，通过社区正确地引导着大家的看法，在交流中让人们学会更多的东西。

4. 论坛

网络论坛主要是指网络新闻的评论和BBS论坛。据有关了解，汶川地震时，第一个发布地震消息的，是百度贴吧的网友。该网友没来得及登陆，就在"地震吧"发出一篇题为《地震了》的帖子，内容简明扼要："四川地区发生地震"。发帖时间是2008年5月12日14：35，距地震发生时间仅间隔6分钟。

5. 手机播报

人民网打造了"手机传情"互动平台，充分利用手机媒体随时、随地、随身的优势，通过手机报、手机人民网、手机论坛、手机博客等方式，即时报道中央部署抗震救灾工作最新进展，反映广大手机用户对灾情的关注、支持和建议。手机用户可以采用直接登录手机人民网的方式了解关于地震的动态新闻和其他相关内容，还可以发布寻亲消息。这在手机用户中产生强烈反响，截至2008年5月28日上午9点，已收到手机网友留言近7万条。

传统媒体借助数字化的技术和网络传播环境，还直接衍生出了新媒体，如手机报、手机电视等。在汶川地震后，仅新华网、人民网的手机报和央视网的手机电视，前七天已发稿71期3 000多条。特别是新华网和中国移动、中国联通合作推出的《抗震救灾手机报》和抗震救灾快讯，专门为四川灾区1 500万移动用户、700万联通用户免费定制，为抗震救灾提供了优质的信息服务和有力的信心支撑。

（五）跨文化传播

地震媒介报道让外国进一步了解中国，汶川地震对中华民族来说是巨大的灾难，却也是让外国了解中国的一个机会。在这次地震中，以美联社等为代表的一大批外国记者同时或陆续赶赴灾区，用手中的镜头和笔记录了中国发生的一切，记录了中华民族在大难面前展现出来的坚强不屈。

我国媒体对这一危机事件的快速报道，左右了全球对这一信息的新闻流向，显示了高度的责任感和新闻驾驭能力。各国媒体广泛采用了中央电视台国际频道的节目，共有113个国家和地区的298家电视机构转播或部分使用了中央电视台中文国际频道、英语频道、法语频道和西班牙语频道节目的信号。还有CNN、BBC、美联社、法新社、路透社等几千家媒体大部分引用我国新华社、中央电视台、四川电视台等相关报道，提升了我国媒体在全球的权威性，打通了中国新闻走向世界的路径①。

美国《纽约时报》于2008年5月19日的一篇文章《地震之后的中国人踊跃捐赠新得财富》报道说，几十年一遇的致命灾难触发了前所未有的慈善热潮；加拿大《环球邮报》于2008年5月17日的一篇文章《地震之后，"意识震荡"冲击中国》也报道说，这次四川地震催生了一种显著变化，即一种大规模的草根志愿者运动。这种草根运动的到来正值中国历史的关键时刻。中国正向世界表明，民族主义有着更人性和富有同情心的一面。由此可见，汶川地震的媒介报道催发了一场中国和国外的大规模的跨文化传播，让世界进一步了解了中国的传统文化和发展变化。

总之，汶川地震媒介报道是对我国灾难新闻报道的大发展和大突破，对我国灾难新闻报道具有里程碑式的意义。

---

① 刘建明.左右了全球对信息的新闻流向[J].新闻与写作,2008(6):12.

三、新闻专业网站中汶川地震报道的模式

（一）报道时间——追求零时差

时效即新闻的生命，时效性也是新闻报道的原则之一。全球化的传播竞争已经成为播出时间的竞争，新华社在伊战报道中抢发了第一条快讯，"领先全球10秒"也正是新华社综合实力的体现。报道迟缓就意味着被动，在起跑线便丢失掉读者，也意味在以后的竞争中难以引导舆论。对于重大突发公共事件要做到"快一些、更快一些"。在突发性事件一切情况皆不明晰的情况下，对国家和公众来说，时间不仅意味着财产，而且意味着生命。同时，由于突发公共事件发生突然，因此无法提前策划，在前期报道中以时效性取胜显得尤为重要。此次大灾，一个新的新闻概念开始走进中国各大媒体，并融入到举国上下"抗震救灾"的新闻采访报道之中，这就是："信息是决策，时效是生命。"5月12日，在四川汶川发生地震后，下午14：46，即震后18分钟，新华网发布消息《四川汶川发生7.6级强烈地震，北京通州发生3.9级地震》，人民网等新闻专业网站在此次四川特大地震中都显示出快速反应的敏感和力量，都在第一时间转载了新华社快讯。人民网为您24小时滚动播报地震灾区情况专栏，实现实时播报，文字播报最小时隔10秒。突发公共事件报道，要以最快速度发布专题页面，最好能配以图片或视频吸引网民，必要时可考虑采用发布"快讯"的方式随时跟进事态发展，全时报道与即时报道结合。

（二）价值取向——人文关怀理念

所谓人文关怀就是以人为本，尊重人、理解人、关心人，将人作为考察一切事物的中心的价值取向。人文关怀被称为人类苦难的"温柔抚摸者"，在新闻报道中，努力体现人文关怀是媒体的责任所在。网络媒体对汶川大地震的成功报道启示我们：在灾难报道中，践行人文关怀理念至关重要。网络媒体的人文关怀价值取向主要体现在以下三个方面：

1. 关注灾难报道的及时全面

汶川大地震发生后，网络媒体以积极、客观的态度，及时、准确地对这一灾难进行了全程报道。人民网、新华网等新闻专业网站都设立了相关专

题，高密度、全方位、多角度地报道这次事件。媒体的积极报道为人类战胜这场灾难提供了丰富信息和良好社会心理等方面的准备，体现了浓厚的人文关怀。

2. 关注灾难中的真、善、美

此次报道中，各大网络媒体对人们生死相依、舍己为人的事迹大力报道，对政府、个人等对灾区的援助报道，对救灾队员舍弃所有奔赴灾区的高尚情怀的报道，等等，都人情味十足，体现的是一种平民视角，打动了受众内心最柔软的地方，让人感受到人性的温暖。人民网设专栏《抗震救灾英雄谱》、《抗震救灾英雄少年》，报道那些感动人们的人和事[①]。通过这些报道，让更多的人感受到救灾过程中所彰显的人性之真、善、美。这正是人文关怀理念对灾难报道的要求，是媒体人文关怀的最好证明。

3. 关注灾难中人的生存需求

人文关怀要求灾难报道对遇难者表达深切哀悼，更要对幸存者给予热切关注。在汶川大地震报道中，人民网设立《最新图片报道》专栏，新华网设立《图片》专栏，报道了灾区残破的景象，让公众真切感受幸存者生存的艰难。此外，人民网等网络媒体均设有《网上寻亲》、《寻亲报平安》等专栏，通过公布寻亲电话以及失踪者的信息等方式来体现人文关怀。

（三）题材择取——多层次全面报道

在"黄金救援"的72小时里，媒体报道主要从两个层面展开，一是对被困幸存者的营救，二是随着打通道路的进程跟踪报道灾情。三天之后，报道重心开始转向震灾损失和灾民安置与迁移情况的报道，其中有两条主线，一条是解放军的救援行动，另一条是灾后安置和防疫。从5月19日全国哀悼日开始，报道重心转至全国人民众志成城、抗震救灾，在媒体的宣传报道下，又一轮赈灾高潮掀起。从5月22日开始，报道重心又适时地转移到次生灾害和灾后重建两个层次的报道上。同时，报道逐渐走向常规，24小时不间断的直播报道减少。应该说，在如此紧急的突发公共事件面前，在缺乏充分准备的情况下，新闻媒体能够做到循序渐进，多层次报道，并且能够做到每个阶段的报道重心明确，实属不易。多层次的报道将报道不断推向高潮，也引导

---

① 余祥鹏. 从四川汶川大地震看网络媒体的人文关怀[J]. 新闻与写作, 2008(7):61.

群众理智地对待抗震救灾各个不同阶段所出现的各种问题①。

人民网的报道非常全面、深入，从"最新灾情"、"实时报道"、"高层关怀"、"救援行动"、"各地灾情"、"真情捐助"、"港澳台"、"国际"、"英雄谱"、"感人故事"等专题就能看出，媒体通过一个个微观的"点"的报道汇成了宏观的"面"，让受众可以从不同的"点"去了解灾区的整体情况，并通过"点"上的生动事例去打动受众。

（四）篇章结构——把握细节与平民视角

1. 把握细节

如果一篇新闻只有事实的陈述而没有任何细节描写，就好像一幅画，只有远景没有中景和近景，景色再美，也只能是雾里看花，难以打动受众。只有善于从"细节"入手，才能使新闻作品更有冲击力和感染力。人民网的报道自始至终都力求遵循这一"规律"进行现场采访报道。新闻报道《北川男孩让人心痛的眼神》以三个有大量"细节"作为有力支撑的段落层次，写出了来自救援现场的感人泪下的长篇通讯。另外《三次闯入废墟救同学》、《刚强母亲爱洒灾区》、《深情的等待——访汶川县畜牧局局长余朝波》、《去世妈妈的手机录音唤醒昏迷18天的绵竹女婴》等报道都充满了动人心扉的细节，具有强烈的感染力。

摄影报道更是以抓"细节"见长。《灾区的孩子》、《地震后的表情》均为灾难发生后在灾区捕捉到的令人心碎的瞬间，灾区的孩子在苦痛中依然勇敢地绽放笑靥。《14时28分的中国》是一组在全国哀悼日拍摄的照片，捕捉到人们的或肃穆或嚎啕的真实表情，都是抓住了"细节"，反映了一个令人久久都不能忘怀的主题：对生命至高无上的尊重。

2. 平民视角

平民视角和人情味易于使受众接受新闻信息。突发公共事件中，从平民视角出发、富于人情味的新闻报道往往具有亲和力，能减轻受众的紧张情绪，吸引受众自愿接受。"感人心者，莫先乎情"，平民视角和人情味让新闻报道内容具有很大的感染力量。让受众心灵为报道所吸引和震动，必然要依靠情感的灌注。有人情味的新闻报道由于巧妙地运用了与受众在心理上的接

---

① 郑保卫.汶川大地震报道——一次成功的舆论引导实践[J].新闻界,2008(3):3-5.

近性，容易引起受众的共鸣，展现灾难中的人性光辉。

突发公共事件发生时，为了提高新闻媒体的传播效果，要注意报道的形式，发掘受众的心理感受，以平民化的视角关注新闻事件。在此次汶川大地震中，"救人是第一位的"这个声音始终回响在救灾现场。在关注救人的同时，媒体对灾后重建、灾区卫生、灾民生活等方面都进行了细致报道，对经历地震的孩子心理也进行了关注。对灾难的无比恐惧、失去亲人的悲痛、亲人得救的喜悦，等等，人类的所有感情几乎都可以在相关报道中找到诠释。

（五）报道策略——融合媒介

"融合媒介"是一个新兴的研究课题，美国新闻学会媒介研究中心主任 Andrewachison 将"融合媒介"定义为：印刷的、音频的、视频的、互动性数字媒介组织之间战略的、操作的、文化的联盟。体现在此次新闻专业网站的汶川地震报道中有以下特点：

1. 整合最新信息资源，与新闻事件"同步"

网络媒体在灾害性事件报道中有着许多优势，但它毕竟只是一种新型媒体，需要充分挖掘自身有限的资源和利用各种社会资源，实现资源的整合增值，扩大宣传影响。

地震灾害突发初期，当公众出现灾情信息饥渴的时候，网络担当了媒体先锋的重任。国内各大网站建立了以新闻中心为主，博客、播客、论坛、手机短信等形式参与的报道团队，在第一时间开设网上专题、专栏，进行多媒体联动，立体报道，混合传播，进一步强化了新闻传播的广度、深度和力度，使互联网成为传播抗震救灾新闻的集大成者，24小时滚动发布汶川大地震的新闻、信息和评论。人民网充分利用各大传统媒体采集的最新消息，开始滚动播报新闻，每10秒刷新一次。

在媒介融合的趋势下，新闻网站利用发布信息的便捷性和网络资源的无限性，把广播、电视和通讯社的最新信息及时发布到网上，成为一个信息汇集地。从时效性上说，网络新闻代表了媒体的最快速度，真正做到了与事件"同步"。在抗震救灾这一新战场上，中国各新闻专业网站八仙过海，各显神通，相互竞争，优势互补。

2. 借助电视，实现多媒体传播

人民网的"抗震救灾官网"开设了《最新进展的视频回放》栏目，将中央电视台、四川电视台、上海东方电视台等多家媒体的视频片断汇集到一起。这些都是救灾中最重要的新闻，网民可以根据自己的需要点播。如5月31日，视频播报栏目的头条是东方卫视的《唐家山堰塞湖下游近20万人紧急撤离》，排在第二位的是《记住这一刻，央视首条四川汶川地震消息》，还有《成都机场监控拍下地震时旅客疏散画面》等。

3. 借助报纸，深度挖掘

网络新闻借助广播电视等电子媒体确保了时效性和报道形式的多样性。但是，电子媒体的报道有其固有的弱点，即在事件的深度报道方面赶不上报纸、杂志等平面媒体。为此，人民网依托《人民日报》等媒体的相关报道和评论，借助平面媒体的优势加强了网络新闻报道的深度。

（六）报道策划——"Web2.0"式互动

网络专题的"超文本结构"颠覆了传统报道中相对单调的新闻表现形式，文字、声音、图片、表格、动画和影像等多媒体元素的利用使得新闻内容图文并茂、视听共赏。但是，这并不表示只要应用Flash技术或加入视频便是成功的，而是要做到有效融合。有调查显示，在2.1亿网民中，接近2/3网民或者在网上发过帖，或多或少参与到"Web2.0"互动中来。策划制作中注重积极互动，除了调查、访谈与评论等形式外，还根据不同主题设计了富有特色的互动方式。如人民网首页开辟了网友互动专区：有通过网络和手机的爱心捐赠、网友寄语、为逝者献花、网友晒图、手机传情——为灾区人民祈福、下载爱心MSN头像等子栏目；首页还开设了在线访谈，请政府官员、有关专家、灾区民众表达抗震救灾的感受和意见；强国社区开设了"我们和地震灾区人民在一起"的论坛专区，能很好地疏导网民情感，并能够感知和引导网民舆论。再如凤凰网自创了几个栏目如《平安口信》帮助受灾的人找到亲人朋友，《助孤认养》为愿意认养孤儿的家庭提供渠道，以及凤凰网《全球征歌》栏目正好契合了网民表达感情的需要。

（七）报道主体——嬗变与多元化

在传统大众媒介垄断新闻传播的时代，新闻信息源主要是政府机构、社会组织和企业团体，具有较强的垄断性和控制权，新闻传播主体是专业的新闻工作者。随着新媒体时代的到来，传播媒介形态日趋丰富。如今，普通公民通过手机、博客、播客、BBS等就可以发布新闻、表达观点，新闻传播的主体由职业新闻工作者独家垄断变为职业人员与社会公众共同分享。

媒体与"公民记者"通力合作，是此次地震报道最显著的特点。在汶川地震中，亲身经历这场巨灾的人，用带有摄像功能的手机记录了地震的发生，在第一时间用手机拍下现场的画面，写博客对地震进行实况转播。很多最具震撼力、最引人注目的视频记录均来自游客和当地人，这些地震现场的目击者和随后加入的专业记者，一起完成了对这一重大新闻事件的强力报道。这些普通民众借助现代个人传播技术，以文字、照片和录像等形式记录下了重要的新闻讯息，被各大电视台及网络视颇反复呈现。通讯畅通之后，这些讯息成为灾难现场报道最重要、最宝贵的信息源头。

这场灾难让我们再一次经历了多媒体时代带给我们的信息震撼：几乎人人都是记者。同时，新闻信息源也发生了结构性变化。据统计，截至22日晚上10点，仅腾讯、新浪、网易、搜狐四家网站共发布博客文章233万篇，点击量达23.6亿次。在抗震救灾的新闻报道中，腾讯安妮日记、赵磊快讯及很多媒体记者"亲历灾区"的前线博客，通过文字、图像、视频等各种方式报道灾区动向，现场感强，引起网友的广泛关注，表现出了强烈的公民新闻运动色彩。

"公民记者"的出现，是公民新闻运动的重要标志。根据维基百科有关条目解释，"公民新闻"也称"参与式新闻"，是指"公民在搜集、报道、分析和散布新闻和信息的过程中发挥积极作用的行为"。

许多主流媒体意识到这次地震中"公民记者"的巨大作用，积极主动地抓住了与他们通力合作的机会，尤以网络为甚。人民网开辟了"网友晒图"专区，新浪、搜狐、强国论坛等大型网站或网络公共平台，开辟了"目击者的故事"、"来自幸存者的照片"、"来自幸存者的录像"、"寻找失踪的亲人"等板块，留言板的访客高达数十万。公民记者的崛起为大地震的信息畅通发挥了积极的作用。这种市民"公民记者"式的报道，弥补了专业记者没有到达第一现场的不足。

在汶川地震这场大灾难面前，以网民为主要代表的中国"公民记者"所爆发出的力量让世界震惊。英国《金融时报》认为，"公民记者"式的报道在中国具有里程碑式的意义。

（八）舆论引导——网络舆论多样化与议程设置的优化

1. 网络舆论多样化与舆论导向

突发公共事件报道特别是灾难性事件报道，由于涉及群众广泛、利益多元，因此敏感性强、难度大，如在新闻的导向上把握不好容易产生负面影响，甚至对社会稳定造成危害。主流媒体更应以国家和人民利益为重，坚持正确的舆论导向。在此次四川地震的报道中，积极发现并报道救灾中一幕幕感人的场景，号召全国人民众志成城，并且在显著位置及时辟谣、邀请专家解疑等，将整个舆论集中在"生命高于一切"上，最大限度地凝聚了民心[①]。

在突发公共事件中，传播者的"议程设置"功能更加引人注目。如在地震发生后，关于余震和疫情的谣言不断，中央电视台、新华网等媒体均在第一时间发布权威信息，进行辟谣；而权威部门发布的余震信息，各网络媒体也在第一时间进行转发，引导民众做好防护。谣言历来是突发公共事件的伴生物，但是，在抗震救灾过程中出现谣言的空间却被空前压缩，网络并没有成为谣言滋生的温床和传播渠道。网媒依靠传播快速、覆盖面广的优势，发挥了传媒矫正器的作用。某些谣言刚一露头，就被许多网媒及时的正面报道所淹没，甚至遭到众多网友的抨击[②]。

网络舆论监督显现出巨大的威力。由于社会上还存在某些不正之风，因而网民对汶川抗震救灾款物的使用状况异常关注。网络上报道灾区急需帐篷，而救灾帐篷竟出现在非地震灾区的成都某地区，随后网友又爆料红十字出现天价帐篷，消息引起网民的愤怒和不满，也引起国家有关部门的高度重视并迅速查处。网媒和大量网民对抗震救灾中出现的某些不正之风的穷追猛打，开始在舆论监督中发挥极大作用。

新闻专业网站以最及时、最广泛的报道引导着正确舆论导向。汶川地震发生以后，全国网媒高度自律，其表现不亚于传统主流媒体，这促成了全国良好的众志成城抗震救灾舆论场的形成。网媒尤其是重点新闻网站，以高度的政治责任感，报道抗震救灾的最新动态，呈现出万众一心、众志成城抗震救灾的团结气氛，表现了民众对整个灾区的关心和爱心。许多网媒积极主动

---

① 李浩燃，魏平. 突发性公共事件网络专题的制作研究——以人民网和凤凰网"汶川地震"专题的对比分析为例[J]. 商业文化，2008（7）：113-114.

② 苏静，苏浩. 网媒正成为中国社会的主流媒体——汶川大地震报道的启示[J]. 新闻前哨，2008（8）：59-61.

开展网评工作，引导网民理性而正确地看待地震，抢占了舆论引导先机和主动，最大限度地压缩了不实小道消息、谣言和攻击性言论在网上的传播空间，旗帜鲜明地体现着重点新闻专业网站的权威性和公信力，集中地代表着新闻专业网站对重大问题的政治判断和舆论引导，稳定了民众的恐慌心理，较好地配合了政府部门的抢险救灾工作。

2. 议程设置的优化

（1）议程设置的概念。

议程设置论的最早提法见于美国传播学家M.E.麦库姆斯和D.L.肖于1972年在《舆论季刊》上发表的一篇论文，题目是《大众传播的议程设置功能》。文章中指出"大众传播具有一种为公众设置'议事日程'的功能，传媒的新闻报道和信息传递活动以赋予各种'议题'不同程度的显著性的方式，影响着人们对周围世界的'大事'及其重要性的判断，即：大众传播愈是突出某命题或事件，公众愈是注意此命题或事件"。通俗地讲就是：大众传媒通过每日每时的版面设置和节目安排，为公众确定需要关注的问题，新闻媒介可以把人们的视线集中到某些事物上，而让人们忽略另外一些事物。虽然它不可能决定人们的观点，但是它可以提出社会的"议事日程"。

大众媒体往往被视作在信息传播的过程中充当"舆论领袖"的角色，媒体的"声音"常常影响着公众所议论的话题。议题设置理论主要强调的是媒体的社会影响。一般把话题或议题分为媒体、公众和政府三部分，特别强调媒体的话题设计对于公众的影响。大众媒介能通过议题设置来巧妙地引导舆论，它选择并突出报道某些问题，使这些问题成为公众议论的焦点，并形成媒介所预期的舆论或社会情绪。此次汶川地震媒介报道利用及时、准确、公开、透明的信息报道很好地构建了中国政府的形象，大大提高了政府公信力，同时弘扬了新时期我国的和谐社会主义价值观。

（2）网络媒体的议程设置。

网络媒体通过对新闻的处理来体现其议程设置功能。中国人民大学新闻学院教授彭兰认为，网络新闻处理大致可以分为四个层次：一是简单的"粘贴新闻"；二是"编辑新闻"，即对新闻进行加工整理；三是"组织新闻"，包括形式上的组织与内容上的组织，即进行合理的界面设计、合理的新闻栏目与专题的策划；四是"解读新闻"，即对新闻事件或其中的某些环节的来龙去脉、前因后果进行深度的剖析，释疑解惑。第三、第四两个层次的处理体现了网络编辑者的主观性，从而体现了网络媒体编辑的议程设置的能力。

网络媒体通过对重大突发公共事件的报道，实现议程设置功能。网络对重大突发公共事件中的报道，更是让网络媒体在一夜之间占据了网民的心。另外，网络媒体还为重大突发公共事件另行设置新的主题论坛，以硬性的方式进行了议程设置。网络专题是网络媒体的一种重要表现形式，通常围绕某一特定主题或某个重大的新闻事件或事实，在一定时间跨度内，运用新闻各种题材及背景材料，调用文字、图片、声音、视频、图像等多种表现形式，进行连续的、全方位的、深入的报道及展示新闻主题前因后果来龙去脉的新闻报道样式。由于网络专题综合利用了网络媒体的各种特点，在内容上能对某一主题作较全面、详尽深入的反映，在形式上可以集中网络的各种表现手法，因而客观上最能发挥网络的议程设置作用。事实证明，凡是网站运用了以上手法进行突出和强调的新闻，往往获得较高的关注度。

如果我们把像上述这样的媒体自觉、单方面发起的议程设置称为主动性议程设置方式，那么网络编辑还通过专题进行双重议程设置。双重议程设置是指网络传播者和受众共同设置、传统媒体和网络媒体共同设置。主要表现有：一是网络传播者和受众共同设置议程。网络泛传播把有控制的传播变为自由的传播，受众参与传播的积极性和客观物质条件得到空前改善。受众可以在BBS、播客等网络空间上自由地表达意见，甚至"制造"传播新闻，极大地影响着网络专题编辑的议题设置。二是传统媒介和网络传播者共同设置议程。网络媒体与传统媒体是密不可分的。随着网络媒体的迅速发展，其时效性超过传统媒体，这时网络新闻成了一些传统媒体新闻的源头，它们之间取长补短，互相设置议程。如人民网的"抗震救灾官网"的《新闻快递》栏目，通过刊载一些有影响力的传统媒体的新闻和评论，造成舆论扩散的"共振"趋势。其共同设置议程的过程大致是：一家传统媒体报道→网络媒体转载，引起网络舆论→更多的传统媒体介入→进一步在网络媒体上讨论→引起社会的关注→影响或改变社会现实①。

网络媒体议程设置的特点、方式发生重大变化，其中一个重要的原因就是媒体与受众的互动性增强，他们之间的界限也越来越模糊。受众可以自主选择媒介内容，反馈自己的想法。信息的接收者反过来又是信息的传送者。

---

① 王娇艳.网络媒体中的议程设置方式[J].新闻爱好者,2008(6):48.

另外，反馈的及时性使得大众媒介向小众化传播的方向发展。大众媒介也可以通过各种研究手段，了解不同受众的不同需求，从而向特定范围的群体实施"窄播"。互动性的增强和"窄播"方向的发展，使得大众媒介传统的一对多的特征变为一对一或多对一。受众与大众媒介的关系越来越向前者倾斜，受众变得也越来越强大。

网络媒体的出现又为强大的受众提供了一个自由表达观点、提出自己意见的虚拟社区，受众表达自由观点的欲望越来越强烈。在这个虚拟的社区里，受众充分体会到信息选择的自主性及言论的自由性，受众的主体地位在这里得到了充分的体现。传统的议程设置功能随着网络媒体角色的变化而发生改变，它不可能再像以前那样以一种强效果的模式显现在媒介与受众之间。此次汶川地震报道中的议程设置呈现出多元化的模式：国家形象、信息公开、民族精神、政府问责、爱心捐助，甚至人性伦理等纷繁的话题都形成了极具冲击力的议程，形成了参差多态的公众舆论。

（3）传统媒体与网络媒体的议程设置共振。

如果一个新闻事件引起了人们的关注，传统媒体和网络媒体同时介入报道，并且保持基调一致，就可以使这个新闻事件的报道目的殊途同归，形成比较一致的社会舆论，并扩大"议程设置"所要达到的舆论倍增效应。这次抗震救灾就很好地利用了传统媒体与新兴媒体之间的议题互动。在此次灾难面前，中央电视台等新闻媒体派出成百上千人的报道团队在灾区进行现场报道，人民网等多家门户网站再次体现了它的巨大力量和超强的信息整合能力，积极报道报纸、广播、电视等传统媒体的消息，这种组合报道凸显了它引导舆论的独特优势，引起了广泛的社会参与，同时也使舆论的走向与传统媒介所设置的议题保持基调一致。如在地震发生之后，从人文关怀的视角出发来做宣传报道，是凸显政府和领导形象的很好的角度和时机。人民网不间断地对灾情的发展和官方的行动进行24小时连续播报，刊载了温家宝爬上瓦砾安抚当地居民的图片——温家宝在灾区现场，手中拿着一只小鞋子，一个小书包。这幅感染力极强的照片被多家网站采用。媒体利用这个画面构建了温总理作为政府代表的公信力形象。

四、新闻专业网站中汶川地震报道模式的缺失

（一）报道内容方面的不足

1. 旧有报道模式的窠臼

在占据半壁江山以上的救灾类报道中，总的精神主旨基本上是对"众志成城"、"抗震救灾"的鼓励和号召、对奉献者和牺牲者的讴歌、对顽强生命的礼赞、对逝去生命的哀悼和对生者、死者的祈福等。这些多元化的精神主旨反映了对过去"人定胜天"一元化主旨的重大突破，显示了我国公民社会的进步。但是，仍然存在旧有报道模式的窠臼：如主标题定位于"众志成城，抗震救灾"仍有明显题材禁区的痕迹。还有一点必须受到重视，那就是要警惕让这些精神主旨覆盖或者替代灾情的惨烈本身。只有正视灾害、灾情，才能解决问题、吸取经验和教训来警示后人。我国媒体在灾难性报道上历来有美化的现象①，我们绝不能让美化这一心理习惯取代了实事求是的原则。

2. 灾难信息的海量与短缺并存

灾难发生，新闻信息往往是海量涌来，特别是在如今的互联网时代，使得信息量更是空前的庞大。在突然涌现和源源不断的大量信息面前，漠然视之，冷淡处理显然是没有道理的。但媒体一旦失去节制，从四面八方汇聚新闻报道，往往让用户掉进汪洋大海，大量无序的信息充斥在各种媒介渠道，各种雷同的数据与相似的受灾图片在各种媒体上反复出现，要从中挑选出自己所需要的信息，不仅需要耗费大量的时间，而且还要耗费大量的精力和心智，容易造成受众的阅读疲劳与心理困倦。

在抗震救灾的报道中，一些主打和重头报道必不可少，但先前时常泪流满面的揪心伤痛，也会被先前反复滚动且无新意的内容所湮灭。报纸也是如此，长时间的连篇累牍也会令人心生厌倦。地震前后，新闻网站几乎全部都是关于汶川地震的报道，不少内容重复的且超载的新闻容易加重受众的恐怖刺激和心灵撞击，但又不得不接受媒体的信息轰炸，而变得麻木困倦，甚至过犹不及。

---

① 王长潇. 传媒在灾难性报道中的"美化"现象及成因分析[J]. 报刊之友, 2003(2): 39–40.

而在另外一方面，大多数媒体过分地依赖新华社的通稿，尤其是灾难发生的前几天，消息来源和层次、图片画面都显得过于单调，真正有深度与感染力的稿件并不多见。因此，受众就会觉得信息重复率相当高，而有价值的内容并不多见，让人产生一种信息短缺的印象。在报道中，也出现了信息的相互冲突，如同一截止时间死亡人数的报道呈现不一致的版本①。

3. 舆论监督的负面影响

在我们看到网络媒体舆论监督在这场灾难中所起的积极作用的同时，也要注意网络媒体舆论监督带来的负面效应。

（1）虚假信息泛滥影响抗震救灾。

对互联网而言，最具杀伤力的就是谣言和错误信息的泛滥。由于网络的匿名性和及时互动性，很多未经证实的消息、言论随着网络媒体的爆炸式传播而产生恶劣的社会影响。在互联网法律法规尚不健全的今天，网络谣言是破坏和谐社会的主要因素之一。

由于网络的特性所致，许多别有用心的人在网上大肆传播虚假信息，故意干扰人们的视线，扰乱人心，以致影响救灾工作的顺利进行。比如一则关于5月20日晚有人在四川绵阳五一广场搭建救灾专用帐篷并恶意伤人的网络传言，竟莫名其妙地把绵竹市团委书记范晓华给卷了进去。从5月12日起她就一直奋战在抗震救灾最前线，但强大的网络人肉搜索引擎依然给这位共青团女干部带来了莫名的烦恼和心灵痛苦。这件事虽然最终被证明是网络举报人张冠李戴，但由此也可看出网络舆论监管方面的盲点。无论现在和将来，加强网络管理很有必要，特别是在突发公共事件的非常时期，作为网络媒体既要保障网民的发言权，又要保证信息真实可靠。政府必须千方百计做好网络舆论的引导，否则虚假信息的泛滥会使一些灾难事件雪上加霜。

（2）负面消息的炒作干扰灾后重建。

地震发生后，全国各个地方媒体大量涌入地震灾区采访报道，在营救被埋群众期间确实为信息披露作出了贡献。但在抗震救灾进入灾后重建过程，许多媒体置主流意识于不顾，开始大肆披露抗震救灾中的负面消息，社会上产生了恶劣影响，客观上煽动了灾区群众的某些情绪，在灾后重建的关键时刻扰乱了政府的正常工作。网络媒体及时跟风，对这一类信息的发布更激起

---

① 戚振扬.汶川地震中看我国媒体报道的不足[J].新闻知识,2008(9):29-30.

网民对所谓"黑幕"的声讨，一时间要求"彻查学校豆腐渣问题"的声音在网络上不绝于耳。不可否认，地震中垮塌的学校可能存在质量问题，但是大地震刚过，现在更需要的是化悲痛为力量，在废墟上重建家园，还不是反思问题和追查责任的时候，如果不把握好负面消息的报道火候，势必会影响人们重建家园的大业。

另外，由于大部分商业网站没有新闻采访权，只有新闻发布权。他们为了吸引公众眼球，在这场新闻大战中占据有利地位，大量引用境外媒体的报道，结果导致大量虚假信息在网络上传播。例如，比尔盖茨捐款2 500万美元；6月7日国内多家网站转载香港《大公报》有关"传失事飞机已找到"等，这些虚假信息都很不利于抗震救灾大业①。

4. 新闻本位的缺失

"真实是新闻的生命"，新闻所记述的事件，从人物到事件的起因、过程、结果，直至具体的细节，都必须准确地交代，容不得半点虚构、夸张、粉饰，更不能无中生有，凭空捏造，否则，新闻就不再是新闻。

汶川地震发生后，我国新闻传媒的地震报道得到了公众的基本肯定，但个别报道也涉及了新闻内容是否属实的情况，再次为新闻的真实性问题敲响了警钟。如全国传媒广泛刊播的一条新闻：即所谓的"母爱短信"——一位母亲用身体挡住了垮塌的房屋，保护了褓褓中的孩子，并在临终之际给孩子留下了一条短信："亲爱的孩子，如果你能活着，一定要记住我爱你……"

可是在相关的报道中既没有交代新闻的来源，也没有交代新闻事实的基本要素。后经过求证，该消息来源于网上查无实据的虚假消息。据查实：此消息来自于5月15—16日的一些网站，最早出现该消息的五家网站分别为百度贴吧、豆瓣网、21CN网、浙江在线、互联星空。对比发现，五家网站所发消息的主体内容完全一直，都是481字，属于典型的网络新闻发布的"复制+粘贴"的模式。这则消息具有虚假新闻的一些典型特征：如没有作者署名，没有新闻来源，没有确认的当事人，描述语言属夸张的文学语言等。对这样一则未经核实、疑点甚多的网络消息，任何负责的网站都不应将其刊发，可是遗憾的是，这则消息很快在网络媒体上传播开来②。之后，令人汗颜的是传

---

① 钟克勋,邹万明.从汶川地震看社会化网络媒体舆论监督的力量[J].西南民族大学学报（人文社科版）,2008(8):153-158.

② 唐远清.任何时候都应追寻新闻的真实——对汶川地震后"母爱短信"报道的反思[J].国际新闻界,2008(6):28-33.

统媒体也大量跟进，导致了该消息传播面的扩大。

地震后不久国内一些论坛便流传"北京将地震"的消息，之后，人民网等国内诸多网站都刊登出"今夜北京将有2～6级地震"的消息，一时间人心惶惶，不过很快该消息被证实是谣传即被撤下网络。这一点在受众中引起极大的不满，对两家媒体的公信力和满意度也有所损伤。

1982年陆定一同志的"新闻工作搞来搞去还是个真实问题"、"新闻必须完全真实"①的呼吁还言犹在耳。我们应该警醒，转载媒体必须承担核实责任，如果以讹传讹，就难免导致失实报道更加泛滥，其结果是必将使我国媒体的公信力大大下降。

5. 议程设置的盲区

（1）报道盲区。

《南方周末》在其网站首页设置了一个小型网络调查："'5·12'汶川地震发生后，现在你最关心的问题是什么？"截至6月9日9时，调查结果显示：用户最关心震区建筑坍塌的问责（7 479票）占43%，其次是善款使用的透明度（6 385票）占36%，其他议题还有，救援物资的使用和发放占3%，灾后重建的计划和进展占8%，震后水电站、化工厂项目的再规划占5%，地震孤儿的成长占8%。这表明，面对灾难性事件，受众不仅希望看到对灾难本身的报道，更渴望看到对灾难的全方位报道，包括灾难形成的原因、抗灾、减灾、责任追究、经验和教训等②。这符合社会公众的知情权，然而新闻专业网站的相关报道则并不全面。

大多数媒体的特派记者一般都是领导去哪里视察和慰问，记者就跟去哪里。但不能忽略的是，与四川接壤的甘肃、陕西等地也同样是重灾区。以甘肃文县为例，距离汶川仅200公里，距离之近和受灾之重，甚至超过了四川离震中较远的一些灾区，救灾物资也十分稀缺，但那里少有媒体光顾，要不就在四川境内对灾区作一些外围报道。上海解放报业集团此次一共派出了72位特派记者，却没有一个在第一时间对这些"孤僻"的灾区进行报道，遗憾地错过了众多的独家新闻，导致信息失衡。

但需要思考的一个现实命题是：当全社会都在媒体设置的议程里奉献爱心、倾心相助的时候，还有一些灾区却受到的关注较少。从新闻理论上讲，

---

① 陆定一. 新闻必须完全真实——陆定一同志对本刊记者的谈话[J]. 新闻战线,1982(12):2.
② 宋雯. 灾难新闻. 知情权与舆论监督[J]. 新闻知识,2000(11):15-16.

关注重灾区灾情是必然选择。但在这种史无前例的大地震面前，媒体的"议程设置"必须考虑到所有灾区，理论上应设为同一"议题"，这也是媒体责无旁贷的社会责任。

（2）调查性报道的缺失。

受众最为关心的震区建筑坍塌的问责和善款使用的透明度，这两个需要进行调查性报道的议题在大多数新闻专业网站并未深入。天涯等各大论坛上出现了对救援物资发放和善款使用的"举报帖"或者"质疑帖"，可是没有媒体去发掘。调查性报道的失声是与新闻媒体的舆论监督职责相违背的。可贵的是，人民网出于回应网上热议的目的，对救援物资的使用和发放做了几次大篇幅报道，但比较遗憾，这些报道只停留在物资发放的下游——到达灾民手中的时候，或者止步于官员的介绍；对于大宗物资如何经历从捐助人到受捐人的全部过程没有一追到底，对于有关部门或慈善机构的内部运作也没有深究。另外，整体报道中除了灾情、救灾、自救报道中关于灾情本身的负面元素外，纯粹的负面消息很少，虽然"控制负面报道"是出于全盘考虑，为了安定局面，团结人心，维护社会秩序；但全部报道中负面报道完全没有或者比例极低的情况并不符合常识和常态，反而给人以刻意回避的印象。

正如李普曼所说，新闻和真相并非同一回事，"新闻机构像一道躁动不安的探照灯光束，把一个事件从暗处摆到了明处再去照另一个。人们不可能仅凭这样的光束去照亮整个世界"[①]。有明处就必然有暗处，但我们应该努力让应当被照亮的地方显示出来，呈现在公众面前。针对受众关心的问题做的一系列调查就是一次勇敢寻求答案的过程。

（二）报道形式方面的不足

1. 多媒体的缺失

在此次汶川地震的报道中，尽管进行多媒体尝试的媒体并不多，但零散的点可连成一条跨越的线，国内的媒体终于迈出了多媒体尝试的第一步。

网络媒体的优势，一是信息发布快，二是信息发布无版面限制，可大量发布。这就造成了"多媒体合并"现象，即在一个重大专题的报道中网页里往往堆砌了大量的信息。虽然这些信息囊括了文字、照片、视频、音频等，

---

① 沃尔特·李普曼. 公众舆论[M]. 阎克文,江红,译. 上海:上海人民出版社,2006:4.

也可谓是多媒体，但却远远谈不上"融合"。

人民网的多媒体进程相对滞后，只是联合"搜狗"做了张"灾区卫星图片"，并在部分受灾县市设置了链接新闻的按钮。而几大门户网站的多媒体尝试都着重以灾区地图为线索，将部分新闻和图片标注其上，并配上了或哀伤或振奋人心的背景音乐来调动气氛。虽然页面上杂乱的合并依旧，但却出现了"融合"的尝试。

当然，以上的多媒体尝试都只占了各网站信息发布的极小一部分，大多数的图片报道还是以单页显示或幻灯片的形式播放的。高效和自主性是多媒体报道的两大优势，但国内媒体的多媒体尝试却未能凸显这一优势。

（1）信息传播效率不高。

要想做到对受众高效的信息传播，首先要选择数量和特质合适的信息量。但国内的新闻媒体试水多媒体时，总是拿捏不好信息量的多少，有时想囊括太多的信息量，结果显得杂乱无章；有时候却太过简洁，显得徒有形式而无内容。新浪和腾讯的"地震救援日志"是前者的代表，尤其在"救灾日志"的页面，几乎想把后方救援、前方救灾、国家领导人慰问、灾区交通状况等方方面面"一网打尽"，结果却让读者不知所云。除了有合适的信息量之外，多媒体产品还要充分发挥"融合"的优势，将各种媒介信息有机地结合在一起。但遗憾的是，几家门户网站的多媒体产品在"视觉"上下了大工夫，却完全忽视了另一种重要媒介———声音，最多只是用了背景音乐，而背景音乐的信息量几乎为零，对提高信息传播效率爱莫能助①。

（2）信息选择的自主性不够。

交互性是多媒体应用有别于传统信息交流媒体的主要特点之一。传统信息交流媒体只能单向地、被动地传播信息，而多媒体技术则可以实现人对信息的主动选择和控制。

新浪、腾讯的"地震救援日志"在这方面上做得比较好，读者可以自主选择时间、地点和部分内容进行分类。但"互动"的要义不仅局限在可以自主选择，更重要的是方便读者的自主选择，这就需要一些人性化的设计。在细节的设计上，国外媒体远胜于国内媒体：CNN的幻灯片就充分考虑到了读者的需求，在幻灯片旁加了个放大镜，读者可以通过这个工具看到照片上逼

---

① 吴昊. 从汶川大地震报道看多媒体融合[J]. 东南传播,2008(6):11-12.

人的细节；《华盛顿邮报》则考虑到了一些过于残忍的画面对读者的影响，他们在幻灯片开始前弹出了一个警告的对话框；《纽约时报》的互动地图上，可以看照片和听音频的地方，都加上了"小相机"和"小喇叭"等这些读者熟悉的通用标志。

2. 版面设计单一

版式设计是美的体现，可以直接推动内容的传播。根据专题的内容，构建明晰的专题框架和新颖表现形式，让读者从看到的第一眼就被吸引住。理想的网络新闻版面应该求变求新，利用版面分割、文字、色彩、线条等手段达到和谐与平衡，给予读者强烈的视觉冲击，从而有效激发其阅读欲望与兴趣。

由于网络新闻海量的特点，导致其形式庞杂，缺乏逻辑组织，分支报道之间内在联系不紧密，仅是简单拼凑，很容易让人晕头转向，忘记最初上网看新闻的初衷。一般来说，专题的信息构成包括三个层次：核心信息、周边信息和辐射信息（见图5）。核心信息是直接针对新闻事件或主题的信息，能满足受众对信息的基本需求，实现报道的主要目标。核心信息的选取取决于新闻专题的报道角度。周边信息是与新闻事件或主题相关的背景信息、相关知识等，它们有助于丰富人们对当前对象的认识。辐射信息是从当前新闻事件或主题引申出来的信息，如同类事件的信息，它们可以帮助人们进行纵向或横向比较，在一个更大的坐标系上认识当前对象。通常这类信息只需提供相应链接即可。

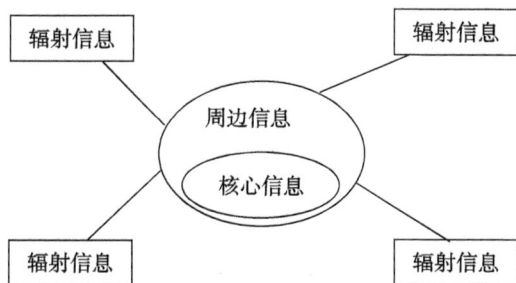

图5 网络新闻专题中的信息层次

因此，要注意板块形式与内容之间的逻辑。所谓内容的逻辑就是分层次报道，第一时间突出核心信息，其次加入相关背景和各类辐射信息等。形式的逻辑即是要多方位报道，将海量的信息分为不同的板块，便于受众接受。

人民网"四川发生 8.0 级地震"专题分为"24 小时滚动播报"、"实时报道"、"高层关怀"、"部委措施"、"救援行动"、"各地灾情"等，还特别设立"党和人民在行动"板块，专门介绍人大、政协、工会、妇联、子弟兵、消防等在地震中的行动，有利于引导舆论。但是，人民网"四川发生 8.0 级地震"专题分类过细，多达 28 项的板块分类仅只是以报道形式的不同为依据，使得整个专题的分类过于简单而没有对事实的清晰梳理。板块中近一半的部委行动，让受众觉得信息过于单一、不全面。视频单独辟一链接网页而非挂在专题首页上，使得专题首页过于单调，也不利于受众更贴近了解信息①。

五、突发公共事件报道中网络媒体的发展空间

突发公共事件是新闻编辑在组织报道的前期无法预测的一类新闻事件，它包括一些自然或人为的事故、灾难等。这类事件的发生由于其不可预见性，往往具有轰动效应，对社会造成的影响和波及面也较广。因而，突发公共事件报道成为衡量一个媒体报道水平的重要指标。

虽然此次我国新闻专业网站的汶川地震报道比较典型，但是，如果想以重大突发公共事件报道来树立网站品牌，还是有很大的发展空间。

（一）强化网络媒体应急报道及舆论引导机制

媒体在报道时，要对新闻信息进行一定的限制和调控，对舆论进行引导。在突发公共事件发生时，人们对信息的取舍有很大的盲从性、不科学性。在这种情况下，传播者对舆论的引导作用更加明显，为受众提供准确可靠的信息就显得尤其重要。今后对灾难性突发公共事件怎样加强网络舆论监督呢？我认为可采取这样一些办法：

1. 进一步强化网络媒体舆论监督机制

主管部门应针对灾难性事件的进展，提前制订不同的宣传策略，通过新闻发布等形式，及时发布权威信息，统一宣传口径，避免社会化网络媒体传播不实信息，避免谣言满天飞。各网络媒体在保证网民的正常网络话语权的同时，严格控制不实信息的发布，凡不符合事实真相，或扰乱人心的网络信息均不予发布。

---

① 李浩燃,魏平. 突发性公共事件网络专题的制作研究——以人民网和凤凰网"汶川地震"专题的对比分析为例[J]. 商业文化,2008(7):113-114.

同时，多数拥有新闻发布资格的新闻网站都具有向上级主管部门进行舆情上报的权利，类似于传统报纸的"内参"。在处理灾难性事件的过程中，这些网站应该积极发挥这一功能。网民反馈的"敏感"问题，不能全部将其"扼杀在摇篮里"，多数问题是可以上报给政府有关部门进行处理的，这能为政府了解灾难性事件处理效果提供参考。网络媒体的舆情上报功能在灾难性事件发生后同样充当着电子眼的角色。

2. 形成系统完善的突发公共事件网络报道机制

具有新闻发布资质的网站在发布新闻时，应该尽量不使用境外媒体的稿件。由于意识形态的分歧，长期以来以西方媒体为首的境外媒体总带着有色眼镜看中国，这些媒体在报道中国问题时往往是基于西方人的世界观与价值观，其报道经常会导致一系列的连锁反应，使简单问题复杂化。国内新闻网站转载后，很可能和当前的舆论氛围不符，扰乱民心。针对危机时期，网络媒体报道的规范性问题，政府有关部门应该制定相应的管理规范，以引导网络媒体的报道方向和方式。

3. 形成良好的网络舆论引导机制

现在，网络舆论监督的力量已经成为社会舆论监督的主流力量之一。灾难性事件发生后，由于民众处于恐慌心理中，再加上信息沟通不畅，往往一些谣传容易被认为是真实的信息。因此，宣传主管部门对舆论不能无理封杀，而应加以积极地引导，将公众的注意力引导到增强克服困难、重建家园信心的层面上。同时，及时对虚假信息进行调查，澄清事实，并向社会曝光，对有碍于事件处理或灾后重建的信息采取技术手段适当屏蔽。尤其要控制好舆论监督与舆论炒作的关系，使舆论监督有利于推动工作，而不是扰乱人心。

因此，在灾难发生后，往往因为灾情严重、通信不便，造成谣言四起，危害社会稳定。媒体应通过自身的议程设置功能，设置议题，引导正确舆论方向，维护社会稳定。

（二）公民新闻

对"公民新闻"的定义，各实践机构有不同的解读。如公民新闻网站的先驱——韩国公民新闻网站的口号是"人人都是记者"，强调普通公众对于新闻信息报道的参与。然而，学者们也有自己的看法。美国研究新媒体的专栏作家马克格·拉泽认为，"公民新闻"就是让没有经过专业新闻训练的普通公众通过运用新的传播技术和网络全球传播的特点来创作新闻信息，在为传统媒体提供的新闻信息增加新的素材的同时，也可以通过这种方式对媒体所提供的信息进行查证和检验。这些工作可能由某个人自己来独立完成。

"公民新闻"使人们注意到大众媒体的职业记者并不一定是它所报道领域的权威专家，很可能对于某一领域而言，受众或受众集体的智慧更应该受到关注。在新媒体技术日益发展的今天，受众可以一改往日在新闻信息传递过程中的被动地位而积极主动地参与到信息的制作和传播中来。他们不再被大众传媒所设的议题牵着鼻子走，对于重要的新闻信息可以有自己的判断。"公民新闻"的内容不一定都具有"公共性"，它既可以关注公共领域的问题或事件，也可以表达与公共利益无关的个人琐事或感受，即所谓的"草根新闻"。

"公民新闻"，除了公民新闻网站外，一般表现形式还有：（1）新闻跟帖：受众可以通过留言对新闻报道进行评论、补充，甚至提出质疑。（2）BBS：一块公共电子白板，每个用户都可以在上面发布信息或提出看法。（3）博客：一种简易的个人信息发布方式，任何人都可以注册，完成个人网页的创建、发布和更新。（4）维基百科：一种多人协作的写作工具。

中国公民新闻运动迎来良好的发展契机。有人认为，这与2008年5月1日发生的标志性事件有很大关系。这一事件就是《政府信息公开条例》的正式颁布实施。该条例规定，政府信息"以公开为原则，不公开为例外"的原则，要求保证政府信息公开的准确、及时。政府部门应当善于利用网络、手机短信等新媒体方式传播涉及公众切身利益、为公众所关心的各类问题，保障危机的顺利渡过和妥善解决。应该说，汶川地震报道较好地践行了这一条例的根本精神。事实上，中国公民新闻运动已经迎来了良好的发展契机。目前，中国已经拥有了世界上最多的网民，他们昭示着中国公民新闻运动的无限潜能。我们知道，"公民新闻"不仅鼓励公民关心身边的公共事务，采集、编辑及传播新闻信息，而且还鼓励公民创建自己的媒介，即所谓的"自媒体"、"私媒体"。这在传统媒体身上很难实现，但在新媒体时代已完全成为可能。从发展趋势看，中国成为全球最大的互联网市场，势不可挡。可以说，中国发展公民新闻运动的"软硬件"条件已经相当成熟。

但不可否认，与西方公民新闻运动相比，中国公民新闻运动还只是刚刚开始。以目前火热的博客这一"公民记者"载体为例，中国的博客数量在

2007年已接近1亿，但是《全球中文博客调查报告》的数据显示，以上的博客写作的内容是感性生活方面的，这个数据从某种意义上说明中国新闻博客的稀少性。将偶然遇到的新闻事件写在自己的博客里并不罕见，但很多人的此举多是出于无意识的，并不具有新闻责任感。有人总结博客，依内容划分，常见博客分为私密记事、生命体验、社会见闻、专业分享、新闻目击、调查报道等六类。其中，新闻调查报道博客少之又少。

当然，当前公民新闻运动还很弱小，但毋庸置疑，公民新闻运动进入中国，将有利于增强公民意识和提高社会文明程度，也有利于新闻专业网站的发展。

（三）"内容为王"与品牌化经营

从某种程度上说，人民网和新华网这样的新闻专业网站是专门提供全方面的新闻产品和新闻服务的。但新闻专业网站也陷入了这样一个悖论：把自己的新闻让商业网站转载，则失去了自己的部分读者；如果不与商业网站合作，那么按照"沉默的螺旋"理论，自己的影响力和"声音"在互联网就越来越小。毋庸置疑，新闻专业网站是商业门户网站以及其他类别网站的产业链上游的重要的供应商——新闻信息产品提供商，这才是新闻专业网站的核心竞争力。而突发公共事件的报道质量是衡量一个媒体机构的报道实力的指标。成功的突发公共事件报道可以树立一个网站的品牌。在媒体报道日趋同质化的今天，媒体的生存和发展之道应该不仅仅是"人有我有"，而是应该"人无我有"、"人有我新"。

在信息传播日益快捷的当下，"同质化"成为商业领域中最为常见的一个词汇。而在网络媒体中，内容的同质化现象更为普遍。很多网站的内容都是从其他网站转载而来，没有任何特色。而这在一定程度上制约了网络媒体的发展。

究其原因，网络媒体的内容发展还收到很多客观条件的限制。由于缺乏网络媒体内容创新的动力，模仿和转载就成为多数网络媒体的一种战略选择，内容雷同、品种大量重复的跟风现象盛行就不足为奇了。同时，由于网络内容是典型的知识信息产品，知识和信息的共享性是其鲜明特点。在互联网时代，很多信息是公开的，信息的内容和来源渠道都是相同的，因而，很容易出现内容的雷同。从经营的角度来说，同质化也是一种低成本扩张策略，市场创新者已先期付出了探索成本，跟进者只需照搬，即可规避创新带来的风险。

然而网络出版商协会发表的一份报告显示，互联网用户将近半数的上网时间用于浏览新闻或娱乐内容，超过了收发电子邮件、搜索信息等活动。尼尔森公司进行的这项研究显示，互联网用户用在浏览网络视频或新闻等内容上的时间增长了37%，超过了搜索引擎使用时间增长35%的幅度。研究显示，内容的极大丰富和更快的网速是浏览内容时间增长的原因。

针对突发公共事件的报道，网络媒体在打造主流内容服务的同时，还要不断丰富和加强频道的多元化焦点内容，充分发挥了网络传播"即时、海量、互动、联动"的优势，既要保持快速反应，也要拥有相对的深度和广度，形成网站的品牌效应，增强公信力，扩大影响力。

（四）媒介融合

突发公共事件发生时，大多数政府及社会组织采用的是传统媒体占绝对主导的传播策略，即传统传播策略。这种传统传播策略主要指政府或社会组织通过传统的传播渠道来进行信息的传播沟通以达到处理和化解危机的目的的传播策略。传统传播策略在具体操作中主要体现为面对面交流、电话解释、报纸披露、广播和电视发布信息等方式。但随着数字化传播技术的广泛运用，以互联网为代表的新媒体蜂拥而起，传播环境急剧变化，传播方式复合化、传播过程复杂化的趋势日益明显。这种传统的传播策略面临严峻的挑战。在目前的媒体传播格局中，虽然新媒体在突发公共事件的传播中日益显示出其独特的地位和作用，但是传统媒体如报纸、电视、广播等大众传播媒介仍然占据着主导地位。

因此，在突发公共事件的应对中，必须转变原有的传播观念，积极促成新老媒体"联姻"，发挥传统媒体的优势，避免传统媒体的不足，从而积极发挥以网络为主的新媒体的优势，形成多种媒体整合的传播格局。新老媒体的"联姻"是21世纪新闻传播过程中出现的新趋势、新特点。在现有的传播格局中，当突发公共事件爆发后，应该把传统媒体和新兴媒体整合到突发公共事件的应对过程中，作为一个整体来看待，以实现优势互补，各尽所能，形成真正意义上的网状传播，最大限度地发挥多种媒体互相整合的传播效应。

（五）报道的国际视野

在清华大学媒介实验室2008年6月所作的《媒体抗震救灾报道满意度调研报告》关于"互联网抗震救灾报道的主要优势"中（见图6），我们发现：在抗震救灾过程中，互联网报道在迅速及时、人文关怀以及强感染力、有效推动公众广泛参与抗震救灾等方面受到的民众认可度较高。值得注意的是，对互联网报道国际化视野认可度仅为55.80%，为各项中最低，显示互联网报道上出现的民族主义倾向值得关注。

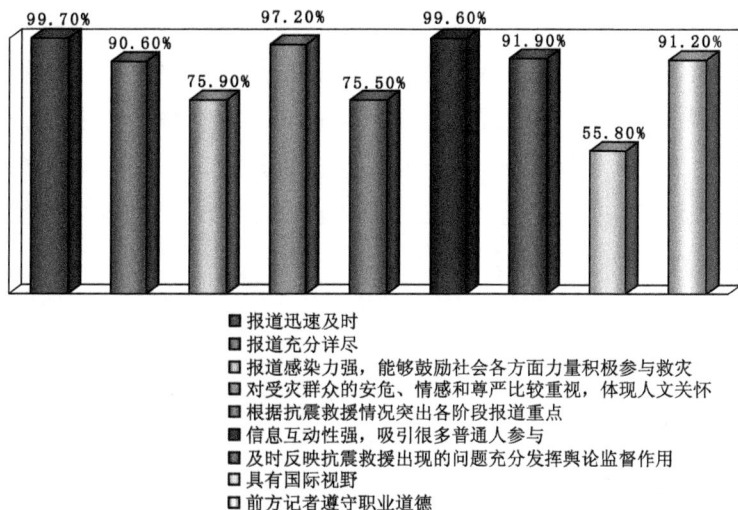

图6　互联网抗震救灾报道的主要优势图

从深层文化心理来看，过于敏感的民族主义情绪，一向不肯认输、不肯做学生的文化心理决定了中国人断然不会坦然接受外来文化的教养。如今，中国的新闻传播事业既要面对西方跨国传媒的挑战，又要面对国内外受众的挑战，是否勇敢承认事实，并坦然接受外语文化的"侵染"，是中国传媒能否真正实现现代化改造的重要原因之一。我们知道，"民族主义"曾经是孙中山先生为使中国摆脱帝国主义、殖民主义的侵略压迫而提出的伟大目标。中国的"民族主义"是到19世纪末在列强欺压下才产生的。在这个加速全球化的时代，在中国复兴并取得与世界列国平等的地位后，在全球化的浪潮中，在中国与世界各个方面的交流日益密切的现实状况中，我们需要换位思考，越是民族的就越是世界的吗？答案恐怕是另外一种，那就是：越是世界的就越是民族的。也就是说，只有获得了世界的认同，民族的才会获得发展壮大的现实基础。但中国目前对外文化传播思路由于过分强调中国本位，没有足够考虑世界各国各民族人民已有的思维方式、价值取向、生活方式、风俗习惯和心理心态的特定需要，往往显得有些强加于人。尽管近年来，中国对外文化传播也取得了不少成绩，但总体上还与西方成熟的对外传播体制有相当大的差距。明白了这个道理，有助于我们的新闻传播事业摆脱狭隘的民族主义，而以"有容乃大"的姿态促进中西文化的沟通，走出"文化殖民主义"的思维误区[①]。

六、总结

在媒介融合的趋势下，新闻专业网站在汶川地震报道过程中无论从内容的深度还是形式的多样性来说，都发挥了重要的信息整合作用，受众不仅可以通过文字、图片、视频等多种形式了解救灾过程，还可以通过不同报道主体全方位体验事件的发生过程。形成媒体合作新模式，这是网络媒体对突发公共事件报道的一次成功的实践。

网络媒体以其信息容量的无限性的特点，集中了传统媒体的优点，集声音、图像、文字等动态、静态传播方式于一体，极大地方便了受众的信息接收。网站的"超链接性"有着传统媒体无法比拟的"广度"优势，人民网等新闻专业网站利用即时互动的特点，整合文字、图片、视频、直播、访谈、论坛、博客、短信、手机报、Flash等20多种网络传播形式，以更加人性化的表达，报道各类信息。各大论坛还开辟了报料专区、搜索震区盲区，打破了以往陈旧的突发公共事件报道模式，冲破了新闻披露的"单一化"、"单渠道"、"单音讯"的模式，极大地满足了公众对地震灾情的信息渴求。在公民新闻运动的背景下，媒体与"公民记者"通力合作，是此次地震报道最显著的特点。同时，新闻专业网站以最及时、最广泛的报道引导着正确舆论导向，充分发挥了网络舆论监督的功能，进一步优化了网络议程设置。

和报纸、电视等传统媒体相比，网络还不是强势媒体，为了弥补自身在公信力、权威性以及人力、物力、财力等投入方面的不足，网络媒体一方面要"以我为主"整合利用网站内部资源，提高原创报道数量和质量，争取在"内容为王"的市场竞争中占据主动；另一方面，还要善于借用"他山之

---

① 李大元.跨文化视野中的国际传播[D].长春:吉林大学,2005:49.

石"，通过和传统媒体及其他各种社会力量的联动合作，在采访资源、信息资源、社会资源等方面拓展自己的发展空间，实现资源增值、扩大影响。在灾难性突发公共事件的报道中，强化网络媒体应急报道及舆论引导机制，注重报道的国际视野，以重大突发公共事件的成功报道树立网站的品牌。

总之，以人民网为代表的中国新闻专业网站，在这次汶川大地震报道中给我们带来了许多惊喜和希望，同时也留下了一些缺憾和教训，这有待于我们在今后的新闻实践中去弥补、去超越。我们可以相信，以这一次汶川地震报道为契机，未来的中国网络新闻会有更大的作为。

后　记

在凌晨的寂静中，我在电脑前完成了本书的最后一个标点。至此，近两年的专著写作就这样画上了圆满的句号，心中不禁感慨万千。曾经一度认为这是无法完成的任务，但在这两年的不懈努力下，我竟然像愚公一样完成了。此刻内心涌动着难以名状的感激，在此，谨以拙作向多年来一直默默支持我工作和学习的师长、朋友和家人致以深挚的谢意！

十年前，我离开故乡来到河北大学新闻学院攻读新闻学硕士，也让我就此和新闻结缘。遥想当年独自北上求学的情景，犹在眼前。我的本科专业是中文，来到河北大学的时候，我还是个新闻学的门外汉，急于了解新闻学门内的风景却不得要领。在河北大学，在老师们的循循善诱、耳提面命之下，我亦步亦趋，小心翼翼地迈进了新闻学的殿堂。在脱产学习的一年时间内，我不仅完成了新闻学专业两年所有的专业课学业，还旁听完成了传播学专业所有的专业课的课业任务，并且利用假期去地方的报社和电视台进行实践，熟悉了新闻行业实战的技能。这种努力来源于我内心对于新闻学的敬畏与执著，也来源于河北大学严谨务实的学风！这段学习生活对于我的人生而言具有里程碑式的意义！感谢河北大学给予我的学术滋养！

写这本专著的意向始于两年前，因为我的硕士论文的研究方向是突发事件，对此有一些积累，因此在进行专著选题时自然就选择了这个方向。可是，硕士论文只是做了一个个案研究，而专著写作时则考虑要对突发公共事件进行一个纵向的梳理，由于史料庞杂，一时曾陷入"山重水复疑无路"的困境。苦无出路之时，我向我的老师河北大学韩立新教授寻求帮助。韩老师给我提出了许多宝贵的意见，很多思想的火花于我而言确如醍醐灌顶，从专著框架到写作修改，都倾注着韩老师的心血，这让愚钝的我得到了莫大的鼓舞，终于一朝到达"柳暗花明又一村"的彼岸。一日为师，终身为师。韩老师渊博的知识、严谨的学风和高尚的人格将使我受益终生！

我还要感谢在写作过程中朋友们的真诚指导和鼓励。中国社科院农村发展研究所副研究员胡冰川博士曾为本书的框架把关并毫无保留地提出过许多建设性的意见。刘霞云博士将自己的专著相赠,并真诚地鼓励我做学术要甘于坐冷板凳。朋友们学术上的精进、真诚的鼓励,极大地鼓舞了我的斗志!

当然这本书能完成,我还要特别感谢我的家人。家人无怨无悔的付出和支持时刻温暖着我,让我可以心无旁骛地进行写作,这是我克服困难的不竭的动力!

在搜集资料的过程中,看到那么多的学者专家和同仁们的研究成果,我的心中充满着敬意!而这本专著的写作正是建立在他们的研究成果之上,我的心中又充满着感恩!学术之塔正是有这样一代代学者的不懈努力才会如此熠熠生辉!

本书写作的这段经历是一段奇妙的心路历程,可以说是痛并快乐着。搜集资料,理清思路,不断地抽丝剥茧,思绪在清楚与模糊之间周而复始……也曾经望而却步,也曾经彷徨神伤,然而,我始终牢记着王国维先生在《人间词话》中关于古今之成大事业、大学问者,必经过三种境界之经典名言:“昨夜西风凋碧树。独上高楼,望尽天涯路”,此第一境也;“衣带渐宽终不悔,为伊消得人憔悴”,此第二境也;“众里寻他千百度,蓦然回首,那人却在灯火阑珊处”,此第三境也。这段话可谓人生的金玉良言:第一境界,总结了人们对人生的迷茫、彷徨而不知前路几何;第二境界,有了目标,在追逐的道路上,求之不得之后形容消瘦却又继续追寻,矢志不渝;第三境界,表明立志追寻的目标,在足够的积累后,量变成为质变,不经意间已经达到。学术这个目标,我始终心怀敬畏与执著,因此,绝不敢松懈与怠慢,虽然自知资质愚钝,却始终怀着对学术“虽不能至,然心向往之”的执著,做了一些学术基础性的研究。因为学术积累浅薄,学术经验不足,本书还有很多力不从心、粗浅疏漏之处,希望各位专家同仁不吝赐教。

新闻人常说,“新闻永远在路上。”是的,正如荀子云:不积跬步,无以至千里;不积小流,无以成江海。这里,我也希望,这本书是我新的起点。路漫漫其修远兮,吾将上下而求索!

高 婷

2017年春于马鞍山